D1876942

Kohlhammer

Grundkurs Geschichte

Altertum
Europäisches Mittelalter
Frühe Neuzeit
Das 19. Jahrhundert
Das 20. Jahrhundert
Methoden und Theorien

Karen Piepenbrink

Das Altertum

Grundkurs Geschichte
Hg. von Michael Erbe

Verlag W. Kohlhammer

Umschlag: Data Images GmbH Stuttgart
Gesamtherstellung: W. Kohlhammer Druckerei GmbH + Co. KG, Stuttgart
Printed in Germany

ISBN 10: 3-17-018971-9
ISBN 13: 978-3-17-018971-3

Inhaltsverzeichnis

Vorwort des Herausgebers

Der vorliegende Band der Reihe „Grundkurs Geschichte" ist der Auftakt zu Einführungen in die antike, mittelalterliche und die frühneuzeitliche Entwicklung Europas sowie in die Geschichte unseres Erdteils und der mit ihm zusammenhängenden Welt von der Französischen Revolution bis heute. Den Abschluss wird eine Hinführung auf die Probleme und Methoden des Geschichtsstudiums bilden.

Die Reihe richtet sich zunächst bewusst an diejenigen Studierenden, die zu Beginn ihres Studiums lediglich über rudimentäre Kenntnisse vor allem in der Geschichte des Altertums, des Mittelalters und der Frühmoderne verfügen und sich für die Zeit seit dem späten 18. Jahrhundert vor allem mit deutscher Geschichte beschäftigt haben. Sie soll aber auch denen, die vor dem Abschlussexamen ihre Defizite in der Kenntnis der außerdeutschen bzw. der älteren Geschichte ausgleichen wollen, eine Hilfestellung bieten. Vorgelegt wird ganz bewusst kein Handbuch, das in der Regel auch Forschungsfragen behandelt und in reichem Maße auf weitere Literatur hinweist. Vielmehr soll der „Grundkurs Geschichte" helfen, die Lücken zwischen dem Schulgeschichtsbuch und dem wissenschaftlichen Handbuch zu schließen.

Daher wird Wert gelegt auf eine klare, sprachlich auf Studienanfänger zugeschnittene Darstellungsweise sowie eine übersichtliche Stoffgliederung. Der fortlaufende Text befindet sich jeweils auf der linken Seite der einzelnen Bände, auf der jeweils gegenüberliegenden Seite werden nicht von vornherein verständliche Fachausdrücke oder komplizierte Sachverhalte erläutert. Sie enthält außerdem auf den Text bezogene Auszüge aus schriftlichen Quellen bzw. Illustrationen, vor allem Karten und Abbildungen.

Die Konzeption von „Grundkurs Geschichte" beruht auf mehrjährigen Erfahrungen der Autoren bei der Abhaltung von propädeutischen Lehrveranstaltungen im Rahmen der neuen, an der Universität Mannheim bereits seit 2000 bestehenden „gestuften" Studiengänge, insbesondere des vor zwei Jahren eingerichteten Studiengangs „Geschichte: Kultur – Gesellschaft – Wirtschaft" mit dem Abschluss *Bachelor of Arts*, zudem auf der schon seit längerem für sämtliche Studiengänge im Fach Geschichte obligatorischen Einführungsvorlesung.

Mannheim, im Sommer 2006 — Michael Erbe

I Griechische Geschichte

1 Die griechische Frühzeit

1.1 Die Herausbildung der Griechen

Bereits seit etwa 6000 v. Chr. lassen sich auf dem Gebiet des heutigen Griechenlands Siedlungen nachweisen. Ihre Bewohner sind jedoch zunächst noch keine Griechen, d. h. keine Personen, die ein griechisches Idiom sprechen. Die Griechen bilden sich erst durch die Verschmelzung von Indogermanen, welche zwischen 1800 und 1200 v. Chr. nach Griechenland einwandern, den sog. ‚Protogriechen', mit der indigenen Bevölkerung heraus.

Über den Verlauf der Einwanderung wissen wir nur wenig. Man geht heute davon aus, dass es keine großen Einwanderungsschübe gibt, sondern dass kleinere Gruppen über einen langen Zeitraum immigrieren. Die griechischen Stämme (*éthnē*), die sich seit etwa 800 v. Chr. exakt nachweisen lassen, entstehen erst lange nach der Ansiedlung der Neuankömmlinge und ihrer Vermischung mit den bereits Ansässigen: Ab dem 8. Jh. lassen sich Ioner, Aioler, Arkader und Dorer aufgrund ihrer unterschiedlichen griechischen Dialekte sicher voneinander unterscheiden und verschiedenen Regionen des griechischen Festlandes, der Inselwelt und der kleinasiatischen Küste zuordnen.

Seit wann die Griechen sich mit einem gemeinsamen Namen benennen, entzieht sich unserer Kenntnis. Im 8. Jh. finden sich die Bezeichnungen ‚Achäer' und ‚Danaer', ab dem 7. Jh. begegnet auch der Begriff ‚Hellenen'. Der Name ‚Griechen' stammt von der lateinischen Bezeichnung ‚Graeci'. Was die einzelnen Gruppen von Griechen verbindet, sind primär die griechische Sprache (in verschiedenen Idiomen) sowie ihre Mythen und religiösen Praktiken. Später wird die Berechtigung zur Teilnahme an den **Olympischen Spielen** als konstitutiv für die griechische Identität angesehen. Es handelt sich bei den Griechen also um eine kulturelle Gemeinschaft; eine gemeinsame politische Organisation entwickeln sie nicht.

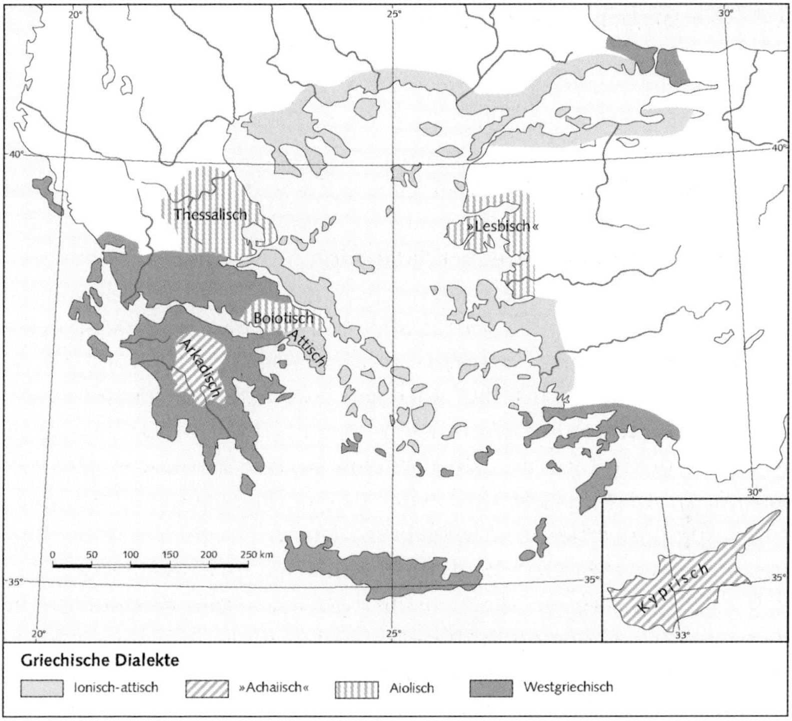

Karte 1: **Verteilung der griechischen Dialekte**

Olympische Spiele Die Olympischen Spiele werden der Überlieferung zufolge seit 776 v. Chr. zu Ehren des Zeus veranstaltet. Sie finden in jedem fünften Jahr statt. Den Zeitraum zwischen zwei Spielen bezeichnet man als ‚Olympiade'. Die Olympiaden werden auch für die Zeitrechnung verwendet.

1.2 Die mykenische Kultur

Die erste Hochkultur griechischer Provenienz ist die sog. mykenische Kultur, die seit etwa 1700 v. Chr. einen Großteil des griechischen Festlandes und der Inselwelt umfasst. Sie ist stark von der **minoischen Kultur** beeinflusst, zeichnet sich wie diese durch Städte mit Palastanlagen aus. Eines der Zentren der mykenischen Kultur ist die Stadt Mykene, nach der diese Zivilisation benannt ist. Daneben gibt es eine ganze Reihe weiterer Herrschaftssitze auf der Peloponnes, dem Festland und auf Kreta. Sie bilden keinen zusammenhängenden Staat, sondern stellen eigenständige Einheiten dar.

In ihrem Mittelpunkt befindet sich jeweils eine Stadt mit einem stark befestigten Palast. Von diesem Palast aus wird Herrschaft über das umliegende Land ausgeübt, in dem weitere kleinere Siedlungen existieren. Man spricht hier von einem ‚Palastsystem'. Ähnliche Organisationsformen finden sich in den orientalischen Hochkulturen; im späteren Griechenland kommen sie nicht mehr vor.

Unsere wichtigsten Quellen für die mykenische Zeit stellen die archäologischen Zeugnisse dar. Daneben verfügen wir über schriftliche Quellen, die sog. **Linear-B-Täfelchen**, die man besonders in den Ruinen der Paläste von Knossos und Pylos gefunden hat. Es handelt sich um Tontäfelchen, die beim Brand der Paläste gehärtet wurden und daher erhalten sind. Sie geben uns Hinweise über Aufbau und Funktionsweise der Palastherrschaften. So lässt sich auf ihrer Basis rekonstruieren, dass wir es mit Gesellschaften zu tun haben, die hierarchisch organisiert sind:

An ihrer Spitze steht jeweils ein König, der im Palast der jeweiligen Stadt residiert und dadurch hervorragt, dass er Anrecht auf speziellen Landbesitz hat. Er fungiert – wie die orientalischen Könige – vorrangig als Priester und Heerführer. Die religiöse Legitimation spielt bei den mykenischen Königen jedoch eine geringere Rolle als im Alten Orient. Unterhalb des Königs ist in der Regel ein militärischer Befehlshaber angesiedelt, der ebenfalls über besonderes Land verfügt. Diesem sind die Vorsteher der einzelnen Distrikte unterstellt.

Am unteren Ende der Ordnung, die sich als Pyramide beschreiben lässt, finden sich Handwerker und Bauern, die in einem Abhängigkeitsverhältnis zum König stehen. Sie können persönlich frei oder

Die minoische Kultur auf Kreta Die früheste Hochkultur, die sich in Griechenland herausbildet, also die erste Zivilisation, die eine Schrift entwickelt, ist die minoische Kultur auf Kreta. Sie ist benannt nach dem mythischen König Minos. Ihre Blüte erlebt sie in der Zeit von etwa 2000–1400 v. Chr. Sie weist eine Reihe von Städten auf, in deren Zentrum jeweils ein Palast liegt. Der berühmteste ist der Palast von Knossos. Die minoische Kultur ist jedoch keine Kultur der Griechen. Ihre Sprache ist nicht Griechisch, ihre Schrift, Linear A, bis heute nicht entziffert.

Linear-B-Täfelchen Die Schrift Linear B, eine Silbenschrift, wurde 1952 von Michael Ventris und John Chadwick entziffert. Sie konnten zeigen, dass die Sprache, die mit Linear B aufgezeichnet wird, ein frühes Griechisch darstellt. Die Täfelchen dienen ausschließlich Registraturzwecken. Sie enthalten u. a. Inventare von Vorräten und Verzeichnisse von Grundstücken. Auch finden sich Angaben über die Bediensteten des Palastes und die ihnen zugeteilten Lebensmittel. Es handelt sich dabei nicht um ein Archiv, das heutigen Forschern die Möglichkeit eröffnete, die Palastwirtschaft über einen längeren Zeitraum zu studieren, sondern ausschließlich um Zeugnisse aus der Phase unmittelbar vor der Zerstörung, die aufgrund des Brandes zufällig erhalten sind und nur eine Momentaufnahme geben. Über die Täfelchen hinaus kennen wir keine Texte in der Linear-B-Schrift.

Abb. 1: **Linear-B-Täfelchen aus Knossos**

unfrei sein. Die meisten Bauern arbeiten auf Pachtland, dessen Eigentümer der König ist. Bauern wie Handwerker liefern einen Großteil ihrer Erträge bzw. Erzeugnisse an den Palast ab, der über große Vorratsräume verfügt.

Dabei sammelt der Palast nicht nur Güter, sondern verteilt sie z. T. auch wieder, versorgt etwa die Handwerker mit Rohstoffen. Entsprechend bezeichnet man die Wirtschaftsform als ein ‚Redistributionssystem'. Es werden verschiedenste Produkte hergestellt; im Vordergrund steht Keramik, die nicht nur der Verwendung im eigenen Palast, sondern ebenso für den Fernhandel dient. Zahlreiche Handwerker arbeiten auch im Palast.

Um 1200 v. Chr. gehen die Palastkulturen unter. Die Paläste werden zerstört; zugleich gehen auch viele der umliegenden Siedlungen verloren. Über die möglichen Ursachen hat die Forschung lange gerätselt. Heute nimmt man meist ein Zusammenwirken äußerer und innerer Faktoren an. An äußeren Faktoren diskutiert man Übergriffe durch Feinde, Einwanderung neuer Gruppen, Konflikte unter den Zentren, Erdbeben, Vulkanausbrüche und klimatische Veränderungen. Innere Faktoren sieht man in einer strukturellen Schwäche der Systeme: Sie haben einen hohen Bedarf an Rohstoffen und sind daher auf den Austausch mit anderen Zentren der mykenischen Welt wie auch mit Handelspartnern außerhalb Griechenlands angewiesen. Sie bedürfen außerdem einer beständigen Kommunikation zwischen den vergleichsweise großen Zentren und ihrem Umland sowie hoher landwirtschaftlicher Erträge, um die Versorgung des Palastes sicherzustellen. Hier kann es leicht zu Defiziten kommen, die das System gefährden.

1.3 Die Dark Ages

Die Phase, die auf die mykenische Zeit folgt, nennt man die ‚Dark Ages' (ca. 1200–800 v. Chr.). Der Begriff rührt daher, dass unser Kenntnisstand über diesen Zeitabschnitt aufgrund der schlechten Quellenlage gering ist. Die Dark Ages zeichnen sich durch einen starken Rückgang der Bevölkerung aus. Viele Kunstfertigkeiten, darunter die Schrift, gehen verloren. Mit den Palästen verschwindet das Bedürfnis, Aufzeichnungen anzufertigen. Die Ankunft der

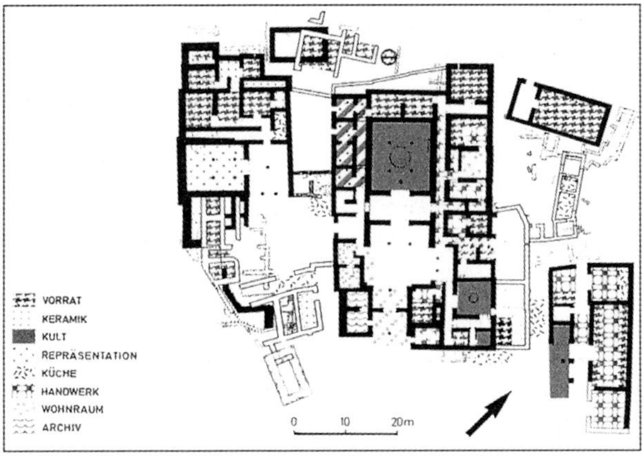

Abb. 2: **Grundriss des Palastes von Pylos**

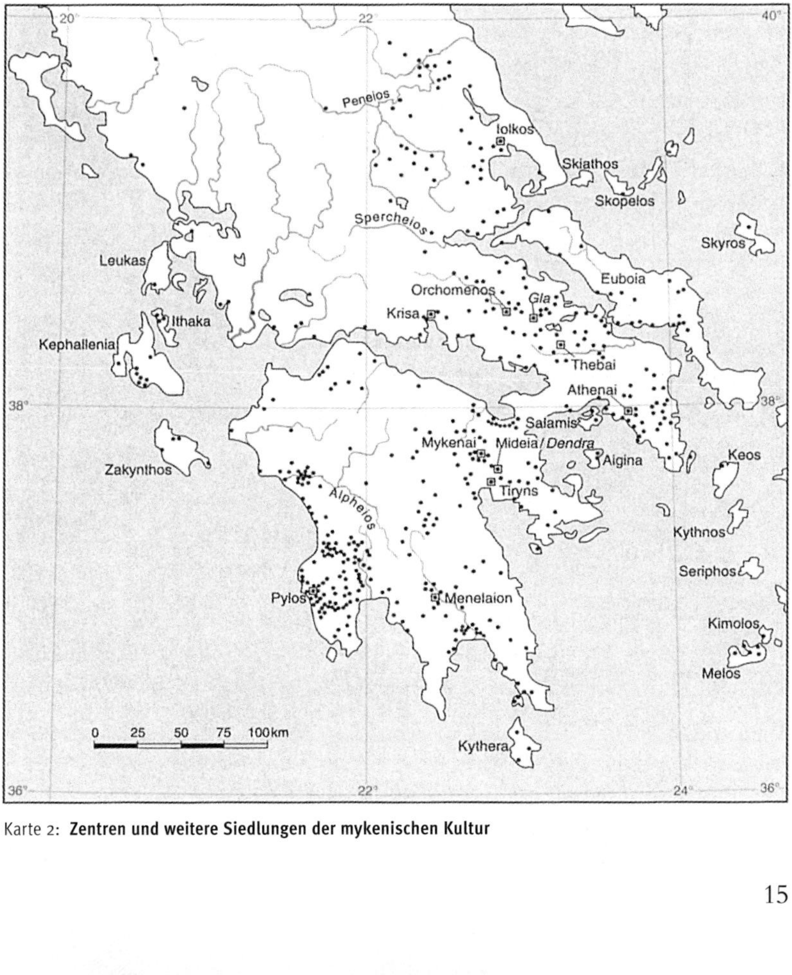

Karte 2: **Zentren und weitere Siedlungen der mykenischen Kultur**

Gruppen, aus denen später der Stamm der Dorer entsteht, fällt in diese Zeit. Gegen 1000 v. Chr. verlassen nicht wenige Bewohner aus dem ionischen Raum das griechische Festland und lassen sich auf den Inseln der Ägäis sowie an der kleinasiatischen Küste nieder.

Die Verhältnisse in den einzelnen Regionen Griechenlands sind in den Dark Ages sehr heterogen. In einigen Gebieten bestehen noch bis ca. 1050 v. Chr. größere Siedlungen mit einem ‚Fürsten', Kriegern und abhängigen Personen. Andernorts entstehen ab etwa 1100 v. Chr. neue Siedlungen. Aus Gräberfunden wissen wir, dass es in diesen auch wieder lokale Oberschichten gibt, die einen vergleichsweise aufwendigen Lebensstil pflegen. Ein herausragendes Beispiel dafür ist die Siedlung Lefkandi auf Euboia. Daneben finden sich viele Regionen, in denen sich keine Siedlungen mehr nachweisen lassen. Frühere Orte werden aufgrund der Wirren der Wanderungsbewegungen oder wegen des Rückganges der Bevölkerung aufgegeben. Der Ackerbau geht zurück; stattdessen wird Viehzucht betrieben, was nicht selten in Transhumanz geschieht, d. h. von Hirten, die mit ihren Tieren von einem Weidegrund zum anderen ziehen.

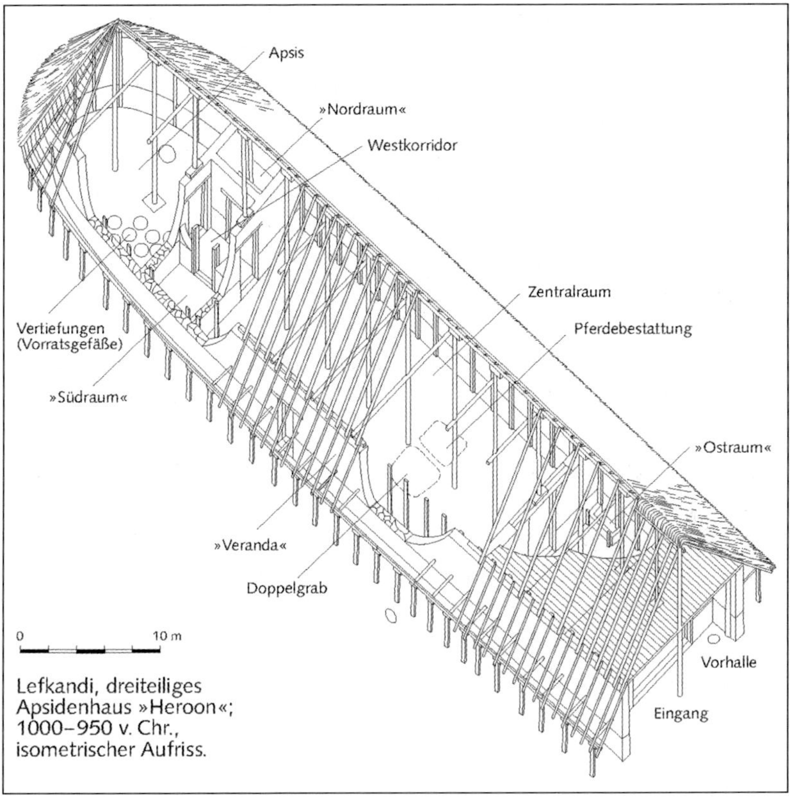

Abb. 3: **Sog. Heroon (‚Fürstengrab') in Lefkandi**

2 Das archaische Griechenland

Die archaische Zeit Griechenlands umfasst die Phase von etwa 800–500 v. Chr. Unsere Quellenlage über diesen Zeitraum ist sehr viel besser als für die früheren Abschnitte der griechischen Geschichte. Wir verfügen über zahlreiche archäologische und auch etliche schriftliche Zeugnisse.

2.1 Die früharchaische Zeit (ca. 800–700 v. Chr.)

2.1.1 Homer und Hesiod

Über die früharchaische Zeit sind wir besonders durch die Epen **Homers** und **Hesiods** gut unterrichtet. Im Unterschied zu den Dark Ages liegen damit wieder zeitgenössische schriftliche Quellen vor. Um Schriftstücke zu verfassen, beleben die Griechen nicht etwa die Schrift der mykenischen Zeit wieder, sondern übernehmen das Alphabet der Phöniker und gleichen es den Bedürfnissen der eigenen Sprache an. Voraussetzung dafür ist ein intensiver Kontakt zum Orient, der sich nun entwickelt. Dieser manifestiert sich etwa auch in der Keramik der Zeit, die stark von orientalischem Einfluss geprägt ist. Die neue Schrift wird nicht mehr zu Registraturzwecken verwendet; man nutzt sie vielmehr, um Mythen aufzuzeichnen, die von großer Bedeutung für das Selbstverständnis und die Identität der Griechen dieser Zeit wie auch aller nachfolgenden Phasen der griechischen Geschichte sind.

Für den Historiker sind sie außerordentlich aufschlussreich. Gleichwohl dürfen sie nicht als Geschichtsbücher verstanden werden, die über authentische historische Ereignisse informieren. Sie sind auch nicht als Zeugnisse für die Vergangenheit aufzufassen, selbst wenn sie den Anschein erwecken, aus der mykenischen Zeit zu berichten, und auch älteres Substrat enthalten. Tatsächlich verhält es sich so, dass die mythischen Stoffe bis zu ihrer Verschriftung immer wieder umgeformt und den Vorstellungen und Erwartungen des jeweiligen Publikums angepasst werden. Entsprechend sind die Epen für die Zeit ihrer schriftlichen Fixierung als Quelle zu verwenden, nicht für eine frühere Phase der griechischen Geschichte.

Homer Die beiden Epen ‚Ilias' und ‚Odyssee', die seit der Antike Homer zugeschrieben werden, gründen sich auf mündlich überlieferte Dichtung (*oral poetry*). Dabei handelt es sich zunächst nicht um zusammenhängende Werke, sondern um einzelne Szenen und formelhafte Sentenzen, auf deren Basis die Sänger (*aoidoí*) spontan einen Vortrag entwickeln, den sie mündlich präsentieren. Erzählt werden Geschichten über Götter und Helden, die in einer heroischen Vergangenheit angesiedelt sind. Aus diesem Material entstehen mit Hilfe der Schrift die ‚Ilias' und die ‚Odyssee'. Die ‚Ilias' behandelt zehn Tage im letzten Jahr des Trojanischen Krieges, die ‚Odyssee' die Irrfahrten des Odysseus und seine Heimkehr nach Ithaka im Anschluss an den Trojanischen Krieg. Beide Epen umfassen jeweils 24 Gesänge, die in Hexametern abgefasst sind. Man nimmt heute zumeist an, dass die ‚Ilias' um 750 v. Chr. entstanden ist, die ‚Odyssee' um 700 v. Chr. Daraus ergibt sich, dass nicht beide Epen von einer Person geschaffen sein können. Die heutige Forschung geht davon aus, dass es sich um mindestens zwei Dichter handelt.

Hesiod Hesiod verfasst ebenfalls Epen im Hexameter. Auch er verarbeitet bekannte mythische Stoffe. Im Unterschied zu Homer arbeitet er aber nicht ausschließlich mit tradiertem Material, sondern dichtet auch Neues, das unmittelbar auf die Entstehungssituation bezogen ist. Für den Historiker sind seine ‚Werke und Tage' besonders informativ. Sie behandeln das bäuerliche Leben in früharchaischer Zeit. Sein Werk lässt sich ebenfalls nicht sicher datieren. Die Forschung vertritt heute in der Regel die Auffassung, dass er um 700 v. Chr. gelebt hat. Antiker Überlieferung zufolge ist er ein Zeitgenosse Homers.

Abb. 4: **Homer (?)**

Sie enthalten zahlreiche Informationen besonders über Lebensformen und Mentalität der Zeit. Dabei spiegeln die Werke Homers die Lebenswelt des Adels wider, die Hesiods diejenige der Bauern.

2.1.2 Die Anfänge der Polis

Sowohl bei Homer als auch bei Hesiod haben wir zahlreiche Hinweise auf Stadtstaaten, griech. *póleis* (Sing. *pólis*). Im klassischen Griechenland unterscheidet man zwischen der Stadt als politischer Einheit und der Stadt als bloßer Siedlungsgemeinschaft. Nur erstere wird später als Polis bezeichnet. In unserer Zeit begegnet diese Differenzierung erst in Ansätzen. In den meisten Fällen handelt es sich bei einer Polis um eine Stadt, wobei das allerdings nicht zwingend ist. Gewöhnlich hat eine Polis auch Umland, das unterschiedlich groß sein kann. Es ist sogar möglich, dass sich in der Umgebung weitere städtische Siedlungen befinden, die zu der Polis gehören, ihrerseits aber nicht den Rang einer Polis haben.

Folgen wir den Angaben Homers, so verfügt eine Polis grundsätzlich über eine Mauer. Auch die archäologischen Funde bestätigen dies. Typisch ist zudem eine Akropolis, ein Burgberg. Sofern es sich um eine Polis handelt, die bereits in mykenischer Zeit existierte, stand hier früher der Palast, von dem jetzt nur noch Ruinen erhalten sind. Zu einer Polis gehört stets eine Agora, ein Marktplatz, der das Zentrum des öffentlichen Lebens bildet. Hier wird Handel getrieben; auch können Versammlungen stattfinden. Ein weiteres wesentliches Element sind Tempel, in denen den verschiedenen Göttern Opfer dargebracht werden. Sie befinden sich entweder auf der Akropolis oder der Agora. Zum materiellen Substrat einer Polis kann – je nach Lage – auch ein Hafen gehören.

Bei Homer und Hesiod erfahren wir weiterhin, dass in der Polis Könige leben. Für gewöhnlich gibt es in einer Polis mehrere Könige. Sie bilden oftmals einen Rat. Außerdem findet in der Polis ein Schiedsgericht statt, in dem die Könige als Richter fungieren. Wir haben auch Hinweise auf Volksversammlungen.

Angesichts dessen stellt sich die Frage, ob wir es – wie später in der Polis der klassischen Zeit – mit politischen Institutionen zu tun haben, also mit versachlichten Einrichtungen, die nach bestimmten

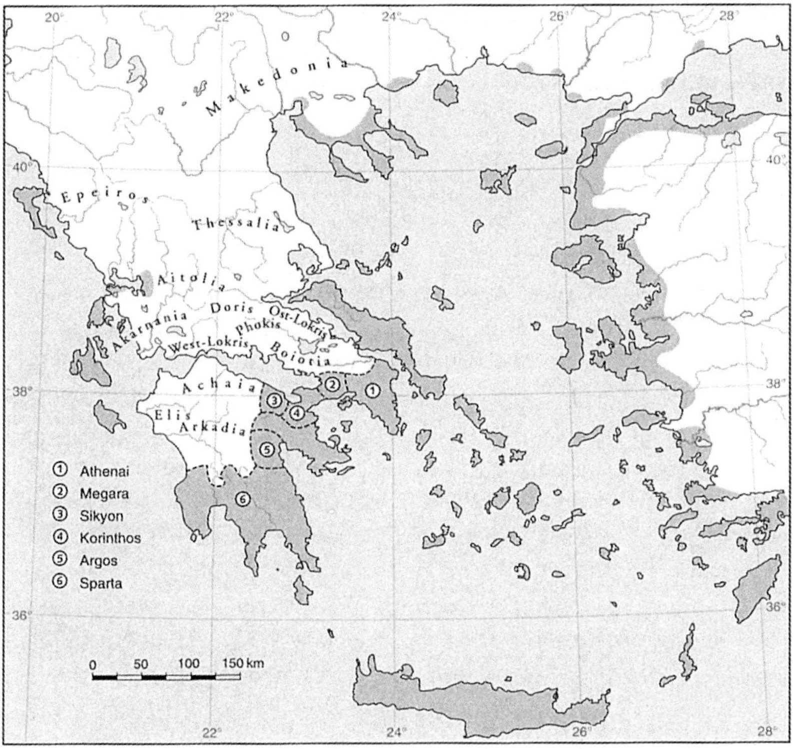

Karte 3: **Nicht in allen Regionen Griechenlands entstehen Poleis; in einigen herrschen sog. ‚Stammstaaten' (griech. *éthnē*) vor. Die Karte zeigt die Verteilung von Polisgebieten (grau) und Regionen mit *éthnē* (weiß).**

Regeln arbeiten und zentrale Funktionen für das Gemeinwesen erfüllen. Betrachten wir die epischen Szenen, so ist dies eher nicht der Fall. Den Königen werden zwar bestimmte Aufgaben zugeschrieben: Sie sprechen Recht und betätigen sich als Heerführer; aber sie tun dies ohne formale Grundlage. Außerdem fehlt ihnen mehrheitlich der Bezug auf das Gemeinwesen. Sie begreifen sich nur in Ansätzen als Funktionsträger der Polis mit einem Verantwortungsbewusstsein für das Ganze. Vorrangig verstehen sie sich als Adlige, die durch einen spezifischen Lebensstil gekennzeichnet sind, dessen Grundlage ein großes Vermögen an Land, Edelmetallen und kunstvollen Gütern bildet. Ihr Hauptbestreben ist es, sich gegenüber den Standesgenossen auszuzeichnen und damit mehr Ehre für sich beanspruchen zu können als die sonstigen Könige in der eigenen Stadt wie auch in anderen Poleis. Die Könige zeichnen sich durch ein kompetitives Ethos aus. Das Verhältnis der Könige innerhalb einer Stadt ist nicht klar geregelt. Eine Organisation der Könige in Bezug auf die Herrschaft besteht nicht. Es kann einen ‚Oberkönig' geben; allerdings handelt es sich dabei nicht um eine feste Position. Sein Status ist prekär. Er wird immer wieder herausgefordert und muss seine Stellung behaupten.

Auch die Volksversammlung stellt keine feste Einrichtung dar. Sie kann bei Bedarf von den Königen einberufen werden. Es kommt aber auch vor, dass sie jahrelang nicht tagt. Wann Bedarf besteht, entscheiden die Könige. Es gibt keine Bestimmungen, in welchen Situationen die Versammlung zusammenkommen muss oder zu welchen Themen sie zu befragen ist. Vielfach verhält es sich so, dass die Könige miteinander vor der Volksversammlung disputieren. Dabei geht es eher um Fragen, die ihren persönlichen Status betreffen, als um Angelegenheiten, die für das Volk insgesamt von Belang sind. Das Volk (griech. *dêmos*) selbst hat bei den Versammlungen eine eher passive Rolle. Es trifft keine Entscheidungen. Die Angehörigen des Demos haben mit großer Wahrscheinlichkeit kein Rederecht. Sie können ihre Zustimmung oder ihren Unmut über Äußerungen der Könige lediglich akklamatorisch zum Ausdruck bringen. Für die Könige ist das aber kaum von Bedeutung: Welche Haltung das Volk ihnen gegenüber einnimmt, ist für ihr Selbstverständnis nicht essentiell. Sie sind auf seine Akzeptanz nicht angewiesen.

Quelle: Aristie-Ideal der homerischen Adligen

Aber neben ihn trat Andromache, Tränen vergießend,
Nahm ihn gleich bei der Hand und redete, also beginnend:
Unglücksel'ger, dich tötet dein Mut noch, und du erbarmst dich
Nicht des stammelnden Kindes noch meiner, des elenden Weibes,
Bald nun Witwe von dir, denn dich morden gar bald die Achaier,
Gegen dich alle vereint! Für mich wohl wäre das beste,
Deiner beraubt, in die Erde zu sinken; bleibt mir doch sonst kein
Anderer Trost, wenn du selbst dein trauriges Schicksal vollendest,
Sondern Weh! Und ich habe nicht Vater noch sorgende Mutter!
(...)
Ihr erwiderte drauf der helmumflatterte Hektor:
Mich auch kümmert all das, mein Weib, allein ich verginge
Wohl in Scham vor den Troern und Frauen in Schleppengewändern,
Wenn ich hier wie ein Feiger entfernt vom Kampfe mich hielte.
Das verbietet mein Herz, denn ich lernte, tapferen Mutes
Immer zu sein und unter den ersten der Troer zu kämpfen,
Schirmend zugleich des Vaters erhabenen Ruhm und den meinen!
Das zwar weiß ich gewiss in meinem Geist und Gemüte:
Einst wird kommen der Tag, da die heilige Ilios hinsinkt,
Priamos selbst und das Volk des lanzenkundigen Königs.
Doch nicht kümmert mich so der Troer künftiges Elend,
Weder des Priamos Leid, noch das der Hekabe selber
Und der leiblichen Brüder, die dann so tapfer
Niedersinken im Staub, von feindlichen Händen getötet,
Als wie deins, wenn einer der erzumschirmten Achaier
Dir den Tag der Freiheit raubt und die Weinende wegführt.
(Homer, Ilias 6,405–413. 440–455)

Das Schiedsgericht lässt sich nur in Ansätzen als ein institutionalisiertes Gericht verstehen. Es entscheidet nicht auf der Grundlage von Gesetzen; im früharchaischen Griechenland gibt es kein verschriftetes Recht, aber auch keine mündlich tradierten Rechtsnormen. Selbst ein Gewohnheitsrecht existiert nicht. Ziel des Gerichts ist es, die Ansprüche der beiden Parteien gegeneinander abzuwägen und auf diese Weise zu einer Entscheidung zu gelangen, welche die ‚Mitte' trifft, also einen Kompromiss darstellt, der für beide Seiten akzeptabel ist. Es gibt keinen Gerichtszwang. Zu einer gerichtlichen Entscheidung kommt es nur, wenn beide dies wünschen; ansonsten herrscht Selbsthilfe. Bei Hesiod erfahren wir, dass das Schiedsgericht tatsächlich oft nicht in der genannten Weise arbeitet. Seiner Darstellung zufolge lassen sich die Könige bestechen, verkünden dann einen ‚schiefen' Spruch, der diejenige Seite, die ihnen Geschenke hat zukommen lassen, begünstigt. Er empfiehlt daher den Bauern, sich vom Gericht fernzuhalten.

Welche Gründe könnte es dafür geben, dass der Grad der politischen Organisation im früharchaischen Griechenland so niedrig ist? Den Hauptgrund sieht man gewöhnlich darin, dass in dieser Zeit nur ein sehr geringer gemeinsamer Handlungs- und Regelungsbedarf existiert, der eine Organisation erforderlich gemacht hätte. Es ist kaum notwendig, die Verteidigung der Stadt zu organisieren, denn eine ernsthafte Bedrohung von außen besteht nicht. Ebenso wenig herrschen im Inneren massive Probleme. Hier besteht beispielsweise ein Unterschied zum Alten Orient, wo an den meisten Orten die Wasserversorgung eine große Herausforderung darstellt, die nur gemeinschaftlich bewältigt werden kann und zentral organisiert werden muss, etwa indem man mit großem Aufwand Bewässerungssysteme anlegt. Auch im frühen Rom sind die Verhältnisse grundsätzlich anders, wie wir noch sehen werden.

Quelle: Gerichtsszene in der Schildbeschreibung der ‚Ilias'

Volk war dicht auf dem Markte geschart; es hatte ein Hader
Dort sich erhoben, zwei Männer lagen im Streit um die Sühnung
Eines getöteten Manns. Es beteuerte dieser dem Volke,
Alles hab' er bezahlt, doch leugnete jener die Zahlung.
Beide heischten, den Streit vor dem kundigen Richter zu enden.
Beiden lärmte die Menge, geteilt sie begünstigend, Beifall.
Herolde hielten indessen das Volk in Ordnung. Die Greise
Saßen umher im heiligen Kreis auf geglätteten Steinen,
Hatten in Händen die Stäbe der luftdurchtönenden Boten,
Sprangen mit ihnen dann auf und redeten wechselnd ihr Urteil.
Zwei Talente von Gold aber lagen inmitten des Kreises,
Dem von den Männern bestimmt, der das Recht am geradesten spräche.
(Homer, Ilias 18,497–508)

Quelle: Hesiod über das Gericht und die Könige

(an seinen Bruder Perses gerichtet:)
Doch was ich jetzt ans Herz dir lege, Perses, bewahr es:
Lass nicht die zänkische Eris dein Herz der Arbeit entziehen,
dass nach Hader du gaffst und lauschest Händeln des Marktes.
Hat doch wenig Zeit nur für Hader und Händel des Marktes,
wem nicht fürs ganze Jahr hinreichende Nahrung daheim liegt,
reife Frucht, wie die Erde sie trägt, das Korn der Demeter.
Wen sie gesättigt, der kann wohl Hader, zänkischen, nähren
um die Güter der andern, doch dir ist kein zweites Mal möglich
solches Tun; nein: hier auf der Stelle entscheiden den Streit wir
schnurgerad nach den Gesetzen, die Zeus uns zum Segen verliehen.
Längst schon teilten das Erbe wir uns, doch anderes vieles
trugst du als Raub mit fort und priesest lauthals die Herren,
stopftest sie mit Geschenken, die gern dir Recht dafür sprachen.
(Hesiod, Werke und Tage 27–39)

(an die Könige:)
Jetzt erzähl ich ein Gleichnis den Herren, die selber es einsehn.
So zur Nachtigall sprach, dem bunten Kehlchen, der Habicht,
wie er sie hoch in den Wolken dahintrug mit klammernden Krallen,
sie aber, rings durchbohrt von gekrümmten Krallen, erbärmlich
jammerte. Da nun sprach er zu ihr die herrische Rede:
„Was denn, Verblendete, schreist du? Ein Stärkerer hält dich gefangen.
Dorthin musst du, wohin ich dich bringe, und bist du auch Sänger.
Fressen tu ich dich, ganz wie ich Lust hab, oder ich lass dich.
Nur einen Narren verlockt es, mit stärkeren Gegnern zu kämpfen.
Sieg ist ihm versagt, und zur Schande erleidet er Qualen."
So sprach der Habicht, der schnelle, flügelspreizende Vogel.
(Hesiod, Werke und Tage 201–211)

2.1.3 Die Gesellschaft in früharchaischer Zeit

Die griechische Gesellschaft der früharchaischen Zeit lässt sich in Freie und Unfreie gliedern. Unter den Freien ist eine Oberschicht als besondere Gruppe zu markieren. Es handelt sich um die erwähnten ‚Könige' und ihre Familien. Die Forschung bezeichnet sie gemeinhin als Aristokraten oder Adlige. Im Unterschied zum Adel vieler anderer vormoderner Gesellschaften zeichnen sie sich nicht durch einen bestimmten Rechtsstatus aus. Streng genommen sind sie nicht viel mehr als Großbauern, die lediglich über mehr Vermögen verfügen als die übrigen Bauern. Ein Merkmal dieser Gruppe ist ihr schon angesprochener spezifischer Lebensstil. Ein weiteres konstitutives Moment ist ihre göttliche Abstammung: Wie die mythischen Helden im Epos gehen sie davon aus, dass ein Gott oder eine Göttin ihr Geschlecht begründet hat.

Die Mehrzahl der Freien sind Kleinbauern. Sie bearbeiten ein Stück Land, das in ihrem Besitz ist. Im Unterschied zu den Bauern der mykenischen Zeit stehen sie in keinem Abhängigkeitsverhältnis zu einem der Könige. Mit den Königen haben sie nur dann zu tun, wenn sie das Gericht in Anspruch nehmen. Ansonsten kann es geschehen, dass die Könige von ihnen Abgaben verlangen, die sie ihrerseits für die Finanzierung ihres Lebensstils, etwa für Gastgeschenke an andere Adlige, verwenden. Für diese Abgaben gibt es keine Regelungen. Es besteht auch nicht die Vorstellung, dass die Könige dafür eine Gegenleistung zu erbringen hätten.

Die Bauern leben in Städten oder in Dörfern. Ihr wichtigster Bezugspunkt ist der eigene Oikos, d. h. das Haus mit dem dazu gehörigen Land. Die Bauern leben in Kleinfamilien. Sie betreiben Subsistenzwirtschaft, produzieren also für den eigenen Bedarf. Falls sie einen Überschuss erwirtschaften, verkaufen sie diesen auf dem Markt. Das Verhältnis der Bauern eines Dorfes zueinander ist – ähnlich wie das der Adligen – von Konkurrenz geprägt. Dennoch unterstützen sie sich auch gegenseitig. Jeder Bauer ist bestrebt, ein gutes Verhältnis zu den Nachbarn zu pflegen, auf deren Hilfe er in einer Notsituation angewiesen ist. Das wechselseitige Geben und Nehmen spielt unter den Bauern eine wichtige Rolle. Jeder ist bemüht, etwas mehr zu geben, als er vom anderen erhält, um sich jenen zu verpflichten. Nach dem gleichen Prinzip vollzieht

Quelle: Ungeregelte Abgaben

Aber Alkinoos sagte und gab ihm wieder zur Antwort:
„Da du, Odysseus, zu meinem Hause gefunden, zu dessen
Eherner Schwelle und hohem Dach, so wirst du, das glaub ich,
Hast du auch viel schon erduldet, hierher nicht nochmal verschlagen.
Euch aber gebe ich Auftrag und sage es männiglich jedem:
Ihr, die ihr in meinem Palast hier allzeit funkelnden Wein trinkt,
Der nur den Alten geziemt, und die ihr dem Sänger das Ohr leiht:
Kleider liegen bereit für den Gast in der glänzend gefegten
Truhe und Gold in vielerlei Zierat und andre Geschenke,
Alle, die hierher brachten die Männer vom Rat der Phaiaken:
Also wohlan! Einen stattlichen Dreifuß nebst einem Becken
Spende jeder dazu. Wir sammeln Ersatz uns im Volke.
Bitter wäre es doch, wenn Einer umsonst ihn beschenkte."
(Homer, Odyssee 13,3–15)

Quelle: Das Haus des Bauern

Erst ein Haus und dann eine Frau, zum Ackern den Pflugstier,
nicht eine Ehefrau, nein, eine Magd, die mit Stieren auch umgeht.
Auch an tauglichem Hausgerät alles musst du dir schaffen,
dass du nicht andere bittest und darbst dann, wenn sie sich weigern,
und die günstige Stunde verstreicht und dein Werk ist zunichte!
(Hesiod, Werke und Tage 404–408)

Quelle: Geben und Nehmen unter den Bauern

Wer dich liebt, den lade zum Mahl, und lasse den Hader.
Doch wer dir nahe wohnt, den lade am meisten zum Mahle.
Denn wenn unverhofft ein Unglück im Dorf dir begegnet,
gurtlos kommen die Nachbarn, die Vettern gürten sich erst noch.
Böser Nachbar ein Fluch, ein großer Vorteil der gute.
Ehre wird dem zuteil, dem ein edler Nachbar zuteil wird.
Nicht verendet ein Rind, wenn nur der Nachbar nicht schlecht ist.
Gut lass dir messen vom Nachbarn und gut gib es ihm wieder
in demselben Maß, und wenn du vermagst, auch noch besser,
dass du in mageren Zeiten auch später das Nötige findest.
Suche nicht schlechten Gewinn, denn schlechter Gewinn ist Verlust gleich.
Liebe den, der dich liebt, und geh zu dem, der zu dir geht.
Wer dir gibt, dem gib, und nichts gib dem, der dir nichts gibt.
Gebern gibt man immer, doch Nichtsgebern gibt einer nimmer.
(Hesiod, Werke und Tage 341–354)

sich auch der Gabentausch, den die Adligen untereinander vollziehen.

Die Situation der Bauern ist grundsätzlich prekär. Sie müssen hart arbeiten, um ihren Besitz zu erhalten. Sie haben aber die Chance, durch Arbeit einen gewissen Wohlstand zu erlangen, eventuell sogar ihr Land zu vergrößern. Wird die Ernte aber durch Trockenheit vernichtet oder eine Krankheit bricht aus, kann ihre Lage schnell bedrohlich werden. Eine spezifische Gefahr liegt auch in der Art der Erbteilung. In Griechenland wird gewöhnlich die Realerbteilung praktiziert, d.h. das Land wird gleichmäßig unter den Söhnen aufgeteilt (Töchter sind meist nicht erbberechtigt). Hesiod empfiehlt daher, sich auf einen Sohn zu beschränken, um zu verhindern, dass der Besitz zerstückelt wird. Von verbreiteter bäuerlicher Not aber hören wir aus dieser Zeit nichts.

Neben den Bauern gibt es einige wenige Handwerker. Regelmäßig begegnen der Zimmermann und der Schmied. Sie werden mit dem Begriff ‚Demiurgen', also Menschen, die für den Demos arbeiten, tituliert. Zu den Demiurgen gehören auch Sänger, Seher und Ärzte, die ihre Dienste vor allem den Aristokraten in den Städten anbieten. Der soziale Status der Demiurgen ist sehr unterschiedlich.

Schließlich leben in den Städten wie den Dörfern Menschen, die kein eigenes Haus besitzen. Dabei kann es sich um unfreie Sklaven handeln oder um freie Lohnarbeiter. Zum Teil wird zwischen den beiden Gruppen nicht klar differenziert. Die Lebenssituation von Sklaven ist nicht selten besser als die eines Lohnarbeiters: Die Sklaven gehören zu einem Oikos und haben dadurch ein sicheres Auskommen; Lohnarbeiter verfügen meist über keinen eigenen Oikos und haben auch keine feste Bindung an den eines anderen. Sie werden oft nur bei Bedarf – etwa zur Zeit der Aussaat und der Ernte – beschäftigt.

Quelle: Aufforderung zur Arbeit

(Hesiod an seinen Bruder Perses:)
Aber du, sei eingedenk immer meiner Ermahnung:
Arbeite, hochgeborener Perses, damit dich der Hunger
hasse, doch liebe Demeter, die Göttin mit herrlichem Kranze,
und die Erhabene dir mit Nahrung fülle die Scheuer!
Hunger ist ja doch immer des Arbeitsscheuen Begleiter.
Und ihm zürnen die Götter und Männer, der ohne Arbeit
lebt, er gleicht ja an Art den stummelschwänzigen Drohnen,
die, der Arbeit abhold, den Ertrag der fleißigen Bienen
auffressen; du aber gern verrichte maßvolle Arbeit,
dass dir die Zeiten des Jahres mit Nahrung füllen die Scheuern.
Arbeit macht ja die Männer so reich an Herden und Habe,
auch macht die Arbeit sie viel lieber den unsterblichen Göttern.
Wirst auch lieber den Sterblichen sein, sie hassen den Faulen.
Arbeit ist nimmermehr Schande, doch Scheu vor der Arbeit ist Schande.
Wenn du arbeitest, rasch wird der Arbeitsscheue dir neiden
deinen Reichtum. Denn Reichtum folgt Gutsein und Ehre.
Einem gesegneten Mann, wie du einer warst, frommt die Arbeit,
wenn du das törichte Herz von fremden Besitztümern wendest
hin zu Arbeit und sorgst für dein Leben, wie ich dir sage.
Ängstliche Scham ist nicht gut, wenn den dürftigen Mann sie begleitet,
Scham ja wohnt bei glückloser Armut, doch Kühnheit beim Glücke,
Scham, die zu großem Schaden den Männern gereicht wie zum Nutzen.
(Hesiod, Werke und Tage 297–318)

Abb. 5: **Olivenernte**

2.2 Die spätarchaische Zeit (ca. 700–500 v. Chr.)

2.2.1 Die Zunahme politischer Organisation im 7. Jh. v. Chr.

Eine wichtige Voraussetzung für die stärkere Ausrichtung der Adligen auf die Polis ist die Abschaffung des Königtums, d. h. der Verzicht auf einen Oberkönig und zugleich auch auf die Bezeichnung ‚König' für die anderen Adligen. Dies geschieht in den meisten griechischen Stadtstaaten auf unspektakuläre Weise. Wenn man bedenkt, wie gering die Bedeutung des führenden Königs in früharchaischer Zeit war, braucht dies nicht zu verwundern. Entsprechend haben wir darüber kaum Informationen. Für das Selbstverständnis der Aristokraten wie auch der Polis allgemein spielt die Überwindung des Königtums keine zentrale Rolle und wird daher auch kaum thematisiert. Möglicherweise kommt es zu Unzufriedenheit darüber, dass unter den verschiedenen Königen nur einer eine Vorrangposition innehat – so schwach diese auch ist.

Anstelle des Königtums werden Ämter eingerichtet, die nun im Unterschied zu früher als Institutionen begriffen werden können. Die Bezeichnungen für die Ämter sind in den Poleis unterschiedlich. In Athen heißen die Amtsträger ‚**Archonten**'. Der Archontat ist ein Jahresamt; die Amtsträger für die verschiedenen Archontenstellen werden jeweils für ein Jahr gewählt. Sie dürfen sich nicht zweimal in Folge um das gleiche Amt bewerben. Es herrscht also das Prinzip der Annuität sowie ein Iterationsverbot. Kandidieren können zunächst ausschließlich die Adligen. Neben den Ämtern gibt es einen Adelsrat, der in Athen als ‚Areiopag' bezeichnet wird. Anfänglich gehören dem möglicherweise sämtliche Adlige an; später sind es allein diejenigen, die bereits eine Archontenstelle bekleidet haben. Wir wissen nicht genau, wer die Amtsträger anfänglich wählt. Eventuell ist dafür in der Anfangszeit der Adelsrat zuständig, vielleicht tut dies aber auch von Beginn an die Volksversammlung. Gegen Ende der archaischen Zeit ist die Archontenwahl grundsätzlich Aufgabe der Volksversammlung. Die Bedeutung der Volksversammlung ist in dieser Zeit ansonsten gering; die Quellen machen kaum Angaben über sie.

Die athenischen Archonten in spätarchaischer Zeit

Im Verlaufe der spätarchaischen Zeit bilden sich neun Archonten heraus:
Der *árchōn basileús*, also ein Archon, der weiterhin als König tituliert wird. Er ist in dieser Zeit besonders für den Kult zuständig.
Der *árchōn epónymos*, d. h. ein Archon, der dem Jahr den Namen gibt. Nach seinem Namen wird in Athen datiert; er wird in der Archontenliste verzeichnet, die im Jahre 682 v. Chr. beginnt. Außerdem hat er eine allgemeine Leitungsfunktion in der Polis inne.
Der *árchōn polémarchos*, der sich um die Kriegführung kümmert.
Sechs *Thesmotheten,* denen die Rechtsprechung obliegt.

Der Begriff *árchōn* leitet sich von griech. *árchein* = herrschen her.

Abb. 6: **Ausschnitt aus der athenischen Archontenliste**

Das politische Leben wird vom Adel dominiert. Im Unterschied zur früharchaischen Zeit beginnt er nun, sich in Bezug auf die Herrschaft zu organisieren. Die Adligen zeigen sich bemüht, untereinander ein gewisses Maß an Gleichheit herzustellen und den Wettbewerb zu regulieren. Das tun sie besonders durch die eben erwähnten Regelungen, die sie für die Bestellung der Amtsträger formulieren. Sie verhindern damit, dass es zur Akkumulation von Macht in den Händen weniger oder gar bei einer einzelnen Person kommt.

Eine weitere Neuerung, die ins 7. Jh. datiert wird, ist im militärischen Bereich zu konstatieren: Es wird ein neuer Typ der Rüstung und auch eine neue Kampfweise entwickelt. Neben der adligen Reiterei kommen schwer bewaffnete Fußsoldaten auf, die sog. Hopliten. Sie verfügen über schwere Waffen (*hópla*): einen großen Schild, einen Brustpanzer, Beinschienen und eine Lanze. Im Unterschied zu den Adligen der früharchaischen Zeit fechten sie keine Zweikämpfe mehr aus, sondern agieren in einer Schlachtreihe, der sog. Phalanx. Sie stehen dicht nebeneinander, halten in der Rechten die Lanze, in der Linken den Schild, mit dem sie den linken Nebenmann schirmen. Sie selbst werden durch den Schild des rechten Nebenmannes geschützt. Eine erste Darstellung der Phalanx finden wir auf der sog. Chigi-Kanne, die um 650 v. Chr. entstanden sein dürfte. Beteiligt sind alle Bürger, die in der Lage sind, die Ausrüstung zu finanzieren. Dazu dürften die Bauern mit größerem und mittelgroßem Besitz zählen; teils kämpfen auch die Adligen in der Schlachtreihe.

Die Phalanx ist eng mit der Polis verbunden; sie dient vor allem deren Verteidigung. Damit setzt sie voraus, dass ein verstärkter Verteidigungsbedarf besteht. Dieser steht im Zusammenhang mit dem wachsenden Bedarf an Land, der in vielen Stadtstaaten aufkommt. Anders als in früharchaischer Zeit werden Kriege nicht mehr nur von Adligen um Beute und Ehre, sondern zunehmend von Bürgern um Land geführt. Ob mit der militärischen Partizipation der Bauern auch die Forderung nach politischer Teilhabe einhergeht, ist umstritten. In späteren Quellen wird zwischen den beiden Elementen ein enger Konnex hergestellt. Für die archaische Zeit besteht dieser aber wohl noch nicht. Das Gemeinschaftsgefühl und die Ausrichtung auf die Polis scheinen auch nicht automatisch mit der Phalanx aufzu-

Abb. 7: **Brustpanzer, Helm und Schild eines Hopliten**

Abb. 8: **Darstellung zweier Hoplitenheere auf der Chigi-Kanne**

kommen. Wir haben im Gegenteil Hinweise darauf, dass die Bürgersoldaten eigens motiviert werden müssen, für die Stadt Kriege zu führen. Spezielle Probleme scheint es diesbezüglich bei den Adligen zu geben, die sich nur ungern in die Schlachtreihe eingliedern, da sie ihnen keine individuelle Profilierungsmöglichkeit mehr bietet.

2.2.2 Die Krise der archaischen Zeit

Gegen Ende des 8. Jhs. kommt es in vielen Regionen Griechenlands zu einem erheblichen Bevölkerungswachstum. Schätzungen, die auf Gräberzahlen beruhen, gehen von einer Bevölkerungszunahme von etwa vier Prozent pro Jahr aus. Die Folge dieser Entwicklung ist, dass ein Großteil der Bauernstellen aufgrund der Realerbteilung so klein werden, dass sie zum Überleben nicht mehr genügen. Hinzu kommen zahlreiche Missernten infolge von Dürreperioden. Die Betroffenen ziehen daraus unterschiedliche Konsequenzen: Eine Möglichkeit besteht darin, sich von einem Adligen Saatgut zu leihen. Wenn die Bauern nicht in der Lage sind, die Schulden einschließlich der Zinsen zu begleichen, hat der Gläubiger jedoch das Recht, sie zu versklaven. Die zweite Option für den betroffenen Bauern ist die, dass er ebenfalls Saatgut leiht, dem Adligen aber zugleich sein Land überträgt. Er darf es weiter bearbeiten, hat aber eine Abgabe zu leisten. In Athen handelt es sich um ein Sechstel der Erträge. Im günstigsten Fall hat er die Chance, auf diese Weise seine Schulden abzuarbeiten.

Diese zweite Form bezeichnet die Forschung als ‚Schuldknechtschaft'. Die Intention des Bauern, der sich in diese Art der Abhängigkeit begibt, ist, das Risiko der Versklavung abzuwenden, welches ihm beim erstgenannten Weg droht. Die Schuldknechtschaft erscheint insofern als das geringere Übel, als die Betreffenden durch den Gläubiger nicht von ihrem Land getrennt und auch nicht verkauft werden können. Überdies bewahren sie ihre persönliche Freiheit.

Auch für die Aristokraten hat die Entwicklung Konsequenzen: Einigen gelingt es, von der Krise zu profitieren, indem sie Bauern Darlehen gewähren und auf diese Weise vielfach in den Besitz ihrer Arbeitskraft bzw. ihres Landes gelangen. Diese Personen mehren

Quelle: Aufforderung zur Beteiligung am Kampf in der Phalanx:

Allen gemeinsam ist dieser Stolz, der Stadt und dem Volke,
Wenn unwankend ein Mann vorn in der Schlachtreihe steht,
Ausharrt, jeden Gedanken an schimpfliches Fliehen vergessend,
Einsetzt mit duldendem Mut, was ihm das Leben verhieß,
Und mit befeuerndem Wort zur Seite sich stellt dem Gefährten.
Kann doch ein Mann nur so wacker sich zeigen im Krieg.
Rasch dann treibt er zur Flucht die Reihen der feindlichen Männer,
Und mit gewaltigem Arm hemmt er die Woge der Schlacht.
Fällt er in vorderster Reihe, verliert er im Kampfe sein Leben
Seinem Volke, der Stadt, auch seinem Vater zum Ruhm.
(Tyrtaios, Fragment 9,15–24)

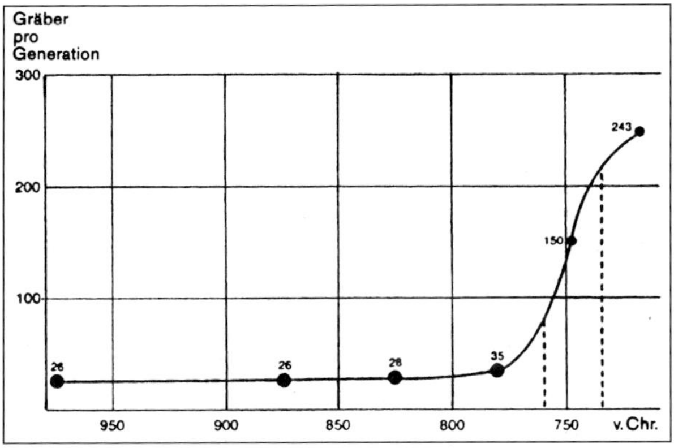

Abb. 9: **Gräberzahlen pro Generation in Attika**

ihre Habe erheblich. Andere Aristokraten erleiden selbst Verluste. Sie sind wie die Bauern von der Problematik der Erbteilung betroffen. Wir haben es also mit einer verstärkten sozialen Differenzierung innerhalb der Oberschicht zu tun.

Damit verschärft sich der Wettstreit unter den Aristokraten erheblich. Einige von ihnen wittern die Chance, sich im Wettbewerb mit ihren Standesgenossen endgültig durchzusetzen und in der Stadt eine Alleinherrschaft, eine Tyrannis, zu errichten. Andere Adlige versuchen dies zu verhindern. Es kommt teilweise zu gewaltsamen Kämpfen um die Vorherrschaft in der Polis. Die Griechen bezeichnen sie als ***stáseis*** (Sing. *stásis*). Die Protagonisten der Staseis sind immer Aristokraten. Auch ihre Anhänger sind mehrheitlich Adlige. Sie können aus der gleichen Polis stammen wie die Vorkämpfer, nicht selten aber handelt es sich um befreundete Standesgenossen aus anderen Städten.

Einige der Tyrannis-Aspiranten mobilisieren auch Angehörige des Demos, die von der Verarmung betroffen sind. Zum Teil suchen sie solche gezielt an sich zu binden, indem sie ihnen einen Schuldenerlass und eine Neuaufteilung des Landes in Aussicht stellen, falls es ihnen gelingen sollte, sich zu Tyrannen aufzuschwingen.

Die Tyrannis ist allerdings speziell aus Sicht der Aristokraten keine adäquate Lösung für das Problem. Sie lehnen sie strikt ab, sofern sie nicht für sich selbst die Chance sehen, Tyrann zu werden. Die Tyrannis eines anderen beschränkt ihren Handlungsspielraum erheblich. Sie haben keine Möglichkeit mehr, in der Polis zu agieren. Wenn sie nicht bereit sind, mit dem Tyrannen zu kooperieren, bleibt ihnen meist keine andere Wahl, als ins Exil zu gehen. Die Teilhabe an der Polis ist für die Aristokraten mittlerweile sehr attraktiv. Ihre Verbundenheit mit der eigenen Stadt hat gegenüber der früharchaischen Zeit zugenommen. Das bedeutet gleichwohl nicht, dass sie nun ein wesentlich gesteigertes Verantwortungsbewusstsein für die Polis entwickeln oder dass Kontakte zu Standesgenossen außerhalb der eigenen Stadt an Bedeutung abnehmen. Die Stadt wird aber für sie in höherem Grade zum Aktionsraum; sie tragen ihren Wettbewerb verstärkt innerhalb der Stadt und mit Hilfe der Einrichtungen der Polis aus.

stásis Der Begriff bezeichnet sowohl den Konflikt als auch eine Gruppe, die sich daran beteiligt.

Quelle: Zur Thematisierung von Stasis in der archaischen Lyrik

Mag jener, überstolz, weil er verschwägert mit
Atreus' mächtigem Haus, plündern die Stadt wie einst
Mit Myrsilos im Bund, bis dann der Schlachtengott
Neu zum Kampfe uns ruft. Unsern empörten Groll

Vergessen wir dann gern, enden des Bruderstreits
Herzzerreißenden Kampf, den uns der Gott erregt,
Der unser armes Volk tief ins Verderben reißt;
Doch dem Pittakos gab er den ersehnten Sieg.
(Alkaios [um 600 v. Chr.], Fragment 43)

Quelle: Warnung vor der Tyrannis in der zeitgenössischen Lyrik:

Kyrnos, diese Stadt geht schwanger, und ich fürchte, sie wird
den Rächer unseres üblen Frevels gebären.
Denn noch sind ihre Bürger zwar besonnen, aber die Führer
haben sich schon großer Schlechtigkeit anheimgegeben.
Niemals, Kyrnos, haben gute Männer eine Stadt zugrunde gerichtet,
doch wenn den Schlechten zu freveln einfällt,
sie das Volk verderben und das Gesetz in die Hände der Ungerechten legen,
um des eigenen Gewinnes willen und der eigenen Macht,
dann erwarte nicht, dass diese Stadt noch lange unerschüttert bleibt,
selbst wenn sie jetzt in tiefer Ruhe liegt,
wenn diesen Schlechten der Gewinn gefällt,
der mit Schaden für die Gemeinschaft einhergeht.
Denn daraus entstehen Aufstände, Bürgerkriege und
Alleinherrscher; unserer Stadt soll das niemals gefallen.
(Theognidea 1,39–52)

2.2.3 Ansätze zur Überwindung der Krise

Wir können zwei Wege ausmachen, die beschritten werden, um die Krise zumindest zu entschärfen: die Kolonisation und die Gesetzgebung.

2.2.3.1 Die Kolonisation

Der Mangel an Land führt dazu, dass die Poleis sich zunächst einmal bemühen, die wenig fruchtbaren Randbereiche ihres Areals für den Ackerbau nutzbar zu machen. Teilweise versuchen sie auch, auf das Land der Nachbarpolis überzugreifen. Hierzu – ebenso wie um entsprechende Bestrebungen der Gegenseite abzuwehren – kommt die Phalanx zum Einsatz.

Einige Poleis können ihren Landbedarf auf diese Weise decken. In vielen Fällen genügt das jedoch nicht. Dann wählt man oft das Mittel der Kolonisation, d. h. ein Teil der männlichen Bevölkerung verlässt die Stadt, um an anderer Stelle eine neue Stadt zu gründen und sich hier niederzulassen. Hauptkolonisationsgebiete sind das westliche Mittelmeer und die Schwarzmeerregion. Man beschränkt sich dabei meist auf die Küstengebiete. Zum Teil werden Orte gewählt, die bereits früher als Handelsstützpunkte (*empória*) genutzt wurden und daher bekannt sind. Man bevorzugt Plätze, die unbesiedelt sind, um Konflikte mit der indigenen Bevölkerung zu vermeiden, was aber nicht immer gelingt.

Die Gründung einer Kolonie (griech. *apoikía* = Absiedelung) ist in der Regel das Unternehmen einer einzelnen Polis. Die Volksversammlung fasst meist einen entsprechenden Beschluss und entscheidet dabei auch, welche Personen sich an dem Unternehmen zu beteiligen haben. Oftmals handelt es sich um unverheiratete junge Männer aus Familien mit mehreren Söhnen. Die Hauptverantwortung für die Kolonisation liegt gleichwohl nicht bei den Institutionen der kolonisierenden Polis, sondern bei einem einzelnen Aristokraten aus ihren Reihen, der als ‚Siedler' (*oikistés*) bezeichnet wird. Er befragt das **Orakel von Delphi**, an welchem Ort die Kolonie entstehen soll und verschafft der Unternehmung damit eine religiöse Legitimation. Das Orakel spielt bei der Kolonisation eine wichtige Rolle:

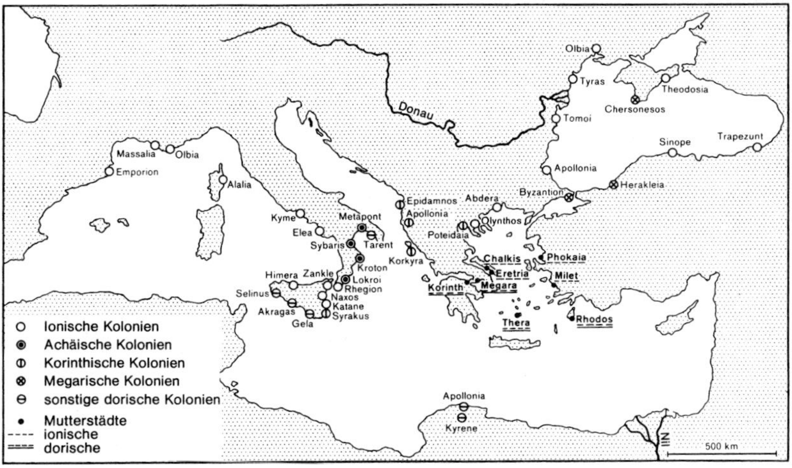

Karte 4: **Die griechische Kolonisation (750–550 v. Chr.)**

Orakel von Delphi Delphi ist neben Olympia die bedeutendste gesamtgriechische Kultstätte. In Delphi wird der Gott Apollon verehrt. Das Orakel des Gottes, eine Priesterin namens Pythia, die auf einem Dreifuß über einem Erdspalt sitzt, dem Dämpfe entströmen, verkündet auf Befragung den Willen des Gottes. Ihre meist unverständlichen Äußerungen werden von einer Priesterschaft in Sprüche übersetzt, welche in der Regel mehrdeutig sind und den Empfängern Rätsel aufgeben.

Die Abgesandten zahlreicher kolonisationswilliger Poleis treffen in Delphi zusammen; entsprechend wird hier viel Wissen über die verschiedenen Regionen und die Möglichkeit, Kolonien zu gründen, angesammelt und ausgetauscht. Der *oikistés* ist für die Durchführung des Projektes und die Anlage der neuen Stadt verantwortlich. Er sorgt auch für die Aufteilung des Landes. Zunächst werden meist (aber nicht immer) Landlose (*kléroi*) gleicher Größe geschaffen und an die Siedler vergeben. Dennoch kommt es häufig zu Auseinandersetzungen über die Landverteilung, insbesondere wenn die Mutterpolis (*mētrópolis*) weitere Siedler in die neue Stadt entsendet, die dann ebenfalls mit Ackerland zu versorgen sind.

Um solche Konflikte zu bewältigen, müssen Regelungen getroffen werden. Vielfach werden Gesetze formuliert und schriftlich fixiert, in denen man Regeln für das Zusammenleben aufstellt. Zudem werden politische Institutionen, besonders Ämter und Gerichte, geschaffen, die für die Durchsetzung der Regeln zu sorgen haben. Diese werden ebenfalls gesetzlich festgeschrieben. Die Beschlüsse dazu trifft in der Regel die Volksversammlung der Kolonie. Die Ausarbeitung des Gesetzeswerkes ist aber meist Angelegenheit eines einzelnen Gesetzgebers (*nomothétēs*).

Zu den inneren Einrichtungen der Kolonie gehören auch Tempel. Die Hauptgottheit, die in der neuen Stadt verehrt wird, ist stets diejenige der Mutterstadt. Auch wenn in religiöser Hinsicht die Bindung an die Metropole eng ist, so ist die Kolonie doch politisch autonom.

Die Forschung geht heute davon aus, dass die Einrichtung von Kolonien den Prozess der Herausbildung der Polis als politischer Einheit in Griechenland wesentlich forciert hat. Aufgrund des hohen Regelungsbedarfes sind Institutionen und formale Bestimmungen hier besonders wichtig. Speziell hinsichtlich der Gesetzgebung haben die Kolonien Vorbildcharakter für die griechischen Städte im Mutterland, die aufgrund der sich auch hier zuspitzenden Lage bald ebenfalls entsprechenden Bedarf entwickeln.

Die Kolonisation umfasst die Phase von 750 bis etwa 550 v. Chr. Danach sind alle geeigneten Plätze vergeben. Auch ist die Kolonisation später kaum mehr erforderlich, da meist andere Wege beschritten werden, um etwaigen Versorgungsschwierigkeiten zu begegnen

Quelle: Aus dem Volksbeschluss der hypoknemidischen Lokrer zur Koloniegründung in Naupaktos (Anfang 5. Jh. v. Chr.)

Nach Naupaktos (soll) unter folgenden Bedingungen die Epioikie (= Kolonie) (gesandt werden): Dem hypoknamidischen Lokrer soll, wenn er Naupaktier wird, obgleich Naupaktier, wie einem Gastfreund an heiligen (Handlungen) teilzuhaben und zu opfern erlaubt sein, wenn er dorthin kommt, falls er es wünscht; falls er (es aber) wünscht, soll er opfern und teilhaben als Mitglied des Volkes und der Gemeinde, er selbst und sein Geschlecht, für immer. Abgaben sollen die Siedler der hypoknamidischen Lokrer nicht zahlen bei den hypoknamidischen Lokrern, ehe nicht einer von ihnen wieder hypoknamidischer Lokrer wird. Wenn einer zurückzukehren wünscht, soll es, wenn er an seinem Herde einen erwachsenen Sohn oder Bruder zurücklässt, erlaubt sein, ohne Gebühren. Wenn aus Zwang vertrieben werden aus Naupaktos die hypoknamidischen Lokrer, soll es erlaubt sein, (dorthin) zurückzukehren, woher ein jeder stammt, ohne Gebühren; Abgaben soll er keine zahlen, es sei denn gemeinsam mit den hesperischen Lokrern. Eidlich bindend soll sein für die nach Naupaktos gehenden Siedler, nicht abzufallen von den Opuntiern, mit keinerlei Mitteln und Machenschaften, aus ihrem eigenen Willen. (...) Wer aus Naupaktos zurückkehren (will) zu den hypoknamidischen Lokrern, soll (es) in Naupaktos verkünden in der Agora, und bei den hypoknamidischen Lokrern in der Stadt, aus der er stammt, verkünden auf der Agora. (...) Wer diese Beschlüsse zunichte macht, mit irgendwelchen Mitteln oder Machenschaften und sei es in einem einzigen Punkt, ohne dass es von beiden Parteien beschlossen ist, bei den Opuntiern von den Tausend die Versammlung und bei den Naupaktiern von den Siedlern die Versammlung, der soll der Atimie verfallen, und sein Vermögen soll eingezogen werden.
(Historische Griechische Inschriften in Übersetzung. Bd. 1, Nr. 30)

(besonders der Import von Getreide, sofern die Stadt über genügend Mittel verfügt).

2.2.3.2 Die Gesetzgebung – das Beispiel Athen

In vielen Poleis des Mutterlandes werden in dieser Zeit ebenfalls Gesetzgeber tätig und versuchen, die Probleme in den Städten zu lösen. Besonders gute Informationen liegen uns über Athen vor. Den Anfang macht hier **Drakon**. Er formuliert um 620 v. Chr. u. a. ein Gesetz, mit dem ein Gerichtszwang für Tötungsdelikte eingeführt wird, um die bislang übliche Blutrache einzuschränken. Das Gericht hat die Aufgabe festzustellen, um welche Art von Tötung es sich handelt. Konstatiert es einen Mord, so wird der Täter der Familie des Opfers ausgeliefert. In diesem Fall ist die Blutrache auch weiterhin zulässig. Bei unvorsätzlicher Tötung hat der Täter demgegenüber das Recht, die Stadt zu verlassen und ins Exil zu gehen. Sein Vermögen wird vor Zugriffen geschützt. Nach zehn Jahren darf er zurückkehren. Schließlich gibt es die sog. bußlose Tötung, die nicht geahndet wird.

Ein derartiges Vorgehen beobachten wir nicht allein in Athen; auch in anderen Poleis beginnt die Gesetzgebung oft mit der Regelung von Tötungsdelikten. Sie bedrohen den Frieden innerhalb der Stadt. Zudem verbreitet sich die Vorstellung, dass die Bluttaten die Gemeinschaft als ganze beflecken. Vermutlich kommt es in dieser Zeit zu einem deutlichen Anstieg von Tötungsfällen. Gründe hierfür sind zunehmende Auseinandersetzungen unter Adligen, weiterhin Konflikte, die aus der Verschuldungsproblematik resultieren, aber auch die Bewaffnung der Bürger: Um die Aufgaben in der Phalanx zu erfüllen, muss mit den Waffen geübt werden. Dabei ereignen sich nicht selten Unfälle. Tötungen, die in diesem Zusammenhang geschehen, gelten meist als bußlos.

Der wichtigste athenische Gesetzgeber ist Solon, der um 600 v. Chr. tätig wird. Über ihn sind wir besonders gut unterrichtet. Wir kennen nicht nur einen Großteil seiner Gesetze, sondern verfügen außerdem über von ihm verfasste Gedichte, mit denen er sich an die Mitbürger wendet und sie über die Lage der Stadt und seine Intention als Gesetzgeber aufzuklären sucht.

Der Kontext der Gesetzgebung Drakons Der historische Hintergrund für das Gesetz Drakons ist vermutlich der Versuch des Aristokraten Kylon, um 630 v. Chr. mit Hilfe megarischer Truppen in Athen eine Tyrannis zu errichten. Der Archon Megakles aus der Familie der Alkmeoniden kann den Versuch mit Hilfe der Bauern sowie anderer Adliger niederschlagen. Dabei werden Anhänger Kylons getötet, obwohl sie sich in einen Tempel geflüchtet haben und daher eigentlich Asyl genießen (sog. Kylonischer Frevel). Infolge dessen wird Megakles, dem man die Hauptverantwortung für das Geschehen zuschreibt, aus der Polis verbannt. Zu vermuten ist, dass es in der Folgezeit aufgrund der Tötung der Tyrannenanhänger zu zahlreichen Fällen von Blutrache kommt, die den Handlungsbedarf auslösen, der zum Wirken Drakons führt.

Quelle: Aus dem Gesetz Drakons

Auch wenn jemand einen nicht vorsätzlich getötet hat, soll er verbannt werden. Für des Mordes schuldig sollen erklären die Basileis den, der die Tat selbst ausgeführt hat oder dazu angestiftet hat; die Epheten (= ‚Zulasser') sollen abstimmen. Sich aussöhnen sollen, wenn der Vater noch lebt oder der Bruder oder die Söhne, diese allesamt; andernfalls soll derjenige, der Einspruch erhebt, Vorrang haben. Wenn nicht mehr diese leben, sollen die Verwandten sich aussöhnen einschließlich der Vettersöhne und Vettern, wenn alle zur Aussöhnung bereit sind; Vorrang haben soll derjenige, der Einspruch erhebt. Wenn von diesen niemand mehr lebt und die Tötung unabsichtlich begangen wurde und die Einundfünfzig, die Epheten, darauf erkannt haben, dass unabsichtlich die Tötung begangen wurde, sollen die Phratrie-Mitglieder, zehn an der Zahl, ihn zulassen, wenn sie dazu willens sind. Diese sollen von den Einundfünfzig nach Maßgabe ihrer aristokratischen Herkunft gewählt werden. Auch diejenigen, welche früher eine Tötung begangen haben, sollen unter diese Satzung fallen. Erfolgen soll die öffentliche Ankündigung an denjenigen, der die Tötung begangen hat, auf der Agora durch die Verwandten einschließlich der Vettersöhne und Vettern; an der Verfolgung sollen sich beteiligen die Vettern, die Vettersöhne, die Schwiegersöhne, die Schwiegerväter und die Phratrie-Mitglieder. (...) Wenn jemand den Mörder tötet oder dessen Tötung veranlasst, obwohl dieser sich fernhielt von der Agora an der Grenze und den Spielen und den Kulthandlungen der Amphiktyonie, soll er wie derjenige, der einen Athener getötet hat, unter dieselben Bestimmungen fallen; abstimmen sollen die Epheten. (...) Und wenn jemand denjenigen, der sich unter Anwendung von Gewalt des unrechtmäßigen Zugriffs schuldig macht, sogleich in Gegenwehr tötet, soll die Tötung ohne Buße bleiben.
(Historische Griechische Inschriften in Übersetzung. Bd. 1, Nr. 145)

Athen ist ein typisches Beispiel für die oben angesprochene Problematik: Ein Großteil der Bauern hat sein Land verloren, hat sich Saatgut geliehen und ist in Schuldknechtschaft oder Sklaverei geraten. Außerdem herrscht Stasis: Einige Adlige suchen die Lage zu nutzen, um sich zu Tyrannen zu erheben.

Solon wird 594 v.Chr. von der Volksversammlung zum *árchōn epónymos* gewählt. Er führt zunächst eine sog. ‚Lastenabschüttelung' (*seisáchtheia*) durch, d.h. er veranlasst, dass den Bauern die Schulden erlassen werden, sorgt für den Rückkauf der bereits versklavten Athener und unterbindet die Schuldknechtschaft für die Zukunft. Über das genaue Prozedere haben wir keine Informationen.

Aufgrund seiner Erfolge wird er anschließend von der Volksversammlung zum ‚Vermittler' (*diallaktés*) bestellt. Dabei handelt es sich nicht um ein regelmäßiges Amt, sondern um eine außerordentliche Funktion mit weitreichenden Kompetenzen. Als ‚Vermittler' erstellt Solon ein umfangreiches Gesetzeswerk, das von der Volksversammlung verabschiedet wird. Die meisten Gesetze zielen unmittelbar auf die Überwindung der akuten Krise. So wird das Verbot der Schuldknechtschaft gesetzlich fixiert. Solon bemüht sich auch, durch Gesetze das Handwerk zu fördern, um Erwerbsmöglichkeiten neben der Landwirtschaft zu schaffen. Ansatzpunkt der meisten Gesetze ist die Ebene der Häuser (*oíkoi*). Sie sollen gestärkt und in ihrer Existenz gesichert werden. Die Polis greift dort mittels Gesetzen ein, wo Häuser existentiell in Gefahr geraten, etwa weil die gewöhnliche Erbfolge nicht möglich ist. Entsprechend wird festgelegt, unter welchen Bedingungen ein schriftliches Testament zulässig ist oder wie vorzugehen ist, wenn eine Familie eine oder mehrere Töchter, aber keinen Sohn hat.

Andere Gesetze betreffen die organisatorische Ausgestaltung der Polis. Sie dienen dem Ausbau der politischen Institutionen und zielen darauf, den Nichtadligen Chancen einzuräumen, sich in höherem Maße als bisher an der Politik zu beteiligen und ihre Interessen hier angemessen durchzusetzen. So führt Solon ein Volksgericht (*hēliaía*) ein, in dem die Bürger selbst als Richter fungieren. Den Adligen wird damit die Kontrolle über die Rechtsprechung entzogen. An das Volksgericht kann sich ein Bürger auch wenden, wenn er sich von einem Archon ungerecht behandelt sieht. Weiterhin führt Solon

Quelle: Die Lastenabschüttelung Solons

Als nun Solon Herr der Lage geworden war, da befreite er das Volk für die Gegenwart und für die Zukunft, indem er Anleihen auf die Person untersagte, Gesetze erließ, einen Schuldenerlass durchführte, sowohl für die privaten wie die öffentlichen Schulden (man nennt das Lastenabschüttelung, denn damit waren gewissermaßen alle Lasten weggeschüttelt).
(Aristoteles [384–322 v. Chr.], Staat der Athener 6)

Quelle: Solon über sein Werk

Hätt' ich den Plan, weswegen ich das Volk vereint,
Jemals im Stich gelassen, eh'ich ihn erfüllt?
Bezeugen kann es vor dem Richterstuhl der Zeit
Die große Mutter aller Götter des Olymps
Am besten: unsere schwarze Erde, die ich einst
Befreit von Pfändersteinen, dicht in sie gepflockt:
So machte ich die lang Versklavte wieder frei.
Ich führte viele teils mit Recht teils ohne Recht
Verkaufte Sklaven in die gottgebaute Stadt
Athen zurück und andre, die von Not gedrängt
Geflüchtet waren, stets von Land zu Land gejagt,
Der attischen, der Muttersprache, schon entwöhnt.
Und manchem, der zu Hause hier im schnöden Joch
Der Knechtschaft zitterte vorm Übermut der Herrn,
Gab ich die Freiheit wieder. Denn durch meine Macht
Hab' ich Gewalt zugleich und Recht in eins gefügt,
Und redlich hab' ich ausgeführt, was ich versprach.
Gesetze schrieb für Edle ich und Niedere,
Bestimmte jedem so das Recht, das ihm gebührt.
Denn wenn ein anderer, ein böser, auf Gewinn
Erpichter Mann die Zügel nahm, – der hätte nie
Das Volk gebändigt. Hätte damals ich getan,
Was unsere Gegner wünschten, oder hätte ich
Getan, was unsere Freunde sich von mir erhofft –
Verwaist, geprellt um manchen Mann wär' diese Stadt!
So wehrte ich mich wie ein starker Wolf, wenn ihn
Das Rudel aufgehetzter Hunde rings umstellt.
(Solon, Fragment 24)

die sog. **Popularklage** ein. Zentral ist überdies ein Bürgerrechtsgesetz: Solon legt hier fest, dass das Bürgerrecht an Zuwanderer nur dann vergeben werden darf, wenn sie in Athen Land erwerben. Auf diesem Wege soll sichergestellt werden, dass die Betreffenden sich fest in Athen ansiedeln und sich mit ihrer neuen Heimat identifizieren.

Vor dem Gesetz sind Solons Konzeption zufolge alle Bürger gleich. Das bedeutet gleichwohl nicht, dass er eine Demokratie einführt; zu seiner Zeit gibt es weder das Phänomen noch den Begriff. Seine Regelungen sind zwar zukunftsweisend und spielen auch später in der Demokratie noch eine entscheidende Rolle; hinsichtlich der politischen Partizipation überwindet er die Ungleichheit jedoch nicht vollständig. Seine Intention ist es, jeder Gruppe der Bürgerschaft das zu geben, was ihr zustehe. Dabei geht er – in traditioneller Manier – davon aus, dass den Aristokraten der größte Anteil an Einfluss in der Polis zu gewähren sei.

Solon fixiert vier **Vermögensklassen** (Fünfhundertscheffler, Ritter, Gespannbauern und Theten), wobei er die Höhe ihrer landwirtschaftlichen Erträge, ihre militärische Funktion und ihre politischen Rechte in eine Relation bringt. Inwiefern er damit innovativ ist bzw. in welchem Grade er lediglich Bestehendes bestätigt, ist umstritten. Die Ritter sind Adlige, die im Heer als Reiter fungieren. Die Gespannbauern sind diejenigen, die als Schwerbewaffnete (Hopliten) kämpfen. Die Theten haben noch keine militärische Funktion. Die Verknüpfung von Erträgen und militärischer Rolle dürfte auch schon vorher bestanden haben. Ein Novum ist mit großer Wahrscheinlichkeit die Einführung der Fünfhundertscheffler. Hierbei handelt es sich faktisch um die Spitzengruppe des Adels, aus der die Tyrannis-Aspiranten stammen. Nur die Angehörigen der beiden oberen Vermögensklassen können für ein Archontenamt kandidieren. Das Amt des Schatzmeisters der Athena, des Verwalters der Kasse des Athena-Tempels, die zugleich als Staatskasse fungiert, behält Solon den Fünfhundertscheffern vor. Grund dafür ist wohl, dass es ihm besonders darauf ankommt, diese Personen in die Polis zu integrieren, um so Stasis und Tyrannis vorzubeugen.

Solon bezeichnet seine Ordnung selbst als ‚gute Ordnung' (*eunomía*). Sie ist durch das Recht geprägt. Konstitutiv für sie ist

Popularklage Die Popularklage kann nicht nur von den direkt Betroffenen oder ihren Verwandten eingebracht werden, sondern von jedem beliebigen Bürger. Damit soll zum einen der gerichtliche Schutz auch denjenigen gewährt werden, die aus bestimmten Gründen nicht selbst Anklage erheben können; zum anderen intendiert Solon, auf diese Weise das Gemeinschaftsgefühl der Bürger und ihre Verantwortung für die Polis zu stärken. Rechtspraktisch ist diese Regelung auch deshalb bedeutsam, weil die Athener keine Staatsanwaltschaft kennen. Es gibt also keine Behörde, die bei Straftaten Anklage erhebt. Entsprechend ist es notwendig, dass die Bürger diese Aufgabe übernehmen und damit dafür sorgen, dass das Gericht überhaupt praktische Wirkung entfalten kann.

Gliederung der Bürger in Vermögensklassen

1. Fünfhundertscheffler (*pentakosiomédimnoi*) mit einem jährlichen Ertrag von mehr als 500 Scheffeln (*médimnoi*; ein attischer *médimnos* entspricht etwa 52 Litern),
2. Ritter (*hippeís*) mit mindestens 300 Scheffeln Ertrag,
3. ‚Gespannbauern' (*zeugítai*; Bauern, die sich ein Ochsengespann leisten können) mit mindestens 200 Scheffeln,
4. Theten mit weniger als 200 Scheffeln.

Quelle: Jedem das Seine

Einfluss gab ich dem Volk soviel, wie gerade genug ist,
Wollte nicht schmälern noch auch mehren ihn über Gebühr.
Auch den Mächtigen gönnte ich nur, den rühmlichen Reichen,
Was ein jeglicher sich redlich und schimpflos erwarb.
Und so stand ich; mein kräftiger Schild beschirmte sie beide,
Keinem gewährte mein Spruch wider das Rechte den Sieg.
So auch würde das Volk den Führern am ehesten folgen:
Zügel gebrauche man stets, Fesseln verwende man nie.
Fülle gebiert den Frevel, wenn nämlich üppiger Wohlstand
Jemandem folgt, der nicht redlich zu denken vermag.
Große Taten – noch nie waren sie allen genehm.
(Solon, Fragment 5)

weiterhin, dass die Bürger aller sozialen Schichten ein Verantwortungsbewusstsein für die Polis entwickeln und sich mit ihr identifizieren. Dem liegt die Überlegung zugrunde, dass die aktuelle Krise nicht nur eine Herausforderung für die unmittelbar Betroffenen darstellt, sondern die Polis insgesamt tangiert. Daraus folgert Solon, dass sie auch nur gemeinsam gelöst werden kann.

Die Gesetze werden in Athen auf Holztafeln aufgezeichnet und auf der Agora aufgestellt. Sie werden also veröffentlicht. Jeder Bürger hat die Möglichkeit, sie zu lesen oder sich vorlesen zu lassen. Die Kodifizierung mittels der Schrift ist ein typisches Kennzeichen der Gesetzgebung in den griechischen Städten.

Die Verschriftung der Gesetze ist ein wichtiger Schritt für die Herausbildung bürgerlicher Öffentlichkeit, wie sie für die Poleis auch der Folgezeit charakteristisch ist. Im Bereich des Gerichtswesens schafft sie Transparenz und gewährt den Bürgern Rechtssicherheit. Auch für die politische Ausgestaltung der Stadtstaaten ist die Gesetzgebung bedeutsam: Auf diese Weise formuliert man Regeln, an denen sich die Institutionen zu orientieren haben. Damit werden Verfahren kreiert, welche die Versachlichung der Arbeit der einzelnen Einrichtungen fördern. Dies wiederum verhindert, dass Amtsträger nach Belieben agieren und den Interessen der Bürgerschaft zuwiderhandeln können.

Die Gesetze werden zwar auch in nachsolonischer Zeit beibehalten, die Probleme sind aber nicht dauerhaft gelöst. Die Schwierigkeit, dass viele Bauern über zu wenig Land verfügen, um ihren Lebensunterhalt zu bestreiten, besteht noch immer. Auch wenn die Schuldknechtschaft abgeschafft ist, geraten viele Bauern weiterhin in Not und müssen sich Saatgut leihen. Können sie die Schulden nicht begleichen, werden sie nach wie vor von ihren Gläubigern versklavt. Das Kernproblem aber liegt darin, dass der ungezügelte Wettbewerb innerhalb des Adels fortbesteht. Der Spitzengruppe der athenischen Aristokratie erscheint es weiterhin attraktiver, um die Position eines Tyrannen zu streiten, als sich in die Ordnung, die Solon geschaffen hat, zu integrieren.

Quelle: Solons Eunomie-Elegie

Unsere Stadt wird nie nach Rat der unsterblichen Götter
Noch mit Willen des Zeus je ins Verderben gestürzt:
Denn als Hüterin hält des Allgewaltigen Tochter,
Pallas Athene, die Hand sorgenden Sinns über sie.
Aber die Bürger selbst und ihre verworfenen Führer
Bringen die große Stadt, Törichte, selbst in Not.
Denn die Schändlichen lockt die Gier nach großen Gewinnen.
Doch die Verblendeten trifft strafend die Fülle des Leids.
Müssen sie sich doch stets übersättigen, nimmer imstande,
Sich des zuhandenen Mahls dankbar und heiter zu freun. (...)
Und die das Unrecht verführt, machen im Handel sich reich.
Weder des Tempels Besitz, noch das Vermögen des Staats
Schonen sie, stehlen und rauben, wo immer die Beute sich bietet,
Wahren der Dike hochheilige Satzungen nicht.
Schweigend weiß die Göttin das Künftige wie das Gewesne
Und mit der schreitenden Zeit kommt sie und rächt, was geschah.
Unentrinnbar vergiftet den Staat die eiternde Wunde:
Traurige Knechtschaft bricht rasch über alle herein.
Schon entfachen sie selber den Krieg, die schlummernde Zwietracht.
Vielen wird so die Kraft blühenden Lebens verzehrt;
Denn das verhetzte Gesindel vernichtet, willkommene Rache,
Feindlich zu Rotten vereint rasch die geliebteste Stadt.
Solches Verderben geht um im Volke; in Scharen verlassen
Die Verarmten das Land, ziehn in die Fremde hinaus,
Werden verkauft als Sklaven und schimpflich mit Stricken gebunden
Müssen der Knechtschaft Joch tragen, das dort ihrer harrt.
Und so kommt das gemeinsame Leid ins Haus eines jeden,
Und die Tore zum Hof halten das Übel nicht auf,
Leicht überspringt es die mächtigen Mauern und sicher erreicht es
Jeden, verkröche er sich auch in das letzte Versteck.
Mir gibt das Herz den Befehl, die Athener so zu belehren:
Gilt kein Gesetz, wird viel Übel dem Staat zuteil.
Gilt das Gesetz, – es fügt zu schöner Ordnung das Ganze;
Die aber Unrecht tun, legt es in Fesseln sogleich,
Glättet das Rauhe, bezwingt die Begierde, erniedrigt den Hochmut,
Dörrt der Verblendung frech wuchernde Blüten und stellt
Das verborgene Recht wieder her; vermessenes Handeln
Dämpft es und setzt dem Zwist zwischen den Bürgern ein Ziel,
Macht ein Ende dem bitteren Zank. Befolgt man das Rechte,
Wird bei dem Menschengeschlecht alles gerade und gut.
(Solon, Fragment 3)

2.2.4 Die Tyrannis – das Beispiel Athen

Tatsächlich tritt in Athen in nachsolonischer Zeit die Entwicklung ein, die der Gesetzgeber verhindern wollte. Peisistratos, Angehöriger einer der führenden Adelsfamilien, unternimmt mehrere Versuche, die Position eines Tyrannen zu erlangen. 546 v. Chr. hat er schließlich Erfolg. Er herrscht bis 528/7, darauf folgen die Tyranneis seiner beiden Söhne Hippias und Hipparchos (bis 510 v. Chr.).

Peisistratos gelingt es, die Volksversammlung zu veranlassen, ihm eine Leibwache zu gewähren, die ihm dann mit Gewalt zur Macht verhilft. Eine solche Kooperation mit dem Volk kommt bei der Erringung einer Tyrannis häufig vor, ist aber nicht unbedingt erforderlich. In einer für einen Tyrannen typischen Weise schaltet Peisistratos den aristokratischen Wettbewerb aus. Er besetzt alle Ämter in der Polis mit ihm vertrauten Personen. Dabei handelt es sich um Mitglieder seiner eigenen Familie, aber auch um andere Adlige, die bereit sind, mit ihm zusammenzuarbeiten. Der Tyrann selbst bekleidet kein Amt. Er steht gewissermaßen neben der staatlichen Ordnung. Dennoch konzentriert er die Machtmittel der Stadt faktisch in seinen Händen. Dies gibt ihm Handlungsmöglichkeiten, über die ansonsten nur ein gewählter Gesetzgeber wie Solon verfügt. Wie ein solcher kann er in der Stadt gestaltend wirken. Im Unterschied zu Solon tut er dies jedoch nicht im Interesse der Bürgerschaft, sondern mit Blick auf die eigene Person. Peisistratos führt der Überlieferung zufolge eine Bodenertragssteuer von zehn Prozent ein, die ihm in einem Umfang Mittel verschafft, der bisher unbekannt war. Tyrannen in anderen Städten tun ähnliches. Daher betrachten die Griechen regelmäßige Steuern später als eine tyrannische Einrichtung; in der klassischen Polis gibt es sie nicht mehr. Mit den Einkünften aus dieser Steuer unterstützt Peisistratos die Kleinbauern effektiv: Er richtet eine Darlehenskasse ein, aus der den Bauern unter günstigen Konditionen Kredite gewährt werden. Außerdem fördert er das Handwerk, etwa indem er Manufakturen errichten lässt, in denen Keramik hergestellt wird. Diese lässt sich exportieren, was die Einnahmesituation der Stadt wie des Tyrannen weiter verbessert. Die Bauern, die ihr Land verloren haben, profitieren davon, indem sie nun verstärkt Erwerbschancen jenseits der bäuerlichen Tätigkeit finden. Peisistratos nimmt auch

Quelle: Peisistratos wird Tyrann

Als sich ein Streit zwischen den Paralern (Leuten am Meer) und den Pedalern (Leuten vom Lande) in Athen erhob (...), da beschloss Peisistratos, sich zum Tyrannen zu machen und schuf eine dritte Gruppierung. Er sammelte Anhänger, nannte sich den Führer der Diakrier (Bergbewohner) und ersann folgende List: Er verwundete sich selber und seine Maultiere, fuhr dann mit dem Wagen auf den Marktplatz und gab an, er sei mit Mühe seinen Feinden entronnen, die ihn hätten umbringen wollen, als er aufs Land fahren wollte. Er bat das Volk, ihm eine Leibwache zu geben. Nun hatte er sich schon früher hervorgetan, als Feldherr gegen Megara, hatte auch Nisaia erobert und andere tapfere Taten vollführt. Das athenische Volk ließ sich also von ihm überlisten und wählte unter den Bürgern eine Leibwache für ihn aus, aus der zwar nicht seine Lanzenträger, aber doch seine Keulenträger wurden. Denn mit hölzernen Lanzen bewaffnet begleiteten sie ihn. Sie erhoben sich dann in Gemeinschaft mit Peisistratos und ergriffen Besitz von der Akropolis. So wurde Peisistratos Herrscher von Athen, aber er schaffte die bestehenden Ämter nicht ab, änderte nicht die Gesetze, sondern regierte die Stadt unter Wahrung ihrer Einrichtungen trefflich und ordentlich.
(Herodot [ca. 484–ca. 420 v. Chr.], Historien 1,59)

Abb. 10: **Attisch-schwarzfigurige Keramik (Halsamphora) aus der Zeit des Peisistratos**

Gewerbetreibende in die Stadt auf und verleiht ihnen das Bürgerrecht.

Im Hinblick auf die politische Organisation nimmt er kaum Veränderungen vor. Indem der Tyrann alle Macht akkumuliert, sind die Institutionen aber praktisch bedeutungslos. Eine der wenigen institutionellen Neuerungen ist die Einführung von Demenrichtern. Die Demen sind Untereinheiten der Polis. Die Demenrichter sollen Konflikte auf der Ebene der Demen schlichten. Sie sind keine Schiedsrichter, sondern urteilen auf der Basis der Gesetze. Sie übernehmen also die Funktion, die Solon dem Volksgericht zugewiesen hat. Peisistratos unterbindet mit ihrer Einsetzung große Prozesse, die von der Bürgerschaft selbst in der Stadt Athen durchgeführt werden. Eine solche Maßnahme ist typisch für die Tyrannis: Der Tyrann fürchtet politische Aktivitäten, an denen eine große Zahl von Bürgern beteiligt ist und die sich seiner Kontrolle entziehen. Überdies verhindert Peisistratos, dass die Adligen, die bislang die Demen dominierten, dort für die Streitschlichtung sorgen. Insofern ist auch die Aussendung der Demenrichter ein Mittel, um aristokratische Konkurrenz zu unterdrücken. Peisistratos zieht weiterhin eine erhebliche Zahl von Söldnern an und verleiht einigen von ihnen sogar das Bürgerrecht. Dies erlaubt ihm, Kriege zu führen, ohne sich dabei ausschließlich auf die eigenen Bürger zu verlassen. Diese Entscheidung mag vorwiegend strategische Gründe gehabt haben: Mit den Söldnern bekommt er gut ausgebildete Soldaten. Hinzu kommen möglicherweise politische Überlegungen: Bewaffnete Bürger könnten zur Gefahr werden. Tatsächlich lässt der Tyrann die Bevölkerung entwaffnen.

Zugleich aber fördert Peisistratos Stadtfeste und Stadtkulte. Er baut etwa die Panathenaien aus, das zentrale Fest zu Ehren der Stadtgöttin Athena, das auch in klassischer Zeit eines der wichtigsten athenischen Feste ist und sämtliche Bürger der Polis zusammenführt. Die Tyrannen fungieren außerdem als Initiatoren oder Auftraggeber zahlreicher öffentlicher Bauwerke besonders auf der Akropolis und der Agora, die der Demonstration der eigenen Macht dienen und zugleich die Polis als Lebensraum ausgestalten.

Die Bedeutung der Tyrannenherrschaft für die Stadt zu bestimmen, ist nicht ganz einfach. Ungünstig bewertet wird sie von den zeitgenössischen Aristokraten, die sich in ihren Aktivitäten behin-

Quelle: Die Tyrannis des Peisistratos

Die Angelegenheiten des Staates verwaltete er, wie schon gesagt, maßvoll und eher demokratisch als tyrannisch. Denn er war liebenswürdig und von mildem Charakter, den Fehlbaren gegenüber zur Verzeihung gerne bereit. Den Unbemittelten gewährte er Darlehen für ihre Arbeit, so dass sie bei der Landwirtschaft zu einem ausreichenden Einkommen kamen. Dies machte er aus zwei Gründen, einmal, damit sie sich nicht in der Stadt aufhielten, sondern verstreut auf dem Lande, und dass sie ferner in mäßigem Wohlstand mit ihren eigenen Angelegenheiten beschäftigt blieben und weder Lust noch Zeit hätten, sich mit den Staatsangelegenheiten zu befassen. Außerdem wurden seine Einkünfte größer, wenn das ganze Land bebaut war. Denn er erhielt von allen Erträgen ein Zehntel. Darum bestellte er auch die Demenrichter auf dem Lande und besuchte oft selbst das Land, zur Aufsicht und um Streitigkeiten zu schlichten; die Leute sollten nicht genötigt sein, sich in die Stadt zu begeben und Arbeitszeit zu versäumen. (...) Überhaupt belästigte er das Volk auch sonst in keiner Weise und bemühte sich immer um Frieden und Ruhe. So wurde denn viel gerühmt, dass die Tyrannis des Peisistratos wie die goldene Zeit unter Kronos sei. Denn als später seine Söhne die Herrschaft übernahmen, wurde das Regiment viel härter.
(Aristoteles, Staat der Athener 16)

Abb. 11: **Die athenische Akropolis im 6. Jh. v. Chr.**

dert sehen. In späteren Quellen wird sie auch aus der Perspektive anderer Schichten der Bürgerschaft abgelehnt. Die Politisierung des Demos, die ein wichtiges Element der solonischen Ordnung darstellt, wird zunächst nicht forciert, im Gegenteil: Volksversammlung und Volksgericht spielen während der Tyrannis keine Rolle. Allerdings stößt das bei den Zeitgenossen nicht auf Kritik. Dies dürfte darauf zurückzuführen sein, dass Solons Idee der politischen Partizipation aller Bürger sich noch nicht durchgesetzt hat. Das geschieht erst im Anschluss an die Tyrannis in der klassischen Polis. Peisistratos intensiviert durch die Förderung von Kulten die Identifikation der Bürgerschaft mit der Stadt. Die politischen Institutionen im engeren Sinne protegiert er nicht; da er sie aber auch nicht zerschlägt, lassen sie sich nach dem Ende seiner Herrschaft leicht wiederbeleben. Die Ausschaltung des aristokratischen Wettbewerbs und die Stärkung der Stadt als Bezugspunkt für die Gesamtheit der Bürger sind als Weichenstellungen für die Zukunft zu betrachten.

Die Tyrannis wird in Athen gewaltsam beendet. Nachdem Hipparchos von den beiden adligen Athenern Harmodios und Aristogeiton aus privaten Rachemotiven getötet worden ist, verschärft Hippias die Tyrannis und provoziert dadurch verstärkten Widerstand seitens der athenischen Adligen. Nachdem sie sich zuvor mit dem Regime arrangiert haben, gehen viele nun ins Exil und betreiben von hier aus seinen Sturz. Dies gelingt schließlich 510 v. Chr. mit Unterstützung des Spartanerkönigs Kleomenes I.

2.2.5 Die Reformen des Kleisthenes in Athen

Nach der Rückkehr der Aristokraten herrschen ähnliche Verhältnisse wie vor der Tyrannis: Es kommt wiederum zur Stasis. Die Protagonisten sind Kleisthenes aus der Familie der Alkmeoniden, einer der wichtigsten Adelsfamilien, die sich wesentlich um den Sturz des Hippias bemüht hat, und Isagoras, der ebenfalls aus berühmtem Hause stammt. Beide scharen eine Anhängerschaft, eine sog. **Hetairie**, um sich.

Im Zuge dieses Konfliktes ersinnt Kleisthenes eine Phylenreform. Bislang setzte sich die Stadt aus vier Phylen (‚Stämmen‘)

Quelle: Aristoteles über die Tyrannis

Es gab früher überhaupt mehr Tyrannenherrschaften als jetzt, weil damals einzelne Männer über große Kompetenzen verfügten (...), außerdem, weil damals die Staaten noch nicht groß waren, sondern das Volk sich auf dem Lande aufhielt und mit der Landarbeit beschäftigt war. (...) Der Erhaltung der Tyrannis dient: die Überragenden beseitigen, die Stolzen wegschaffen und keine Syssitien (Tischgemeinschaften) gestatten, keine Klubs und keinerlei Erziehung und nichts dergleichen, sondern alles verbieten, woraus Stolz und gegenseitiges Vertrauen entstehen könnte, ebenso auch keine Muße und feierlichen Zusammenkünfte gestatten, sondern alles tun, damit die Bürger einander gegenseitig so fremd als möglich bleiben (denn wenn man sich kennt, gewinnt man leichter Vertrauen zueinander). Außerdem sollen die ansässigen Bürger immer kontrollierbar sein, sich stets außer dem Hause aufhalten, denn so können sie am wenigsten heimlich etwas unternehmen und werden sich an demütige Gesinnung gewöhnen, da sie immer in Knechtschaft gehalten werden (...). So bemüht sich der Tyrann, stets zu wissen, was die Untertanen sagen oder tun; er unterhält Beobachter (...); denn dann reden die Menschen weniger offen, da sie diese Horcher fürchten, und wenn sie offen reden, wird es leichter bekannt. Außerdem wird der Tyrann die Menschen gegeneinander aufhetzen, Freunde untereinander und das Volk gegen die Angesehenen und die Reichen untereinander. Er wird auch die Untertanen arm machen, um seine eigene Wachmannschaft besolden zu können, und damit sie dauernd ihrem Lebensunterhalt nachgehen müssen und keine Zeit zur Konspiration haben. (...) Solche Dinge also gehören zur Tyrannis und erhalten sie, und es fehlt dabei keine Schlechtigkeit. Man kann sie in drei Gruppen zusammenfassen. Denn die Tyrannis strebt nach drei Dingen, einmal nach Unterwürfigkeit der Untertanen (der Demütige stellt niemandem nach dem Leben), dann nach dem gegenseitigen Misstrauen der Untertanen (denn die Tyrannis geht erst dann unter, wenn einige sich gegenseitig aufeinander verlassen können; darum bekämpfen sie auch die Anständigen, weil sie der Herrschaft gefährlich sind, und zwar nicht bloß darum, weil sie nicht despotisch regiert werden wollen, sondern auch darum, weil sie sich selbst und andern Vertrauen schenken und weder sich noch andere anklagen), und drittens nach deren Unfähigkeit zu handeln; denn keiner versucht Unmögliches, und keiner, der nicht die nötige Macht dazu hat, greift eine Tyrannis an.
(Aristoteles, Politik 1305 a 15–21; 1313 a 39–b 21; 1314 a 15–25)

Hetairie Bei einer Hetairie (griech. *hetairía*) handelt es sich nicht etwa um eine Partei mit einer bestimmten politischen Zielsetzung, sondern um eine Gruppe von Männern, die durch persönliche Freundschaft miteinander verbunden sind und zuweilen auch politisch kooperieren.

zusammen. Auf der Grundlage der Phylen wird das Heeresaufgebot geordnet, außerdem stellen sie wichtige Kultgemeinschaften dar. Sie führen sich auf Heroen (Halbgötter) zurück, die von den Phylenangehörigen gemeinsam kultisch verehrt werden. Jeder Bürger muss Mitglied in einer Phyle sein. Die Phylen werden von Adelsfamilien dominiert. Dabei gibt es auch jetzt keine festen Abhängigkeitsverhältnisse zwischen Nichtadligen und Adligen, wie wir sie aus anderen vormodernen Gesellschaften kennen. Gleichwohl sind die Nichtadligen auf die Adligen angewiesen, indem jene den Zugang zum Kult regeln. Offenbar ist es auch üblich, einen Adligen der eigenen Phyle zu unterstützen, wenn er sich um ein politisches Amt bewirbt oder in der Volksversammlung einen Antrag stellt.

Letzteres ist wohl der Ansatzpunkt für Kleisthenes. Isagoras verfügt höchstwahrscheinlich über eine größere Anhängerschaft als er. Kleisthenes versucht dem durch eine grundsätzliche Neuordnung entgegenzuwirken: Sein Ziel ist es, für sämtliche Adlige, die sich politisch engagieren möchten, die gleiche Ausgangsbasis zu schaffen. Sie alle sollen sich in der Volksversammlung profilieren und um Stimmen ringen müssen. Dazu setzt er sich für eine Neuordnung der Phylen ein. Mit welchem Argument er dafür wirbt, ist nicht bekannt. Wir wissen jedoch, dass er sich mit seinem Vorschlag durchsetzt und die Reform 507 v. Chr. durchführt.

Anstelle der vier alten Phylen schafft Kleisthenes zehn neue und zerschlägt dabei bestehende Bindungen. Bei den neuen Phylen handelt es sich nicht mehr um zusammenhängende Territorien. Kleisthenes gliedert zunächst ganz Attika in drei Landschaftszonen: die Stadt (*ásty*), die Küstenregion (*paralía*) und das Binnenland (*mesógeios*). Diese werden in jeweils zehn Trittyen (‚Drittel') geteilt. Es gibt insgesamt 30 Trittyen, je zehn in der Stadt, an der Küste und im Binnenland. Um die neuen Phylen zu kreieren, fügt Kleisthenes jeweils eine Trittys der Stadt, der Küste und des Landes zusammen. Dabei verfährt er vielfach so, dass er weit voneineinander entfernt liegende Trittyen zu einer Phyle zusammensetzt. Auf diese Weise kommt es auch zu einer neuen Mischung der Bevölkerung. Personengruppen, die bislang nichts miteinander zu tun hatten, begegnen einander jetzt in ihrer Phyle. Dies stärkt das Zusammengehörigkeitsgefühl unter den Bewohnern der verschiedenen Regionen der Polis und fördert damit ihren Zusammenhalt.

Quelle: Kleisthenes

Athen war schon vorher eine große Stadt, wurde aber nach der Befreiung von den Tyrannen noch mächtiger. Zwei Männer hatten die Gewalt in Händen: der Alkmeonide Kleisthenes, der damals die Pythia bestochen haben soll, und Isagoras, Sohn des Teisandros, der aus angesehenem Hause stammte, ohne dass ich aber seine Abkunft angeben könnte; seine Familie opfert dem Zeus Karios. Diese beiden Männer kämpften um die Herrschaft. Da Kleisthenes unterlag, begann er, das niedere Volk auf seine Seite zu ziehen. Darauf ersetzte er die vier Phylen, aus denen die athenische Bürgerschaft bestand, durch zehn Phylen. Die bisherigen Namen der Phylen – die nach den vier Söhnen des Ion: Geleon, Aigikoreus, Argades und Hoples benannt waren – schaffte er ab und wählte die Namen anderer Heroen; außer Aias waren es lauter Stammesheroen Athens, und den fremden Aias nahm er, weil er Nachbar und Bundesgenosse der Stadt gewesen war.
(Herodot, Historien 5,66)

Zur kleinsten politischen Einheit erhebt Kleisthenes die Demen (Sing. *démos*). Attika besteht aus insgesamt 139 Demen. Sie existierten schon früher; im Zusammenhang mit Peisistratos haben wir von Demenrichtern gehört. In politischer Hinsicht aber waren die Phratrien (‚Bruderschaften') bislang wichtiger, da hier die Bürgerlisten geführt wurden. Auch in den Phratrien aber bestehen traditionelle Bindungen von Nichtadligen an Adlige. Diese sollen jetzt zugunsten einer stärkeren Identifikation mit der Polis als Gesamtheit überwunden werden. Seit Kleisthenes führt jeder Bürger anstelle des Namens seines Vaters (*patrōnymikón*) als zweiten Namensteil die Bezeichnung seines Demos (*dēmotikón*). Dies fördert nicht nur das Gefühl der Zughörigkeit zum Demos als einem integralen Bestandteil der Polis, sondern kennzeichnet den Betreffenden auch als athenischen Bürger – im Unterschied zu den Nichtbürgern, die kein *dēmotikón* im Namen tragen.

Kleisthenes setzt weitere Reformen durch, welche die Polis stärken und ihre politische Ausgestaltung vorantreiben. So führt er einen Rat der 500 (*boulé*) ein, der sich aus je 50 Mitgliedern pro Phyle zusammensetzt. Jeder Bürger über 30 Jahren kann für ein Jahr in den Rat gelangen. Die Ratsherren werden wahrscheinlich von Beginn an erlost. Der Rat übernimmt einen Teil der Aufgaben, die zuvor der Adelsrat, der Areiopag, innehatte. Seine wichtigste Funktion ist die Vorbereitung der Sitzungen der Volksversammlung. Er erstellt die Tagesordnung, berät die Gegenstände vor, die in der Volksversammlung verhandelt werden sollen und erarbeitet Vorlagen für die Abstimmung (*probouleúmata*). Das bedeutet nicht, dass der Rat der Volksversammlung Kompetenzen entzieht; er macht vielmehr durch seine vorbereitende Tätigkeit eine effektive Arbeit der Volksversammlung erst möglich. Diese kann das *proboúleuma* ändern und auch neue Vorschläge unterbreiten. Jeder Bürger ist berechtigt, einen Antrag zu stellen.

Die politische Ordnung, die auf diese Weise eingeführt wird, erhält den Namen *isonomía* (‚Gleichordnung' bzw. ‚Gleichverteilung'). Damit ist aber zunächst wohl nicht gemeint, dass alle Bürger die Chance erhalten, sich in gleicher Weise an der Politik zu beteiligen, auch wenn ihr Einfluss durch die Einführung des Rates und die Stärkung der Volksversammlung zunimmt. Gleichheit wird zunächst nur für die Adligen herbeigeführt. Diese können sich nicht

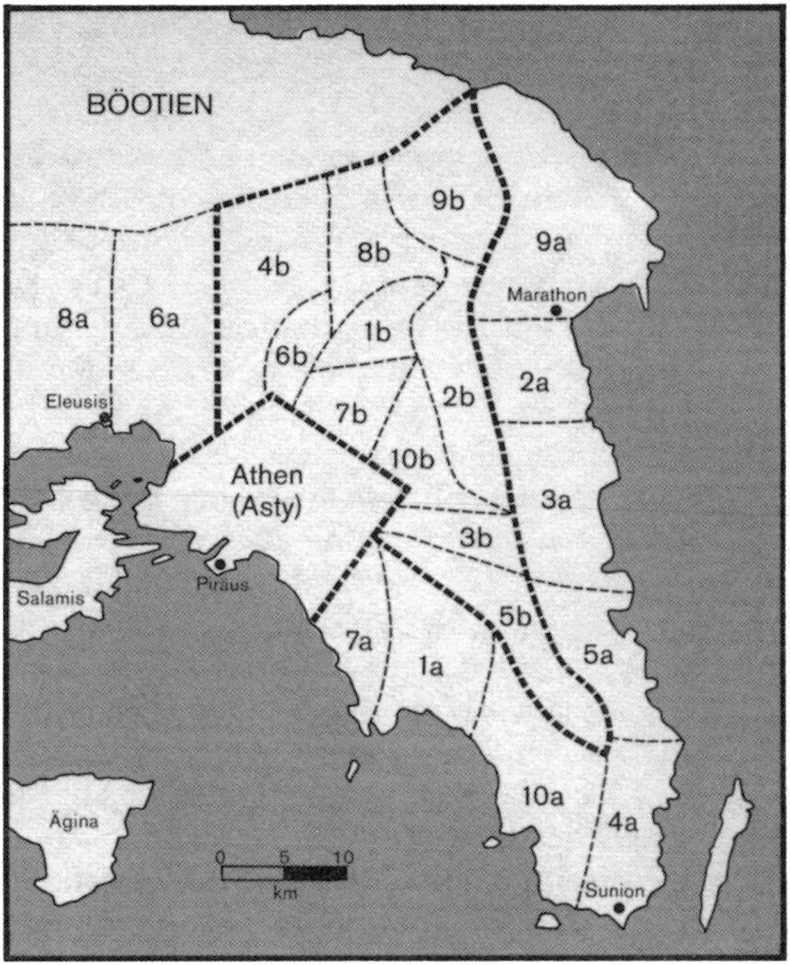

Abb. 12: **Die Phylenreform des Kleisthenes. Die Zahlen kennzeichnen die zehn neuen Phylen, die Buchstaben die Trittyen (a = Küste, b = Binnenland)**

mehr auf fixe, unterschiedlich große Anhängerschaften stützen, die auf traditionellen Beziehungen basieren, sondern müssen alle in gleicher Weise um die Gunst des Volkes ringen, wenn sie für Ämter kandidieren oder Vorschläge durchsetzen möchten. Damit erhalten sie gleiche Ausgangsbedingungen. Dies erhöht seinerseits die Bedeutung der Volksversammlung, indem sie sich nun zu dem Organ entwickelt, in dem der aristokratische Wettbewerb ausgetragen wird.

Die Ämter sind weiterhin den Angehörigen der beiden oberen Vermögensklassen vorbehalten. Der Areiopag behält wichtige Kompetenzen; beispielsweise ist er noch immer für die Kontrolle und ggf. Bestrafung der Amtsträger zuständig. Insofern sollte man noch nicht von einer Demokratie sprechen, obgleich der Einfluss des Volkes gestärkt wird und die Ordnung als ‚demokratischer' anzusehen ist als die Eunomie Solons. Noch geht nicht alle Gewalt vom Volk aus. Noch werden nicht sämtliche Einrichtungen durch Institutionen kontrolliert, an denen das gesamte Volk beteiligt ist. Überdies gibt es den Begriff Demokratie zur Zeit des Kleisthenes noch nicht.

Eine weitere institutionelle Neuregelung, die auf Kleisthenes zurückgeht, ist die Einführung des Strategenamtes. Die Strategen sind künftig für die Kriegführung zuständig. Es werden jährlich ihrer zehn gewählt, die aber zunächst noch unter dem *árchōn polémarchos* wirken.

Der Überlieferung zufolge führt Kleisthenes auch das Scherbengericht (den *ostrakismós*) ein. Dies macht es möglich, jährlich eine Person für zehn Jahre aus der Stadt auszuweisen, sofern die Volksversammlung mit einem Quorum von 6000 Stimmen einen entsprechenden Beschluss fasst. Es dient dazu, mögliche Tyrannis-Aspiranten auszuschalten. Die Regelung könnte zwar gut in die Zeit des Kleisthenes passen, die ja durch die Tyranniserfahrung noch unmittelbar geprägt ist. Dennoch ist es wahrscheinlich, dass der *ostrakismós* erst etwas später eingerichtet wird. Wir wissen, dass er 487 v. Chr. erstmals zur Anwendung kommt. Vermutlich wird er auch erst zu diesem Zeitpunkt als Institution installiert.

Abb. 13: *óstraka* (Scherben) beschriftet mit den Namen Kallias (Sohn des Kratios), Hippokrates (Sohn des Anaxileos), Themistokles (Sohn des Neokles) und Kimon (Sohn des Miltiades)

3 Das klassische Griechenland

3.1 Die Perserkriege (490–479 v. Chr.)

Die Perserkriege stellen eine Zäsur in der griechischen Geschichte dar. Durch die Auseinandersetzung mit den Persern sind die Griechen erstmals mit einer massiven Bedrohung von außen konfrontiert, die sie nur gemeinsam bekämpfen können. Dadurch ergibt sich für die Poleis die Notwendigkeit, in weitaus höherem Maße zu kooperieren, als zuvor erforderlich. Sie müssen Bündnisse eingehen, die das Gefüge der Poleis erheblich verändern. Die Griechen begreifen sich jetzt auch stärker als Einheit und grenzen sich von den Nichtgriechen, die sie als ‚Barbaren' (= Leute, die unverständlich sprechen) bezeichnen, ab. Die griechische Welt insgesamt gerät in Bewegung. Mit den Perserkriegen endet die archaische und es beginnt die klassische Zeit. Diese Epochengliederung entstammt der modernen Forschung; die Begriffe ‚archaisch' und ‚klassisch' sind von der Kunstgeschichte geprägt worden.

Ausgangspunkt der Perserkriege ist ein Aufstand der ionischen Städte in Kleinasien gegen die Vorherrschaft der Perser (500–494 v. Chr.). Speziell wenden sie sich dagegen, dass die Perser in den kleinasiatischen Griechenstädten Tyrannenherrschaften unterstützen. Die führende Rolle übernimmt dabei die Stadt Milet. Die griechischen Poleis suchen im Mutterland um Hilfe nach. Athen und Eretria entsenden Schiffe. Der Aufstand wird jedoch von den Persern niedergeschlagen. Sie ziehen darauf nach Griechenland, um an den Griechen, speziell den Eretriern und den Athenern, Rache zu nehmen.

Sie zerstören zunächst Eretria und wenden sich dann gegen Athen. Hier kommt es im Jahre 490 v. Chr. zur Schlacht bei Marathon an der Ostküste Attikas, wo die Athener unter dem Strategen Miltiades gegen das persische Heer unter König Dareios I. siegen. Da es sich um eine Landschlacht handelt, wird der Hoplitenphalanx die entscheidende strategische Bedeutung zuteil.

Im Jahre 481 v. Chr. dann schickt der neue Perserkönig Xerxes Gesandte nach Griechenland und fordert von verschiedenen griechischen Poleis Unterwerfung. Den Griechen ist außerdem bekannt,

Quelle: Die Schlacht bei Marathon (490 v. Chr.)

Als die Aufstellung vollendet war und das Opfer günstig ausfiel, stürmten die Athener auf das Zeichen zur Schlacht hin gegen die Barbaren vor. Die Entfernung zwischen den Heeren betrug nicht weniger als acht Stadien. Die Perser sahen die Athener im Laufschritt nahen und rüsteten sich, sie zu empfangen. Sie hielten es für ein ganz tolles selbstmörderisches Beginnen, als sie die kleine Schar heranstürmen sahen, die weder durch Reiterei noch durch Bogenschützen gedeckt wurde. Aber während die Barbaren solche Gedanken hegten, kamen schon die Haufen der Athener heran; der Kampf begann, und sie hielten sich wacker. (...) (113) Der Kampf bei Marathon währte lange. In der Mitte des Heeres siegten die Barbaren; dort standen die Perser selbst und die Saken. Dort blieben also die Barbaren Sieger, durchbrachen die Reihen der Feinde und verfolgten sie landeinwärts. Auf beiden Flügeln siegten jedoch die Athener und Plataier. Sie ließen ihre geschlagenen Gegner fliehen und wandten sich gemeinsam gegen die, welche die Mitte durchbrochen hatten. Auch hier siegten die Athener. Dann folgten sie den flüchtigen Persern und trieben sie unter großem Gemetzel an den Meeresstrand. Dort riefen sie nach Feuerbränden und griffen die Schiffe an.
(Herodot, Historien 6,112 f.)

Abb. 14: **Ein griechischer Hoplit schlägt einen persischen Soldaten**

dass die Perser sich für einen neuerlichen Angriff rüsten. Infolgedessen schließen sie unter spartanischer Führung den ‚Hellenenbund', um sich gemeinsam gegen die zu erwartende Aggression der Perser zur Wehr setzen zu können.

480 v. Chr. ziehen die Perser tatsächlich mit großer Landmacht und Flotte gen Griechenland. Auf einer Schiffsbrücke überschreitet ihr Heer den Hellespont. Zunächst sind die persischen Einheiten erfolgreich: Sie schlagen das spartanische Landheer unter König Leonidas, das ihnen zahlenmäßig weit unterlegen ist, in Mittelgriechenland an den Thermopylen. Im Anschluss ziehen sie plündernd durchs Land bis nach Attika und verwüsten die Stadt Athen.

Die Griechen entscheiden sich daraufhin, die Perser zur See anzugreifen. Dabei kommt die athenische Flotte zum Einsatz, die kurz zuvor auf Initiative des Themistokles gebaut worden ist. Dieser hat die Athener von der Notwendigkeit des Flottenbaus überzeugt. In der Volksversammlung beantragt er, dass die Gewinne aus den gerade erschlossenen Silberbergwerken in Laureion (Attika) zur Finanzierung des Rüstungsprojektes verwendet werden. Die Volksversammlung stimmt zu, so dass in der Folge 200 Kriegsschiffe, sog. Trieren, gebaut werden können. Der Name rührt daher, dass die Schiffe drei Reihen von Ruderern aufweisen. Als Ruderer fungieren v. a. die Theten, die damit jetzt auch eine militärische Funktion erhalten.

480 v. Chr. gelingt es der athenischen Flotte, die persische in der Meerenge von Salamis an der attischen Küste zu schlagen. Weitere Siege über die Perser werden ein Jahr später in einer Landschlacht bei Plataiai in Böotien unter Führung des spartanischen Königs Pausanias und einer weiteren Seeschlacht bei Mykale, einem Gebirgszug an der kleinasiatischen Westküste, unter athenischer Ägide errungen.

3.2 Athen im 5. Jh. v. Chr.

Die athenische Geschichte im 5. Jh. lässt sich in mehrere Phasen gliedern: die der Perserkriege (490–479 v. Chr.), die der Pentekontaëtie und diejenige des Peloponnesischen Krieges (431–

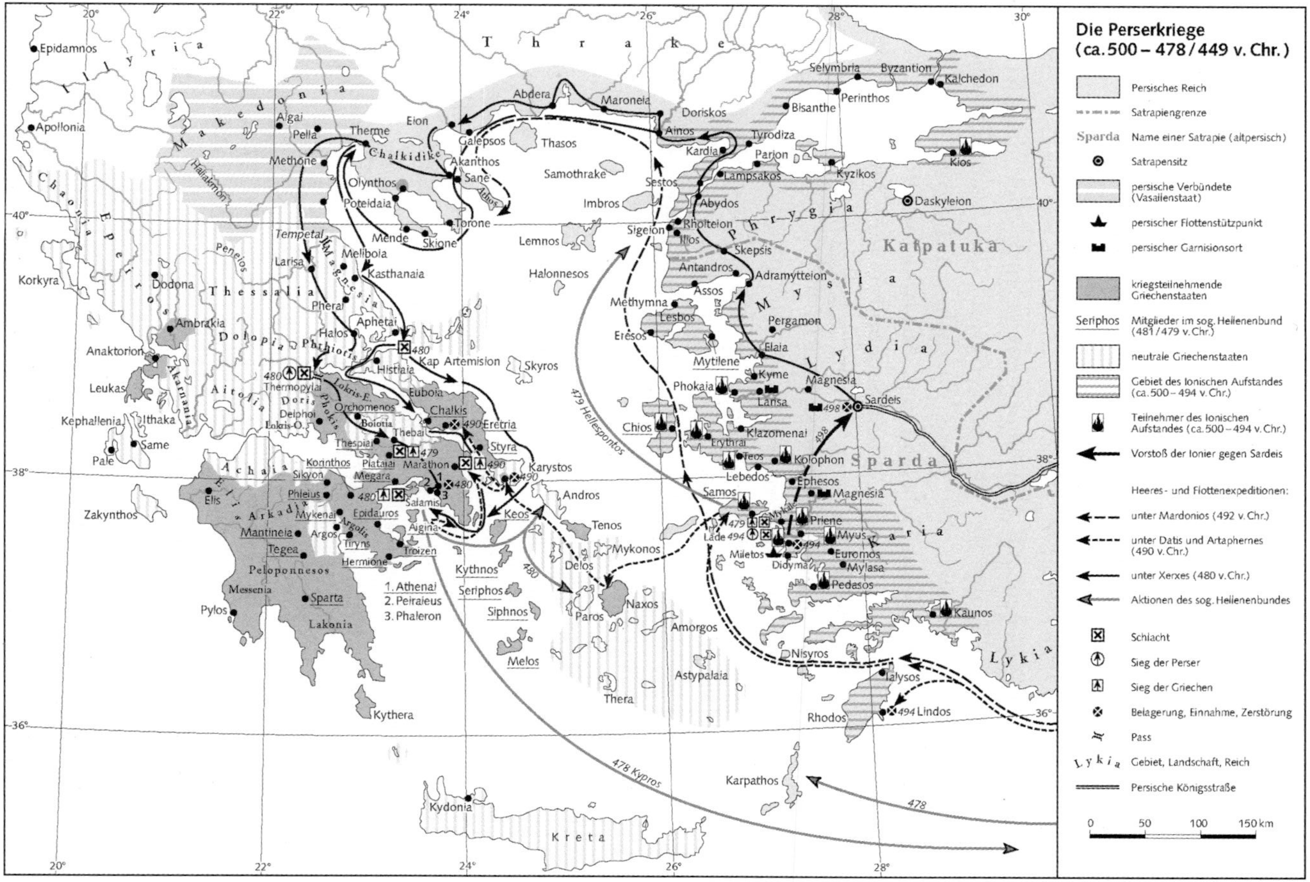

Karte 5: **Die Perserkriege**

404 v. Chr.). ‚Pentekontaëtie' bedeutet einen Zeitraum von fünfzig Jahren, also hier die ca. 50 Jahre, die zwischen den beiden Kriegen liegen.

3.2.1 Die Außenpolitik während der Pentekontaëtie

Nach den Perserkriegen ist Athen neben Sparta die führende Macht in Griechenland. Die Stadt betreibt auch nach dem Krieg eine aktive Außenpolitik, um die Perser aus der Ägäis fernzuhalten. Nach Spannungen mit Sparta übernehmen die Athener 478/7 v. Chr. die Führung im Hellenenbund. Auf Initiative ihres Strategen Aristeides bauen sie ihn zu einem Seebündnis um, dem **Delisch-Attischen Seebund**. Die neue Allianz agiert zunächst militärisch erfolgreich: Alle persischen Stützpunkte in Europa werden besiegt. In den sechziger Jahren werden die persische Landmacht sowie die Flotte vernichtend geschlagen, so dass mittelfristig keine Bedrohung von den Persern mehr ausgeht.

Damit hat der Bund nach Überzeugung vieler Mitglieder seinen Zweck erfüllt. Einige Städte wollen die Belastungen nicht länger tragen und stören sich außerdem an dem hegemonialen Anspruch Athens. Diejenigen, die abzufallen versuchen, zwingt Athen jedoch mit Gewalt in das Bündnis zurück. Der Seebund wird immer mehr zum Machtinstrument der Athener. Athen mischt sich sogar verstärkt in die inneren Verhältnisse der Bündner ein und beschneidet deren Autonomie. Es schickt eigene Amtsträger in die Städte, um die dortigen Verhältnisse zu regeln. Es verpflichtet die Bündner schließlich auch, nach dem eigenen Vorbild Demokratien einzurichten.

Sparta verfügt seinerseits über ein Bündnissystem, den Peloponnesischen Bund, der bereits im 6. Jh. eingerichtet worden ist, um Spartas Suprematie auf der Peloponnes zu sichern. Diesem schließen sich nun mehr und mehr Städte an.

Der Delisch-Attische Seebund greift zunehmend auch in die spartanische Interessenssphäre ein, was zu erheblichen Spannungen zwischen Athen und Sparta führt, die militärische Auseinandersetzungen nach sich ziehen. Im Jahre 446/5 v. Chr. wird jedoch zunächst ein dreißigjähriger Friedensvertrag zwischen den beiden

Delisch-Attischer Seebund ‚Attisch' nennt man das Bündnis wegen der führenden Rolle Athens, ‚delisch' aufgrund der Tatsache, dass das Verwaltungszentrum des Bundes auf der Insel Delos eingerichtet wird. Im Apollon-Heiligtum der Insel wird die Bundeskasse aufbewahrt. Sie wird von zehn Schatzmeistern, den *hellēnotamíai*, verwaltet, die aus Athen stammen und von der athenischen Volksversammlung gewählt werden. Athen selbst sowie die Inseln Chios, Thasos, Samos, Naxos und Lesbos stellen Kriegsschiffe. Die kleineren Poleis, die dazu nicht imstande sind, leisten finanzielle Beiträge (*phóroi*). Auf Delos tagt auch die Bundesversammlung. Obgleich alle Mitglieder eine Stimme haben, dominiert Athen hier doch von Beginn an: Die Stadt ist am weitaus besten gerüstet und erlangt bei Abstimmungen durch die Unterstützung der kleineren Mitglieder, die sich eng an Athen halten, stets die Mehrheit.

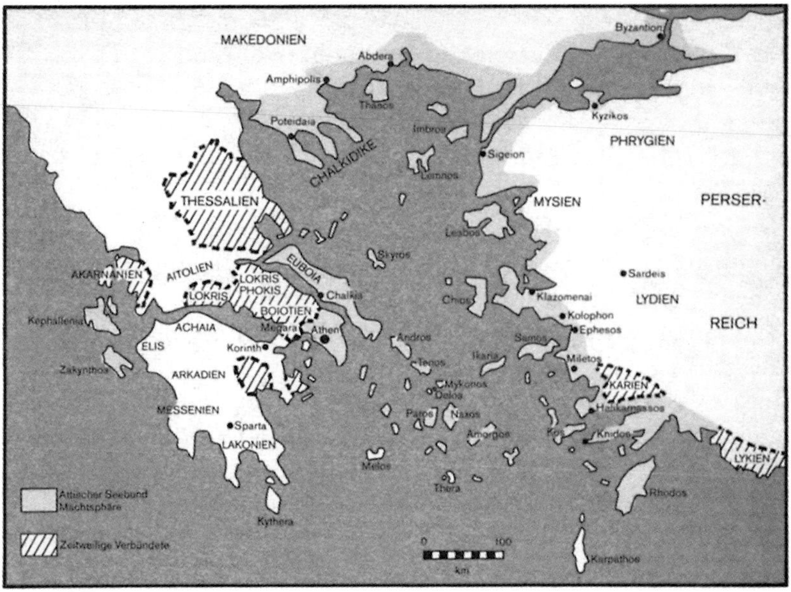

Karte 6: **Der Delisch-Attische Seebund**

Bünden ausgehandelt, in dem die jeweiligen Einflusssphären anerkannt und Übergriffe auf das Gebiet des anderen ausgeschlossen werden. Was unter einem Übergriff zu verstehen ist, wird dabei allerdings nicht genau definiert, so dass weitere Irritationen vorprogrammiert sind, die schließlich in den Peloponnesischen Krieg münden (dazu unten Abschnitt 3.3).

In der zweiten Hälfte des 5. Jhs. wird die athenische Außenpolitik stark durch den Strategen Perikles geprägt. Er fördert die expansive Politik der Stadt. Auch veranlasst er mehrfach die Aussendung von Ackerbaukolonien, den sog. **Kleruchien**.

3.2.2 Die innere Entwicklung Athens während der Pentekontaëtie

3.2.2.1 Historischer Abriss

Die Perserkriege und die nachfolgende außenpolitische Entwicklung haben auch erhebliche Konsequenzen für die innere Ordnung Athens. Die Identifikation der Bürger mit der Stadt wird gestärkt. Ihr Wunsch nach politischer Partizipation im Inneren wie auch zur Herrschaft nach außen wächst.

Seit 487/6 v. Chr. werden die Archonten in der Volksversammlung nicht mehr gewählt, sondern gelost. Zugangsberechtigt sind zunächst weiterhin nur die Fünfhundertscheffler und die *hippeís*. Später erhalten auch die Zeugiten den Zugang zu den Archontenämtern. Die Theten bleiben weiterhin offiziell ausgeschlossen. Vom Losprinzip ausgenommen wird das Strategenamt, bei dem die Qualifikation des Trägers von entscheidender Bedeutung ist.

Zu einschneidenden Veränderungen kommt es durch die Reformen des Ephialtes 462/1 v. Chr. Er sorgt für die weitgehende Entmachtung des Areiopags, indem er Funktionen, die dieser Rat bislang innehatte, auf den Rat der 500 bzw. die Gerichte überträgt: Die **Dokimasie** und die **Euthynai** werden nun vom Rat durchgeführt; im Verdachtsfall erhebt man vor einem Gericht Anklage. Auf diese Weise wird den Adligen die Kontrolle über die Amtsträger genommen und dem Volk übergeben. Der Areiopag

Kleruchien Bei den Kleruchien handelt es sich um Siedlungen von Athenern außerhalb Attikas. Einige Kleruchien werden im Siedlungsgebiet der athenischen Bündner gegründet, nachdem die indigene Bevölkerung zuvor vertrieben worden ist. Die Kleruchien haben primär politische Bedeutung, sind ein Mittel der Herrschaftsausübung im Seebund. Erst in zweiter Linie erfüllen sie soziale und wirtschaftliche Funktionen, indem sie athenischen Bauern (vor allem Theten) neues Siedlungsland verschaffen. Im Unterschied zu den Kolonien der archaischen Zeit handelt es sich nicht um politisch autonome Poleis, sondern eher um Außensiedlungen Athens. Die Kleruchen bleiben athenische Bürger.

Dokimasie Der Begriff bezeichnet die Überprüfung einer Person vor dem Eintritt in ein politisches Amt.

Euthynai Euthynai nennt man die Überprüfungen der Amtsführung beim Ausscheiden aus dem Amt.

Quelle: Die Reformen des Ephialtes

Ziemlich genau 17 Jahre nach den Perserkriegen blieb die Verfassung unter der Leitung der Areiopagiten unverändert, auch wenn sie allmählich etwas zerfiel. Als nun die Volksmenge sich vermehrte, wurde Ephialtes, Sohn des Sophonides, Vorsteher des Volkes, der als unbestechlich und als loyal der Verfassung gegenüber galt. Er suchte nun gegen den Rat der Areiopagiten vorzugehen. Als erstes beseitigte er viele Areiopagiten, indem er Prozesse wegen ihrer Amtsführung gegen sie anstrengte. Dann nahm er ihnen unter dem Archontat Konons alle zusätzlichen Funktionen, auf denen die Aufsicht über die Verfassung begründet war, und verteilte sie auf den Rat der Fünfhundert, das Volk und die Gerichtshöfe.
(Aristoteles, Staat der Athener 25)

behält nurmehr die Funktion eines Gerichtshofes für Blutgerichtsbarkeit.

Die Gründe für diese Maßnahme sind vorrangig außenpolitischer Natur: Es geht Ephialtes darum, seinen politischen Gegner Kimon zu schwächen, der – anders als er selbst und große Teile des Volkes – für einen spartafreundlichen Kurs eintritt und der athenischen Expansion kritisch gegenübersteht. Die Mitglieder des Areiopags unterstützen mehrheitlich die Position Kimons. Besonders die Theten, die in großer Zahl in der Volksversammlung vertreten sind, stimmen für den Antrag des Ephialtes. Sie plädieren für die Konfrontation mit Sparta, da diese Einsatzmöglichkeiten für die Flotte mit sich bringt.

Ephialtes hat also nicht die Absicht, eine Demokratie zu schaffen. Tatsächlich aber kann man nun, wo das Volk die Kontrolle über alle politischen Organe hat, von einer Demokratie sprechen. Es existiert gleichwohl kein Konzept der Demokratie. Sie wird nicht erst in der Theorie entwickelt und anschließend praktisch umgesetzt, sondern zunächst realisiert und erst später reflektiert. Der Demokratisierungsprozess ist geprägt von Bemühungen, den aristokratischen Machtkampf zu regeln, außerdem von außenpolitischen Faktoren. Der Begriff *dēmokratía* findet sich ab den dreißiger Jahren des 5. Jhs. Das Bedürfnis nach einem charakteristischen Begriff und einem entsprechenden Konzept entsteht erst, als man die eigene Ordnung gegenüber anderen, v.a. der Oligarchie (= Herrschaft weniger), wie man die spartanische Ordnung bezeichnet, abgrenzen möchte.

Eine Blütezeit erlebt Athen seit den fünfziger Jahren unter Perikles. Es kommt zu einer gewaltigen Baupolitik, die nur der unter den Tyrannen vergleichbar ist. Herausragendes Beispiel ist der Parthenon-Tempel auf der Akropolis, der zu Ehren der Stadtgöttin Athena errichtet wird. Das Bildprogramm des Tempels besteht aus mythischen Kampfszenen. Die Athener identifizieren sich mit den Heroen aus dem Mythos und demonstrieren auf diese Weise ihre Macht. Weiterhin wird die Befestigung der Stadt verstärkt.

Sozial- und wirtschaftsgeschichtlich ist die Baupolitik bedeutsam, weil sie einer großen Zahl von Handwerkern Beschäftigungsmöglichkeiten verschafft. In politik- und mentalitätsge-

Quelle: Die politischen Anfänge des Perikles

Danach (nach Ephialtes) wurde Perikles Volksführer. Er hatte zuerst Ansehen gewonnen, weil er als noch ganz junger Mann den Strategen Kimon bei der Rechenschaftsablage angeklagt hatte. Nun wurde die Verfassung noch demokratischer. Denn er nahm den Areiopagiten weitere Rechte weg und konzentrierte den ganzen Staat auf die Seemacht, was der großen Menge erhöhtes Selbstbewusstsein verlieh, so dass sie die ganze Verfassung immer mehr auf ihre Seite zogen. (...) Perikles war auch der erste, der die Gerichtshöfe mit Besoldungen ausstattete, um beim Volke den Reichtum Kimons übertrumpfen zu können.
(Aristoteles, Staat der Athener 27)

Abb. 15: **Ausschnitt aus dem Fries des Parthenon-Tempels**

schichtlicher Hinsicht kommt ihr ebenfalls zentrale Bedeutung zu, da sie das Selbstverständnis der Bürger, ihre Identifikation mit der Stadt und ihrer Herrschaft zum Ausdruck bringt. Adressaten dieser Repräsentation sind sowohl die eigenen Bürger wie auch die Fremden, die in die Stadt kommen. Schließlich dokumentiert man damit auch gegenüber den Bündnispartnern seinen Machtanspruch. Finanziert werden die Baumaßnahmen besonders durch die Zahlungen der Bündner sowie durch Kriegsbeute.

Perikles soll das Strategenamt fünfzehnmal in Folge bekleidet haben. Er gilt als erfahrener Heerführer wie auch als guter Redner, der sich vor der Volksversammlung zu präsentieren weiß. Wie alle anderen Personen, die in dieser Zeit die politische Initiative ergreifen, entstammt er einer adligen Familie.

Eine wichtige Reformmaßnahme, die er veranlasst, ist die Einführung der Richterbesoldung. Die Richter erhalten fortan für jeden Tag, an dem sie zu Gericht sitzen, zunächst zwei, später drei Obolen. Der Betrag genügt, um den Unterhalt der Familie für den Tag zu decken. Die Tagegelder werden als ‚Diäten' bezeichnet. Damit hat tatsächlich (fast) jeder Bürger die Möglichkeit, sich zum Richter losen zu lassen.

Eine weitere zentrale Maßnahme des Perikles ist die Einführung eines neuen Bürgerrechtsgesetzes. Es legt fest, dass allein diejenigen über das athenische Bürgerrecht verfügen, die väterlicher- und mütterlicherseits von Athenern abstammen. Das Bürgerrecht ist in der Demokratie von außerordentlich großer Bedeutung, so dass es geboten scheint, es restriktiv zu handhaben. Entscheidend ist für die Demokratie auch die Identifikation der Bürger mit der Stadt und ihrer politischen Ordnung. Speziell bei den Adligen hat man in dieser Hinsicht jedoch grundsätzliche Bedenken: Sie begreifen sich zum Teil immer noch vorrangig als Angehörige eines gesamtgriechischen Adels und pflegen Freundschaften mit Aristokraten in den verschiedensten Poleis. Um derartige Bindungen zu knüpfen oder zu festigen, gehen sie auch gern Ehen mit Frauen aus anderen Städten ein. Dies soll durch das Gesetz verhindert werden.

Der zeitgenössische Geschichtsschreiber Thukydides bemerkt über die Ära des Perikles, dass es sich dem Namen nach um eine

Quelle: Würdigung des Perikles durch Thukydides

Denn solange er die Stadt leitete im Frieden, führte er sie mit Mäßigung und erhielt ihr ihre Sicherheit, und unter ihm wurde sie so groß, und als der Krieg ausbrach, da hatte er, wie sich zeigen lässt, auch hierfür die Kräfte richtig vorausberechnet (...). (8) Das kam daher, dass er, mächtig durch Ansehen und seine Einsicht und in Gelddingen makellos unbeschenkbar, die Masse in Freiheit bändigte, selber führend, nicht von ihr geführt, weil er nicht, um mit unsachlichen Mitteln die Macht zu erwerben, ihr zu Gefallen redete, sondern genug Ansehen hatte, ihr wohl auch im Zorn zu widersprechen. (9) Sooft er wenigstens bemerkte, dass sie zur Unzeit sich in leichtfertiger Zuversicht überhoben, traf er sie mit seiner Rede so, dass sie ängstlich wurden und aus unbegründeter Furcht hob er sie wiederum auf und machte ihnen Mut. Es war dem Namen nach eine Volksherrschaft, in Wirklichkeit eine Herrschaft des ersten Mannes.
(Thukydides [ca. 460–ca. 399 v. Chr.] 2,65,5. 8 f.)

Abb. 16: **Perikles**

Demokratie, tatsächlich aber um die Herrschaft des ersten Mannes gehandelt habe. Kritik an Perikles erwächst jedoch nicht im Volk, sondern unter den anderen Adligen, die seinem Einfluss skeptisch gegenüberstehen. Die Vorwürfe gegen ihn sind vielfältig. So beschuldigt man ihn, Kontakt zu Philosophen zu pflegen, die aufgrund der Ansichten, die sie in ihren Schriften und ihrem Unterricht vertreten, zuweilen als Bedrohung für die Demokratie angesehen werden. Es kommt zum Prozess gegen ihn, in dem er nur knapp einem Todesurteil entgeht. Was der genaue Anklagepunkt ist, lässt sich nicht mehr sicher rekonstruieren.

3.2.2.2 Die politischen Institutionen

Betrachten wir im Folgenden die wichtigsten politischen Institutionen der athenischen Demokratie des 5. Jhs.

Die Volksversammlung (*ekklēsía*)

Die attische Demokratie ist eine direkte Demokratie. Es werden also keine Abgeordneten in ein bestimmtes Gremium gewählt, sondern alle Bürger haben die Möglichkeit, an der Volksversammlung teilzunehmen, zu diskutieren und abzustimmen. Die Volksversammlung wird als das versammelte Volk betrachtet. Es gibt keine Parteien, keine Fraktionen und damit auch keine klar kalkulierbaren Mehrheitsverhältnisse.

Jeder, der einen Vorschlag erfolgreich durchbringen möchte, muss sich in der Volksversammlung um die Zustimmung der Mehrheit der Bürger bemühen. Entsprechend entwickelt sich in Athen eine ausgeprägte Rhetorik. Grundsätzlich darf sich jeder Bürger zu Wort melden. Das gleiche Recht auf Rede (*isēgoría*) ist dem Selbstverständnis der Athener zufolge ein entscheidendes Kennzeichen der Demokratie. In der Praxis aber bedarf es einer rhetorischen Ausbildung, zumindest um größere Redebeiträge leisten zu können. Folglich unternimmt letzteres nur eine relativ kleine Gruppe von Personen, die als ‚Redner' (*rhḗtores*) bezeichnet werden. Im 5. Jh. sind das vielfach diejenigen, die das Strategenamt erlangen. Gibt es

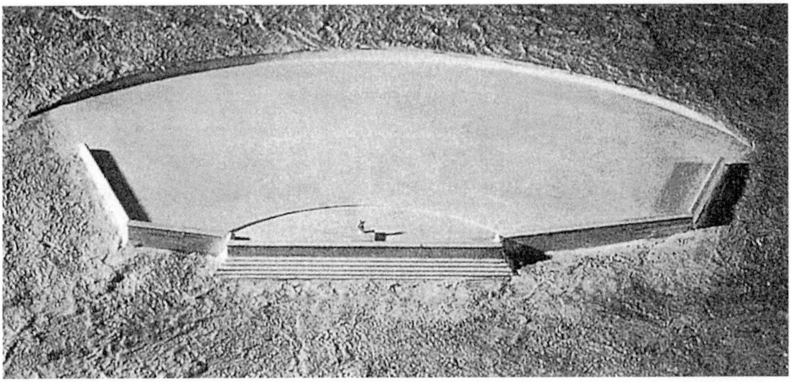

Abb. 17: **Rekonstruktion der Pnyx, des Hügels, auf dem die Volksversammlung tagt. Im Vordergrund ist die Rednertribüne zu sehen.**

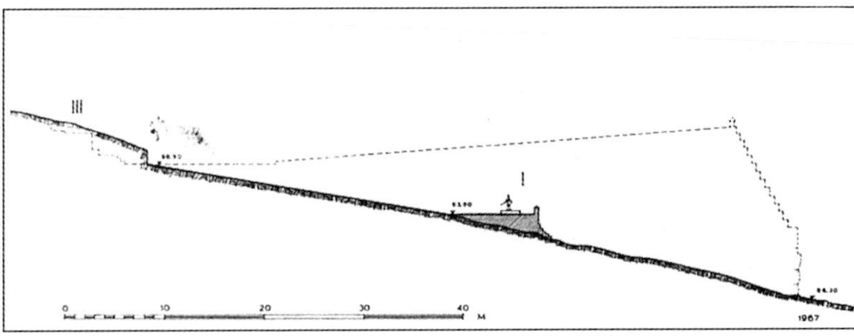

Abb. 18: **Schnitt durch die Pnyx**

in der attischen Demokratie *de facto* eine politische Elite – *de iure* gibt es sie nicht –, so sind es die Redner und die Strategen. Sie stammen aus vermögenden Familien, im hier betrachteten Jahrhundert zumeist aus dem Adel.

Die Abstimmung erfolgt in der Volksversammlung per ‚Handaufheben' (*cheirotonía*). In Fällen, in denen die Angelegenheiten einzelner Personen betroffen sind, wird auch geheim mit Stimmsteinen abgestimmt, beispielsweise bei Bürgerrechtsverleihungen.

In der Volksversammlung können sämtliche Gegenstände, die für die Politik von Relevanz sind, beraten und einem Beschluss zugeführt werden. Im Vordergrund stehen außenpolitische Fragen und die Verleihung von Ehrungen an Bürger. Wirtschafts- und finanzpolitische Themen werden hingegen kaum erörtert. Sie spielen im politischen Leben der griechischen Poleis generell eine untergeordnete Rolle.

Im 5. Jh. werden in der Volksversammlung Gesetze verabschiedet, Beschlüsse zu allen politischen Fragen getroffen sowie die Amtsträger erlost (bzw. in einigen Fällen gewählt). Auch die Auslosung der Richter findet hier statt. Die Volksversammlung kann zu dieser Zeit sogar selbst als Gericht fungieren. Sie ist für politische Strafprozesse, etwa Hochverratsprozesse, die für die Polis besonders bedrohlich scheinen, zuständig. Das Urteil wird in geheimer Abstimmung mit Stimmsteinen gefällt. Die Sitzungen beginnen bei Sonnenaufgang und enden spätestens bei Sonnenuntergang. Für den Besuch der Volksversammlung werden in dieser Zeit keine Diäten gezahlt.

Der Rat (*boulé*)

Mit dem Rat der 500 haben wir uns bereits im Kontext des Kleisthenes und Ephialtes beschäftigt. Er hat einen geschäftsführenden Ausschuss, die Prytanie, die zehnmal jährlich wechselt, so dass jede Phyle einmal im Jahr die Führung im Rat übernimmt. Neben der Vorbereitung der Volksversammlung ist er zuständig für die Überwachung der Amtsträger, für die Finanzkontrolle sowie für den Empfang von Gesandtschaften aus anderen Städten.

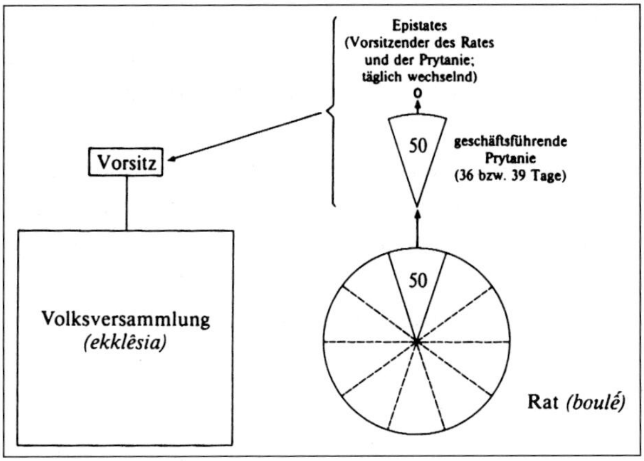

Abb. 19: **Das Verhältnis von Volksversammlung und Rat im 5. Jh. v. Chr.**

Quelle: Über den Rat der 500

Der Rat besteht aus 500 Mitgliedern, 50 aus jeder Phyle, und wird durchs Los bestimmt. Die Prytanie wird abwechselnd aus jeder der Phylen nach dem Los versehen, die vier ersten während je 36 Tagen, die sechs späteren während je 35 Tagen. Denn das Jahr wird nach dem Monde berechnet. Die amtierenden Prytanen nehmen ihre Mahlzeiten gemeinsam im Rundbau und erhalten dazu Geld vom Staate. Ihre Aufgabe ist, den Rat und die Volksversammlung einzuberufen, den Rat täglich, außer bei Feiertagen, die Volksversammlung viermal in jeder Prytanie. Sie schreiben auch die Tagesordnung des Rates für jeden einzelnen Tag und bestimmen auch den Sitzungsort. Ebenfalls stellen sie die Tagesordnung für die Volksversammlung auf.
(Aristoteles, Staat der Athener 43)

Die Ämter (*archaí*)

Es gibt in der attischen Demokratie eine außerordentlich große Zahl politischer Ämter. Aristoteles schätzt die Zahl der Amtsträger im 4. Jh. auf etwa 700. Die Demokratie verfügt also nicht nur über die Archonten, Thesmotheten und die Strategen, die wir bereits kennengelernt haben. Sie bildet darüber hinaus mit der Zeit viele kleine Ämter aus, die durch das Los besetzt werden. Diese sind vielfach nur mit winzigen Kompetenzen verbunden. Oftmals werden die Ämter gar nicht von Einzelpersonen ausgeübt, sondern von Kollegien, beispielsweise von zehn Personen, die phylenweise erlost werden.

Sämtliche Amtsträger werden vor ihrer Amtstätigkeit im Rahmen der Dokimasie auf Tauglichkeit überprüft. Es geht vor allem darum festzustellen, ob sie ihre Pflichten gegenüber der Stadt und der Familie erfüllt haben. Fachliche Eignung spielt wohl – außer beim Strategenamt – keine wesentliche Rolle. Angesichts des geringen Entscheidungsfreiraumes, den die Ämter mehrheitlich bieten, braucht das auch nicht zu verwundern. In den allgemeinen politischen Fragen kennen sich die meisten Bürger gut aus. Charakteristisch für die Einrichtung der Ämter ist, dass die Akkumulation von Macht in den Händen weniger verhindert und einer möglichst großen Zahl von Bürgern die Teilhabe an Amtsstellen ermöglicht werden soll.

Die Gerichte (*dikastéria*)

Die Gerichte in der attischen Demokratie sind Volksgerichte gemäß der solonischen Konzeption. Ein Unterschied zur solonischen Zeit besteht gleichwohl darin, dass es nunmehr nicht nur ein aus der gesamten Bürgerschaft zusammengesetztes Gericht, die *hēliaía*, gibt, sondern verschiedene Gerichtshöfe (*dikastéria*). Sie werden in der Forschung oft als ‚Geschworenengerichte' bezeichnet, weil die Richter einen Eid leisten, mit dem sie schwören, nach den Gesetzen und den Prinzipien der politischen Ordnung entsprechend zu urteilen.

Quelle: Erwartungen an einen Bürger wie auch einen Amtsträger in der Demokratie

Ich glaube, ihr alle werdet mir zustimmen, dass sich folgendes bei einem Demokraten finden muss: Zunächst einmal muss er von Vater und Mutter her frei sein, damit er sich nicht aufgrund niederer Abstammung gegenüber den Gesetzen, welche die Demokratie schützen, feindlich verhält. Zum zweiten darf er von den Vorfahren her keine Verbindlichkeit gegen das Volk haben oder mindestens keine Feindschaft, damit er nicht etwas Nachteiliges gegen den Staat unternimmt, um sich für die Unfälle der Vorfahren zu rächen. (170) Drittens muss er hinsichtlich seines Charakters uneigennützig sein sowie mäßig hinsichtlich seiner täglichen Lebensweise, damit er sich nicht aufgrund zügellosen Aufwandes zum Nachteil des Volkes bestechen lässt. Viertens soll er von guter Gesinnung und ein tüchtiger Redner sein. Denn es ist schön, wenn die Einsicht sich das Beste vornimmt und die Bildung und der Vortrag des Redners die Zuhörer überredet; ist dies nicht der Fall, so muss die gute Gesinnung dem Vortrag immer vorgezogen werden. Fünftens muß er sich durch Tapferkeit auszeichnen, damit er bei Gefahren und bei Kriegen das Volk nicht im Stich lässt.
(Aischines [ca. 430–360 v. Chr.], Rede gegen Ktesiphon 169 f.)

Quelle: Dokimasie und Vereidigung der Archonten

Bei der Prüfung wird zuerst gefragt: „Wer ist dein Vater, welches dein Demos, welches dein Großvater, welches die Mutter und welches der Vater der Mutter und welches war sein Demos?“ Dann wird gefragt, ob er einen Kult des Apollon Patroos habe und des Zeus Herkeios und wo sich diese Kultstätten befänden, dann ob er Familiengräber besitze und wo, endlich ob er seine Eltern achte, die Steuern bezahle, die Kriegszüge mitgemacht habe. Und nach diesen Fragen wird er aufgefordert: „Rufe hierfür die Zeugen herbei.“ Und wenn er die Zeugen beigebracht hat, wird gefragt: „Wünscht jemand gegen diesen eine Klage zu erheben?“ Und wenn ein Ankläger da ist, so wird die Anklage und die Verteidigung angehört und dann im Rat durch Handaufheben, im Gericht durch Stimmsteine entschieden. Tritt kein Ankläger auf, dann wird sofort zur Abstimmung geschritten. (...) Sind sie auf diese Weise geprüft, so begeben sie sich zu dem Stein, auf dem die Teile der Opfergaben liegen, und bei dem auch die Schiedsrichter schwören, bevor sie ein Urteil abgeben, und die Zeugen, wenn sie eine Aussage tun. Die Archonten betreten nun diesen Stein und schwören, gerecht und nach den Gesetzen regieren zu wollen und im Zusammenhang mit ihrem Amte keine Geschenke entgegennehmen zu wollen, und wenn sie es doch tun sollten, ein goldenes Standbild zu weihen. Ist der Eid geschworen, so begeben sie sich auf die Akropolis und schören dort noch einmal dasselbe, und dann treten sie ihr Amt an.
(Aristoteles, Staat der Athener 55)

Es gibt keine professionellen Richter. Jeder männliche Bürger über dreißig Jahre kann sich zum Richter losen lassen. Insgesamt werden jährlich 6000 Personen erlost und auf die verschiedenen Gerichte verteilt. Die Athener kennen auch keine Auslegung von Gesetzen. Ihrer Vorstellung nach müssen Gesetze so präzise sein, dass sie unmittelbar angewandt werden können.

Im Prozess halten Kläger und Beklagter jeweils eine Rede und bringen Zeugen bei. Anwälte findet man in Athen nicht. Es gibt allerdings Redenschreiber (Logographen), die man als Kläger oder Beklagter beauftragen kann, wenn man Schwierigkeiten hat, seine Rede selbst zu formulieren. Die Rede muss dann allerdings vom Bürger auswendig gelernt und frei vorgetragen werden. Bei den Reden kommt es nicht nur darauf an, den betreffenden Sachverhalt exakt darzulegen und die relevanten Gesetze zu zitieren; es geht auch darum, sich als guten Bürger zu präsentieren.

Beide Seiten stellen einen Antrag, in dem sie ein Strafmaß vorschlagen. Auf dieser Grundlage urteilen die Richter dann per Mehrheitsentscheid mit Hilfe von Bronzescheiben (die verurteilenden sind durchbohrt, die freisprechenden nicht). Dabei können sie nur dem einen oder dem anderen Antrag zustimmen. Einen eigenen Antrag erarbeiten sie nicht. Die Funktion der Richter beschränkt sich auf die Abstimmung. Eine Befragung der Prozessparteien und der Zeugen seitens der Richter findet nicht statt. Eine Staatsanwaltschaft existiert ebenfalls nicht. Aus diesem Grunde ist die Popularklage, die bereits Solon eingeführt hat (dazu oben Abschnitt 2.2.3.2) weiterhin von großer Bedeutung. Sie ist in den Fällen möglich, in denen nicht nur die unmittelbar Beteiligten, sondern die gesamte Polis als betroffen gilt. Die Popularklage wird von der Privatklage unterschieden.

3.2.2.3 Die athenische Bevölkerung im 5. Jh. v. Chr.

Versucht man, die athenische Bevölkerung zu gliedern, so ist die zentrale Trennlinie diejenige zwischen Bürgern und Nichtbürgern. Bürger sind nach dem Bürgerrechtsgesetz des Perikles diejenigen, die väterlicher- und mütterlicherseits von athenischen Bürgern abstammen. Im 5. Jh. hat Athen etwa 30000 Bürger.

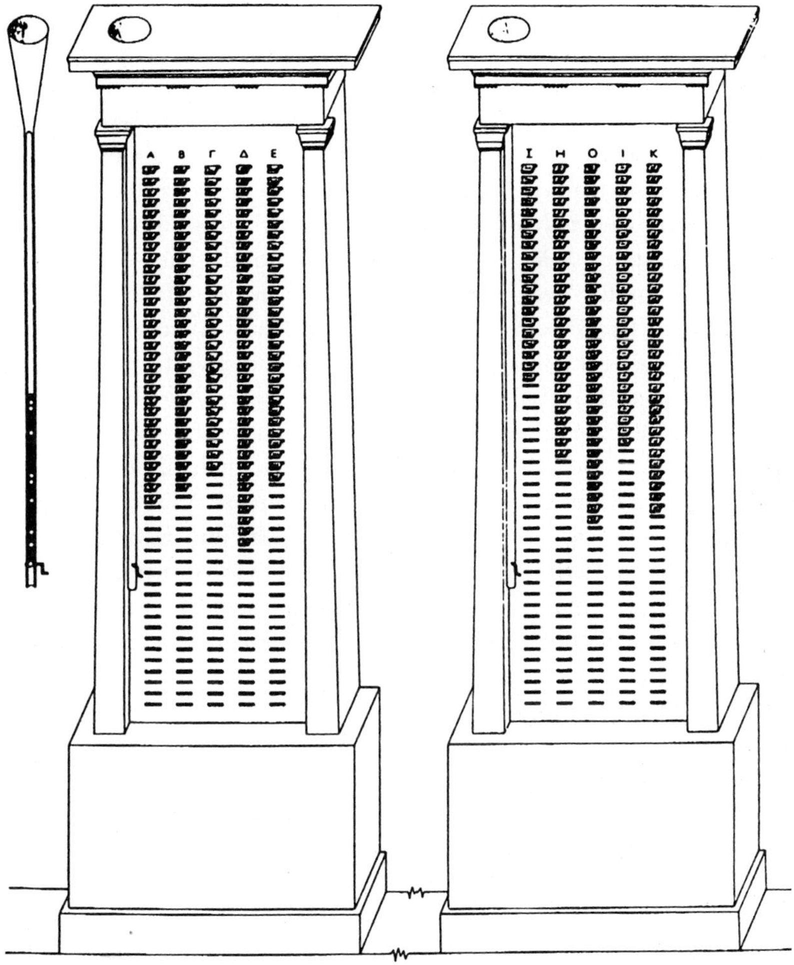

Abb. 20: **Losmaschinen für die Auslosung der Richter der einzelnen Gerichtshöfe (4. Jh.)**

Auch Frauen sind Bürger. Sie verfügen aber über keine politischen Rechte. Auch vor Gericht können sie nicht für sich selbst sprechen, sondern sind auf die Unterstützung ihres ‚Herren' (*kýrios*) angewiesen. Wenn sie verheiratet sind, ist das ihr Ehemann, andernfalls ihr Vater bzw. ein Bruder. Im 5. Jh. finden wir etwa in der **Komödie** sehr viele misogyne Aussagen. Sie sind darauf zurückzuführen, dass in Athen ein unterschwelliger Konflikt zwischen der Polis und den Häusern besteht. Man hat beständig die Sorge, dass die Häuser sich nicht im für die Demokratie erforderlichen Maße der Stadt unterstellen. Die Frau wird stets mit dem Haus in Zusammenhang gebracht und gemeinsam mit dem Haus abgewertet. Die Polis garantiert den Bürgern zumindest bis zu einem gewissen Grade politische Gleichheit; auf der Ebene der Häuser aber besteht noch immer Ungleichheit. Eine ökonomische Gleichheit hat die attische Demokratie zu keiner Zeit angestrebt. Besonders Adelshäuser werden der Polis kontrastierend gegenübergestellt, und zwar aus politischen Gründen: Die Adligen werden nach wie vor als Gefahr für die Demokratie angesehen. Es gibt zwar Adlige, die sich aktiv an der Politik beteiligen. Alle entscheidenden politischen Akteure der Zeit, die uns namentlich bekannt sind, stammen aus dem Adel. Viele Adlige aber zeigen sich mit der Demokratie unzufrieden. Der Konflikt zwischen der Stadt und den Häusern ist auch ein zentrales Thema der **Tragödien**.

Die ökonomische Ungleichheit wird gleichwohl aus der Politik nicht vollständig ausgeblendet. So wird von den reichen Bürgern in Kriegszeiten eine Vermögenssteuer (*eisphorá*) gefordert. Außerdem haben diese Personen Dienstleistungen für die Polis zu erbringen, sog. Leiturgien. Beispielsweise rüsten sie ein Kriegsschiff aus oder finanzieren einen Chor (eine Tanzgruppe, die auch singt) für ein Fest. Die anderen Bürger zahlen keine Steuern. Viele Vermögende übernehmen die Verpflichtungen, die an sie gerichtet werden, nicht ungern, denn sie gewähren ihnen die Chance, sich in der Polis zu präsentieren. Dies dürfte – neben der Möglichkeit, das Strategenamt zu bekleiden oder als Redner in der Volksversammlung die politische Initiative zu ergreifen – eine wesentliche Voraussetzung dafür gewesen sein, dass sich die Adligen mehrheitlich mit der Demokratie arrangieren.

Tragödie und Komödie Tragödie und Komödie spielen im klassischen Athen eine wichtige Rolle. Sie haben einen festen Platz im öffentlichen Leben. An den ‚Großen Dionysien', einem der zentralen Feste der Stadt, das die Athener jährlich zu Ehren des Gottes Dionysos feiern, findet ein Dramenwettbewerb statt. Dazu werden jeweils drei Dichter ausgewählt, die eine Tetralogie, d.h. drei Tragödien und ein Satyrspiel, die sie eigens für den Zweck verfassen, zur Aufführung bringen. Die Entscheidung über die Zuteilung der Preise trifft eine Jury, deren Mitglieder die Bürgerschaft wählt. Den Tragödien liegen meist mythische Stoffe zugrunde, die aber den aktuellen Bedürfnissen angepasst werden. Sie beziehen nicht konkret zur Tagespolitik Stellung, rekurrieren aber auf aktuelle Probleme und thematisieren sie in grundsätzlicher Weise. In den meisten Fällen geht es um Normenkonflikte, beispielsweise um die Frage, ob der oder die Einzelne sich stärker an den Erwartungen der Polis oder an denen der Familie zu orientieren hat. Die wichtigsten Tragödiendichter sind Aischylos (525/4–456/5 v.Chr.), Sophokles (ca. 497/6–406/5 v.Chr.) und Euripides (ca. 485/4–407/6 v.Chr.). Die Komödie äußert sich konkreter zum aktuellen Geschehen. Die meisten Komödien des 5. Jhs. stammen aus der Zeit des Peloponnesischen Krieges (dazu unten Abschnitt 3.3) und sind durch diesen geprägt. Sie behandeln innen- wie außenpolitische Themen in komischer, teils sarkastischer Manier. Sie karikieren und kritisieren etwa die Begeisterung der Athener für Gerichtsprozesse, das Wirken von Rhetoriklehrern, den sog. Sophisten, welche die athenischen Redner unterweisen, wie sie den Demos für sich gewinnen, oder auch die Sehnsucht nach Frieden, die sich im Verlaufe des Krieges bei vielen Bürgern nach katastrophalen politischen Fehlentscheidungen einstellt. Der wichtigste Komödiendichter dieser Zeit ist Aristophanes (ca. 445–380 v.Chr.). Die Tragödien wie die Komödien stellen für den Historiker zentrale Quellen dar, die gleichwohl nicht immer einfach zu interpretieren sind.

Von den Bürgern sind zwei Gruppen von Nichtbürgern abzugrenzen, die in Athen sesshaft sind: die **Metöken** und die **Sklaven**.

3.3 Der Peloponnesische Krieg (431–404 v. Chr.)

3.3.1 Die Vorgeschichte

Wir haben oben gesehen, dass die Konflikte zwischen dem Delisch-Attischen Seebund und dem Peloponnesischen Bund durch den Abschluss eines dreißigjährigen Friedensvertrages keineswegs beigelegt sind. Es bestehen nach wie vor Reibungspunkte, die schließlich in einen offenen Krieg münden.

Im Winter 432/1 v. Chr. forcieren beide Seiten ihre Rüstungsanstrengungen. Sparta ist zu Lande überlegen, Athen zu Wasser. 431 v. Chr. kommt es zum Krieg, von dem es oft heißt, dass Athen ihn gesucht und Sparta ihn nicht zu verhindern gesucht habe. In der Antike spricht man nicht von einem Peloponnesischen Krieg, sondern unterscheidet zwei Kriege:

1. den Archidamischen Krieg (431–421 v. Chr.), der nach dem spartanischen König Archidamos benannt ist, der auf Seiten des Peloponnesischen Bundes das Geschehen bestimmt und in den ersten Jahren die Übergriffe auf Athen anführt.
2. den Dekeleischen und Ionischen Krieg (414/13–404 v. Chr.). Der Begriff ‚Dekeleischer' Krieg rührt daher, dass die Spartaner 413 v. Chr. in Dekeleia in Attika einen Stützpunkt errichten, von dem aus sie die Halbinsel kontrollieren können. Als ‚Ionischen' Krieg bezeichnet man ihn deshalb, weil die entscheidenden Schlachten in dieser Phase im Ionischen Meer (der Ägäis) stattfinden.

3.3.2 Der Archidamische Krieg (431–421 v. Chr.)

Die Spartaner rücken ab 431 v. Chr. regelmäßig zur Zeit der Ernte in Attika ein, zerstören die Felder, holzen die Olivenbäume ab und verbrennen viele Häuser. Die Bevölkerung flieht hinter die **Langen Mauern**. Im Gegenzug verwüstet die attische Flotte immer

Metöken und Sklaven Metöken (‚Mitwohner') stammen aus anderen Städten und lassen sich in Athen nieder, meist um hier als Handwerker oder Händler tätig zu werden. Von den politischen Rechten sind sie ausgeschlossen. Sie haben eine spezielle Steuer (*metoíkion*) zu entrichten. Wenn sie vermögend sind, werden sie außerdem zur *eisphorá* herangezogen. Sie sind zum Kriegsdienst verpflichtet, dürfen aber in Athen kein Land erwerben. Im Unterschied zu den Sklaven sind sie persönlich frei. Über die Zahl der Metöken und der Sklaven haben wird keine zuverlässigen Angaben. Die Situation der Sklaven ist – je nachdem, wo sie tätig sind – sehr unterschiedlich. Gebildete Haussklaven, die etwa als Lehrer fungieren, leben unter sehr viel besseren Verhältnissen als die Staatssklaven, die beispielsweise in den Bergwerken arbeiten. Wird ein Sklave freigelassen, so erhält er in Athen den Status eines Metöken. Sklaven gelten in der heidnischen Antike – von den Auffassungen einiger Philosophen abgesehen – nicht als Menschen. Die Griechen bezeichnen sie als *andrápoda* = Menschenfüßler. Aristoteles betrachtet sie als ‚beseelten Besitz' ihres Herren.

Lange Mauern Die Langen Mauern sind ein Teil der athenischen Befestigungsanlagen, die unter Perikles ausgebaut worden sind. Sie umschließen die Stadt Athen sowie den Hafen Piräus, außerdem das zwischen Stadt und Hafen liegende Gebiet.

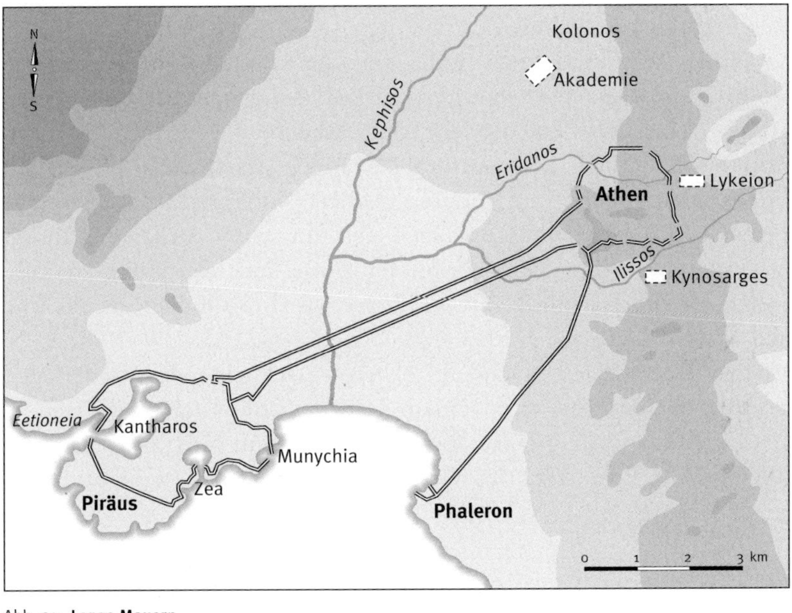

Abb. 21: **Lange Mauern**

wieder Küstenregionen der Peloponnes und erobert mehrere Inseln. Die athenische Politik wird noch immer von Perikles geleitet. Er ist auch für den Kriegsplan seitens der Athener verantwortlich, der sich dadurch auszeichnet, dass eine direkte Konfrontation mit den spartanischen Truppen vermieden wird und Athen keine intensive Expansionspolitik betreibt. 430 v. Chr. wird er noch einmal zum Strategen gewählt. Im darauf folgenden Jahr stirbt er an einer Epidemie, die in Athen grassiert.

In der Folgezeit kommt es in Athen zu Auseinandersetzungen um die richtige Kriegspolitik. Die neuen Protagonisten der Politik sind der Gerbereibesitzer Kleon und Nikias, der durch den Silberbergbau vermögend geworden ist. Anders als die früheren Redner stammen sie nicht aus dem Adel. Man schreibt ihnen gern zu, sich – im Unterschied zu Perikles – verstärkt am Willen des Volkes zu orientieren. Dies beruht v. a. auf der Einschätzung des Thukydides, die stark von der Tendenz geprägt ist, ein möglichst günstiges Bild des Perikles zu zeichnen.

Nikias tritt tatsächlich dafür ein, die von Perikles propagierte Politik fortzusetzen. Kleon spricht sich hingegen für ein aggressiveres Vorgehen aus, indem die Athener ihren hegemonialen Anspruch deutlich zum Ausdruck bringen. Als Sparta 425 v. Chr. ein Friedensangebot unterbreitet, plädiert Nikias dafür, dieses anzunehmen, Kleon lehnt ab und setzt sich mit seiner Auffassung in der Volksversammlung durch. Er bindet große Teile des Volkes an sich, indem er die Richterdiäten von zwei auf drei Obolen erhöht und die Matrikelbeiträge der Bündner heraufsetzt.

Erst 421 v. Chr., nachdem Athen einschneidende Niederlagen erlitten hat, kommt es zu einem Friedensschluss (‚Nikias-Friede'), den man auf fünfzig Jahre abschließt. Mit dem Vertrag werden im Wesentlichen die Vorkriegsverhältnisse wiederhergestellt und festgeschrieben.

3.3.3 Der Dekeleische und Ionische Krieg (414/13–404 v. Chr.)

Der Friede hält nicht lange an. In Athen spricht sich besonders Alkibiades, ein Neffe des Perikles, der 420 v. Chr. erstmals zum Strategen gewählt wird, für die Wiederaufnahme des Krieges aus

Quelle: Eine neue Generation von Politikern

Aber die Späteren, untereinander eher gleichen Ranges und nur bemüht, jeder der Erste zu werden, gingen sogar so weit, die Führung der Geschäfte den Launen des Volkes auszuliefern. Daher wurden immer wieder, bei der Größe der Stadt und ihrer Herrschaft, viele Fehler begangen.
(Thukydides 2,65,10)

Solange nun Perikles Vorsteher des Volkes war, stand es mit der Verfassung noch gut: Viel schlimmer wurde es nach seinem Tode. Denn da zum ersten Mal wählte sich das Volk einen Vorsteher, der bei den Adligen keinerlei Ansehen besaß. In früheren Zeiten waren immer die Adligen die Anführer des Volkes gewesen. (...) Als dann Perikles starb, wurde Nikias, der später in Sizilien fiel, Führer der Vornehmen und beim Volk Kleon, der Sohn des Kleainetos, der durch seine Hemmungslosigkeiten vor allem das Volk verdorben zu haben schien: Als Erster schrie er auf der Rednertribüne und schimpfte und riss an den Kleidern, während die anderen in Ruhe sprachen.
(Aristoteles, Staat der Athener 28)

Quelle: Alkibiades

Von den Athenern redeten die meisten, die auftraten, für den Feldzug, man solle das Beschlossene nicht umstürzen, es gab aber auch Gegenstimmen. Am leidenschaftlichsten trieb zu dem Zug Alkibiades, Kleinias' Sohn, aus Widerspruch gegen Nikias, mit dem er auch sonst uneins war in Staatsdingen und der ihn ebenso bloßgestellt hatte, vor allem aber wünschte er Feldherr zu sein und hoffte, dadurch Sizilien zu erobern und Karthago und für sich selbst zugleich, wenn er Erfolg habe, Geld und Ruhm zu gewinnen. Denn hoch angesehen in der Stadt, frönte er großen Leidenschaften über sein Vermögen mit den Pferden, die er hielt, und sonstigem Aufwand. Und gerade das wurde einer der Hauptgründe für den Untergang Athens. Denn da die Menge erschrak vor dem Übermaß seiner persönlichen, ganz überbürgerlichen Lebensführung wie auch vor dem geistigen Schwung, womit er jedes einzelne vorkommende Geschäft betrieb, so wurden sie, als wolle er Tyrann werden, seine Feinde, und während er in seinem Amt für den Krieg die besten Anordnungen traf, stießen sich die einzelnen Bürger an seinem Gehabe, gaben die Vollmachten anderen und rissen gar bald damit die Stadt zu Boden.
(Thukydides 6,15,1–4)

und gewinnt einen Großteil der Volkes für diese Politik. Gleichwohl geht es ihm nicht darum, für eine Politik einzutreten, die sich entschieden an den Interessen des Demos orientiert. Er ist auch kein überzeugter Anhänger der Demokratie. Seine Hauptmotivation ist persönlicher Ehrgeiz.

Alkibiades gelingt es, die Athener zu einer außerordentlichen militärischen Unternehmung zu motivieren: der Sizilischen Expedition (415–413 v. Chr.). Er veranlasst die Volksversammlung, ein Korps nach Sizilien zu schicken, um der mit Athen verbündeten sizilischen Stadt Segesta gegen die Stadt Selinus, die ihrerseits mit Syrakus assoziiert ist, zu Hilfe zu kommen. Tatsächlich entsenden die Athener die größte Flotte, über welche die Stadt je verfügt hat. Das eigentliche Kriegsziel scheint weit über die Hilfe für Segesta hinauszugehen: Die Athener versuchen Syrakus einzunehmen, was jedoch misslingt. Bei der Belagerung der Stadt von der See aus wird die athenische Flotte geschlagen. Diese Niederlage im Jahre 413 v. Chr. ist eine der schwersten, welche die Stadt bislang erlitten hat. Alkibiades wird schon vorher nach Athen zurückberufen. Er soll wegen eines Religionsfrevels vor Gericht gestellt werden. Dem Prozess entzieht er sich durch Flucht nach Sparta.

Von nun an unternimmt Sparta wieder Übergriffe auf Attika. Dabei beschränkt es sich nicht mehr auf die jährlichen Attacken, die von der Peloponnes aus vorgenommen werden, sondern errichtet in Dekeleia in Attika einen festen Stützpunkt, von dem aus es jederzeit angreifen kann.

In der Folgezeit kommt es zu einer Reihe von Auseinandersetzungen in der Ägäis. 407 v. Chr. erfährt die athenische Flotte eine Niederlage bei Notion an der kleinasiatischen Küste. 406 erringen die Athener in der Seeschlacht bei den Arginusen, einer Inselgruppe südöstlich von Lesbos, zwar einen Sieg über die Spartaner, jedoch wird die athenische Flotte im Anschluss daran durch ein Unwetter zerstört. In Athen findet daraufhin ein Prozess gegen die verantwortlichen Strategen statt, in dem man ihnen vorwirft, nicht genügend für die Rettung der Schiffbrüchigen unternommen zu haben. Sie werden zum Tode verurteilt. Der Rest der athenischen Flotte wird 405 bei Aigospotamoi am Hellespont vernichtet, wo sie überraschend vom Spartanerkönig Lysander angegriffen wird. Die

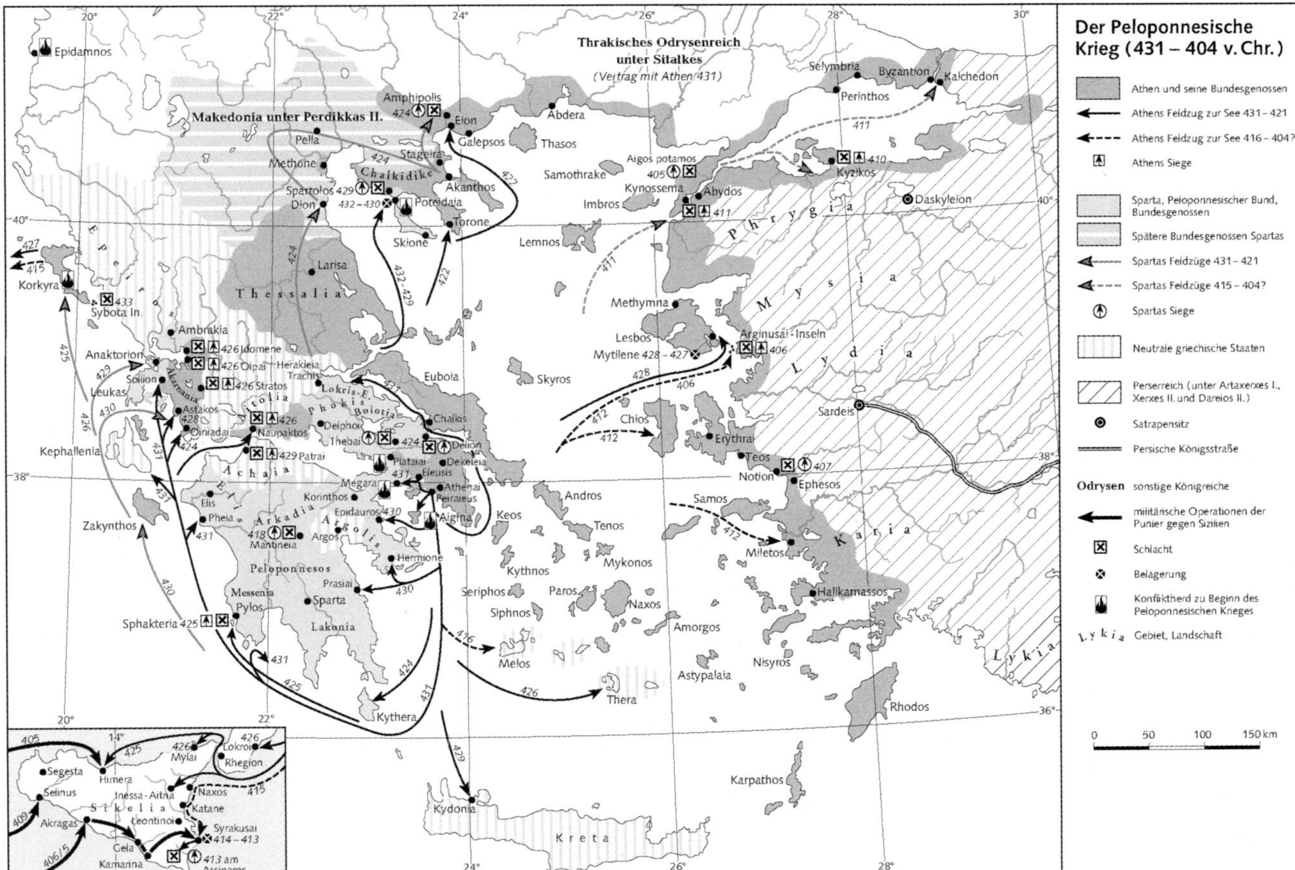

Karte 7: **Der Peloponnesische Krieg**

athenische Vorherrschaft in der Ägäis bricht daraufhin zusammen; die allermeisten Bündner fallen von Athen ab. Im Sommer 404 kapituliert Athen, die Spartaner besetzen unter Führung Lysanders die Stadt.

Während des Peloponnesischen Krieges ereignen sich in Athen zwei oligarchische Umstürze. Die antidemokratischen Kräfte sehen nun eine Chance, die Demokratie zu überwinden. Im Jahre 411 v. Chr. beschließt die Volksversammlung die Auflösung der demokratischen Institutionen. Nur 5000 Bürger sollen im Besitz der politischen Rechte bleiben. Die Regierung wird einem Rat von 400 Personen übertragen. Tatsächlich herrscht allein der Rat, so dass man auch von der ‚Herrschaft der 400' spricht. Möglich ist dieser Umsturz nur durch die gescheiterte Sizilische Expedition. Viele Athener zeigen sich durch die Niederlage irritiert. Bei der Abstimmung, die zur Abschaffung der Demokratie führt, ist zudem die Flotte noch nicht nach Athen zurückgekehrt, so dass ein Großteil der Bürger gar nicht präsent ist. Das Regime kann sich allerdings nur bis zum Herbst des Jahres halten.

Ein zweiter oligarchischer Putsch ereignet sich gegen Ende des Krieges 404 v. Chr. mit spartanischer Unterstützung. Er mündet in das Regime der sog. ‚Dreißig Tyrannen', die in Athen eine Schreckensherrschaft errichten. Viele Athener fliehen in andere Städte. In Theben formiert sich eine demokratische Widerstandsbewegung, die im Frühjahr 403 in Piräus eintrifft. Die ‚Dreißig' werden gestürzt. Dennoch kommt es nicht sofort zur Aussöhnung zwischen den prooligarchisch gesinnten Gruppierungen in der Stadt und den Anhängern der Demokratie in Piräus. Erst unter Vermittlung Spartas wird im Oktober 403 ein Ausgleich erlangt. Die Demokratie wird wieder eingeführt. Alle bis auf die ‚Dreißig' und die ‚Zehn', welche ein Teil des Terrorregimes der ‚Dreißig' waren, werden amnestiert. Für kurze Zeit entsteht aber ein oligarchischer Sonderstaat in Eleusis für diejenigen Anhänger der Oligarchie, welche der Versöhnung noch nicht trauen. Er wird 401/0 aufgelöst, womit die politische Einheit Athens formal wiederhergestellt ist.

Wie stark die Athener aber noch immer irritiert sind, demonstriert etwa der Prozess gegen den Philosophen Sokrates 399 v. Chr. Man wirft ihm ‚Gottlosigkeit' (*asébeia*) vor und verurteilt ihn zum Tode: Er soll die Götter der staatlichen Kulte nicht aner-

Quelle: Die Herrschaft der ‚Dreißig' in Athen

Denn im folgenden Jahre im Archontat des Alexias (405 v. Chr.) erlitten sie (die Athener) die Niederlage in der Seeschlacht bei Aigospotamoi, worauf dann Lysander zum Herrn der Stadt wurde und das Regiment der Dreißig einrichtete, und zwar in folgender Weise. Der Friedensschluss hatte ihnen gestattet, in der althergebrachten Verfassung weiterzuleben, und so suchten die Demokraten die Demokratie zu retten, die Vornehmen aber, soweit sie in den Klubs waren, und die Verbannten, die nach dem Friedensschluss wieder heimkehren konnten, wünschten eine Oligarchie. Jene endlich, die nicht an einen Klub angeschlossen waren, aber darum nicht schlechter waren als die anderen, erstrebten die Verfassung der früheren Zeit (...). Ihr Anführer war vorzugsweise Theramenes. Lysander aber entschied sich für die Oligarchen, und das eingeschüchterte Volk wurde gezwungen, für die Oligarchie zu stimmen. (...) (35) Auf diese Weise wurde also das Regiment der Dreißig eingerichtet unter dem Archontat des Pythodoros (404 v. Chr). Als sie die Herrschaft im Staate gewonnen hatten, da missachteten sie die sonstigen Beschlüsse hinsichtlich der Verfassung. Sie bestellten 500 Ratsherren und die anderen Behörden aus einer Liste von 1 000 ausgewählten Bürgern und nahmen außerdem 10 Verwalter des Piraeus hinzu, 11 Gefängniswärter und 300 Peitschenträger als Diener, und regierten so die Stadt. Am Anfang begegneten sie den Bürgern maßvoll und schienen sich nach der althergebrachten Verfassung zu richten. Sie beseitigten die Gesetze des Ephialtes und des Archestratos über den Areopag und ebenso die Gesetze Solons, die zu Diskussionen Anlass boten, ebenso die Selbstständigkeit der Richter, um so die Verfassung aufzurichten und den Streitigkeiten zu entziehen. (...) Am Anfang handelten sie also so und beseitigten die Sykophanten und die, die dem Volk gegen dessen Interesse schmeichelten, Übeltäter und schlechte Menschen waren. Über dieses Vorgehen freute sich die Stadt und meinte, jene täten es zum Wohle des Staates. Als sie aber den Staat fester in ihre Hand bekommen hatten, da schonten sie keinen einzigen Bürger, sondern töteten auch die, die an Vermögen, Herkunft und Ansehen hervorragten, um sich die Angst vom Halse zu schaffen und um die Vermögen konfiszieren zu können. Und nach einer kurzen Zeit hatten sie nicht weniger als 1500 Bürger beseitigt.
(Aristoteles, Der Staat der Athener 34 f.)

kannt, die Jugend verdorben und neue Götter eingeführt haben. Dennoch ist er kein Anhänger der Oligarchie, wie man vermutet. Seine kritische Haltung der athenischen Demokratie gegenüber ist vielmehr spezifisch philosophisch begründet: Er sucht das herkömmliche Wissen als Scheinwissen zu entlarven und stellt die traditionellen Normen in Frage. Die Mehrzahl der Athener zeigt für derartige Bestrebungen kein Verständnis. In weniger angespannten Zeiten fühlt sie sich dadurch jedoch nicht bedroht und geht nicht dagegen vor. Die Stadt ist im Gegenteil gewöhnlich ein Ort, an dem Philosophen, Dichter und bildende Künstler aus der ganzen griechischen Welt zusammenkommen und sich niederlassen.

3.4 Athen im 4. Jh. v. Chr.

3.4.1 Die politische Entwicklung

Die Folgen der Niederlage sind für Athen einschneidend. Der Seebund wird aufgelöst, ebenso die Kleruchien. Die Mauern werden geschleift. Die Spartaner treten jedoch dafür ein, Athen nicht gänzlich zu vernichten, wie einige Mitglieder des Peloponnesischen Bundes vorschlagen. Sie wollen Athen erhalten, um den Bund auch weiterhin legitimieren und Autonomiebestrebungen von Bündnern entgegenwirken zu können.

Nach dem Sturz der Herrschaft der ‚Dreißig' wird die Demokratie in Athen wiederhergestellt. Die Stadt erholt sich von der Niederlage außerordentlich schnell. Die Athener errichten ihre Mauern wieder und können schon nach kurzer Zeit eine neue Flotte bauen. Im Korinthischen Krieg (395–386 v. Chr.) bringt die athenische Flotte unter dem Strategen Konon den Spartanern eine schwere Niederlage bei. Der Krieg endet mit dem sog. ‚**Königsfrieden**'. Mit dem Sieg gewinnt Athen seinen außenpolitischen Handlungsspielraum zurück. Im Jahre 377 v. Chr. gründet es einen neuen Seebund, der nun besonders gegen Sparta gerichtet ist. Er unterscheidet sich anfänglich von dem des 5. Jhs.: So werden Freiheit und Autonomie der Bündner ausdrücklich garantiert. Auch wird eine Bundesversammlung (*synédrion*) eingerichtet, die an allen Entschei-

Der Königsfriede und die nachfolgende politische Entwicklung in Griechenland Der Königsfriede wird auch als ‚Antalkidasfriede' bezeichnet, da der Spartaner Antalkidas ihn mit dem persischen Großkönig (die Perser waren ebenfalls an dem Krieg beteiligt) schließt. Man vereinbart einen allgemeinen Frieden (*koiné eiréné*), der jedoch nicht lange Bestand hat, da die Rivalitäten andauern. Daran ändert sich auch nichts, als die Spartaner 371 v. Chr. bei Leuktra von den Thebanern mittels der Technik der ‚schiefen Schlachtordnung' geschlagen werden. Theben wird damit neben Athen zur zweiten Großmacht in Griechenland. Weder Theben noch Athen gelingt es jedoch, die Rolle einer Ordnungsmacht einzunehmen. Die thebanische Macht endet bereits 362 v. Chr. mit der Schlacht bei Mantineia, wo die Thebaner und ihre Verbündeten zwar siegen, in der aber der thebanische Oberbefehlshaber Epameinondas fällt.

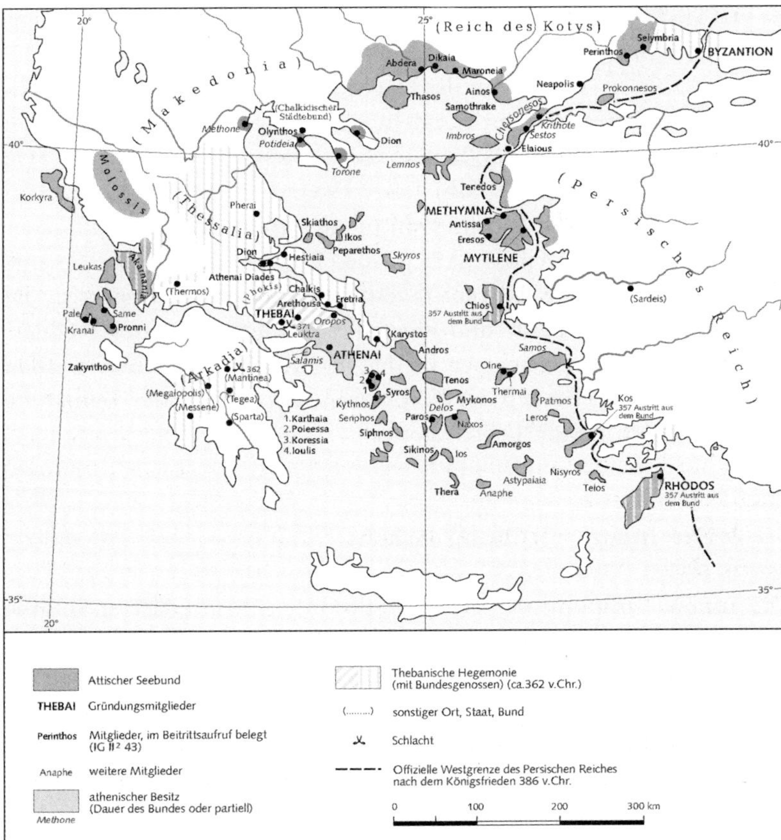

Karte 8: **Der Attische Seebund im 4. Jh. v. Chr.**

dungen beteiligt sein soll. Nach wenigen Jahren beanspruchen die Athener für sich jedoch wieder eine Vormachtstellung innerhalb des Bundes. Die Bündner müssen erneut Zahlungen leisten, die nun allerdings ‚Beiträge' (*syntáxeis*), nicht mehr ‚Tribute' (*phóroi*) genannt werden. Es kommt zu ähnlicher Unzufriedenheit der Bündner wie im Jahrhundert zuvor. In einem Bundesgenossenkrieg 357–355 v. Chr. versuchen einige von ihnen, einen Sonderbund zu gründen. Athen kann die Austrittswilligen, deren Zahl immer weiter anwächst, nicht halten. Nur einige wenige Inseln bleiben den Athenern treu.

Die Stadt wird dadurch militärisch wie wirtschaftlich geschwächt, kann sich aber in den Jahren nach dem Krieg wieder erholen. Die Athener führen eine zentrale Staatskasse (das *theōrikón*) ein, um die finanziellen Mittel zu bündeln und Ausgaben gezielter planen zu können. Das Amt des Leiters der Staatskasse, das ebenso wie das Strategenamt durch Wahl besetzt wird, erlaubt maßgeblichen Einfluss auf die Politik. Ein prominentes Beispiel ist Eubulos, der nach dem Bundesgenossenkrieg die Finanzpolitik im Wesentlichen bestimmt. Die Athener investieren zunächst besonders in die Ausgestaltung der Stadt und danach – auf Initiative des Redners Demosthenes – auch wieder in den Flottenbau. Daneben werden nun auch für den Besuch der Volksversammlung und die Teilnahme an öffentlichen Festen Diäten gezahlt.

3.4.2 Die innere Ordnung Athens

Die innere Ordnung der Demokratie unterscheidet sich geringfügig von der des 5. Jhs.: Man differenziert nun zwischen Gesetzen mit dauerhaftem Regelungsanspruch (*nómoi*) und eher situativen Beschlüssen (*psephísmata*). Die Volksversammlung ist nur noch für letztere zuständig. Die Überprüfung der Gesetze und ggf. die Formulierung neuer ist jetzt Aufgabe einer Nomothetenkommission, die bei Bedarf von der Volksversammlung eingesetzt wird. Das neue Gesetzgebungsverfahren schwächt die Demokratie keineswegs, sondern stabilisiert sie eher, indem es ihr normatives Fundament stärkt. Es werden nur noch sehr wenige Gesetze geschaffen, was die Athener aber keinesfalls als Defizit ansehen: Sie beanspruchen für

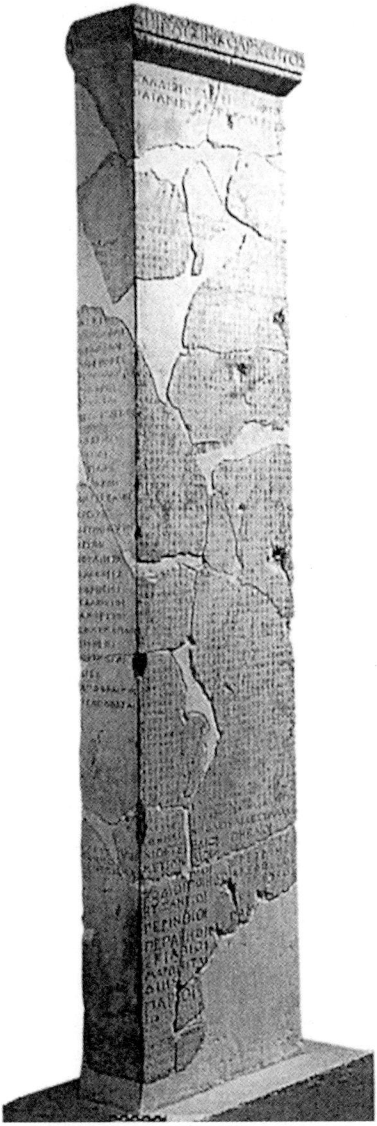

Abb. 22: **Eine der Tributlisten des Delisch-Attischen Seebundes (5. Jh.)**

Abb. 23: **Demosthenes**

sich, nach den **solonischen Gesetzen** zu leben. Neue Gesetze zu erlassen, scheint ihnen nur gerechtfertigt, wenn diese das solonische Gesetzeswerk perfektionieren. Die Athener begreifen ihre Demokratie im 4. Jh. vielfach als Gesetzesherrschaft, wobei diese aber nach ihrer Vorstellung unlösbar mit einer Herrschaft der Gerichte und damit der Herrschaft des Volkes verbunden ist.

Die Kompetenzen der Gerichte werden zuungunsten der Volksversammlung gestärkt. Hintergrund dafür ist möglicherweise die Erfahrung des Peloponnesischen Krieges, dass die Volksversammlung sich in prekären Situationen leicht motivieren lässt, Entscheidungen zu treffen, die dem Gemeinwesen schaden.

Insgesamt kann man für das 4. Jh. von einer Ausdifferenzierung der politischen Verfahren und zugleich von einer Versachlichung der Politik sprechen. Die Bürger reflektieren auch intensiver über ihre politische Ordnung als zuvor. Besonders die Rhetorik liefert dafür ein wichtiges Zeugnis.

Die Demokratie in Athen scheitert somit nicht an inneren Defiziten, sondern wird im Zuge des Vorstoßes der Makedonen in Griechenland von außen zerstört. Wir werden im Abschnitt 5 darauf zurückkommen.

Solonische Gesetze Die Gesetze Solons werden gegen Ende des Peloponnesischen Krieges gesammelt und erneut aufgeschrieben. Die urspünglichen hölzernen Tafeln sind bei der Zerstörung Athens in den Perserkriegen vernichtet worden. Im Zuge dieser Gesetzesaufzeichnung werden Solon auch diverse Gesetze zugeschrieben, die erst nach seiner Zeit entstanden bzw. später erheblich erweitert worden sind.

Quelle: Hochschätzung der Gesetze im Athen des 4. Jhs.

(Aus der Rede des Demosthenes gegen Timokrates:)
Man muss auch diesen Gesichtspunkt beachten, dass viele hellenische Völker oft per Abstimmung entschieden haben, die athenischen Gesetze zu übernehmen. Darauf solltet ihr selbstverständlich stolz sein. Denn es scheint mir die Aussage wahr zu sein, die jemand vor eurem Gericht machte, dass nämlich alle weisen Männer die Gesetze als das Wesen einer Stadt betrachten. Daher sollten wir darauf achten, dass die Gesetze so gut wie möglich sind, und wir sollten diejenigen bestrafen, die gegen die Gesetze verstoßen. Denn wenn ihr euch den Gesetzen gegenüber nachlässig verhaltet, werdet ihr euer hohes Ansehen verlieren und der Stadt einen ungünstigen Ruf verschaffen. Wenn ihr zu Recht Solon und Drakon lobt (...), solltet ihr die Männer bestrafen, die Gesetzesvorschläge einbringen, die dem Geist dieser Gesetzgeber zuwiderlaufen.
(Demosthenes [384–322 v. Chr.] 24,120)

4 Der Sonderfall Sparta

4.1 Das archaische Sparta

Sparta ist eine dorische Siedlung, die in den Dark Ages entsteht. Sie liegt in Lakonien, einer Landschaft im Süden der Peloponnes. Sparta ist eine Polis, anfänglich jedoch keine Stadt. Urbane Strukturen weist es nur in sehr bescheidenem Umfang auf. Es besteht aus vier Dörfern; ein fünftes kommt später hinzu.

Die Ansiedlung der Dorer erfolgt nicht friedlich; die Vorfahren der Spartiaten arrangieren sich nicht mit der indigenen Bevölkerung, sondern unterwerfen diese. Sie behandeln die bisherigen Bewohner, die sie als **Heloten** bezeichnen, als Unfreie. Daraus entsteht ein Konfliktpotential, das die gesamte Geschichte Spartas prägen wird. Neben Spartiaten (den spartanischen Bürgern) und Heloten gibt es eine dritte Bevölkerungsgruppe, die Perióken (‚Umwohner'). Ihr Status lässt sich mit dem der Metöken in Athen vergleichen: Sie sind persönlich frei, verfügen aber über keine politischen Rechte. Gleichwohl sind sie zur Heeresfolge verpflichtet. Im Unterschied zu den athenischen Metöken leben sie in eigenen Siedlungen, die im Inneren autonom, außenpolitisch und militärisch aber von Sparta abhängig sind.

In früharchaischer Zeit scheint sich die Geschichte Spartas nicht grundlegend von der anderer Poleis zu unterscheiden. Auch hier gibt es einen Adel, der demonstrativen Konsum betreibt und Gastfreundschaften mit den Adligen anderer Poleis pflegt. Wie in vielen Stadtstaaten kommt es zu einer großen Gesetzgebung. Der Grund dafür scheint in inneren Konflikten zu liegen. Als Gesetzgeber nennt die Überlieferung einen gewissen Lykurg; ob es sich bei ihm um eine historische Persönlichkeit handelt, lässt sich nicht sicher entscheiden. Der Tradition zufolge leitet er die Gesetze vom delphischen Apoll her; er propagiert sie als ein Orakel und begründet sie damit religiös. Wer gegen sie verstößt, begeht entsprechend ein Sakrileg. Das Gesetzeswerk wird als *rhétra* bezeichnet, was wahrscheinlich so viel wie einen (göttlichen) Ausspruch meint.

Im Unterschied zu Athen und zahlreichen anderen Poleis wird diese Gesetzgebung also nicht durch Beschluss der Volksversamm-

Heloten Es lassen sich zwei Typen von Heloten unterscheiden: die lakonischen, die in der unmittelbaren Umgebung Spartas leben und seit der spartanischen Landnahme unterdrückt werden, und die messenischen. Letztere leben in Messenien, einer Landschaft westlich von Lakonien gelegen, die Sparta in mehreren Kriegen einnimmt. Besonders die messenischen Heloten versuchen immer wieder, sich aus der Abhängigkeit zu befreien. Die Heloten sind den Spartiaten zahlenmäßig weit überlegen.

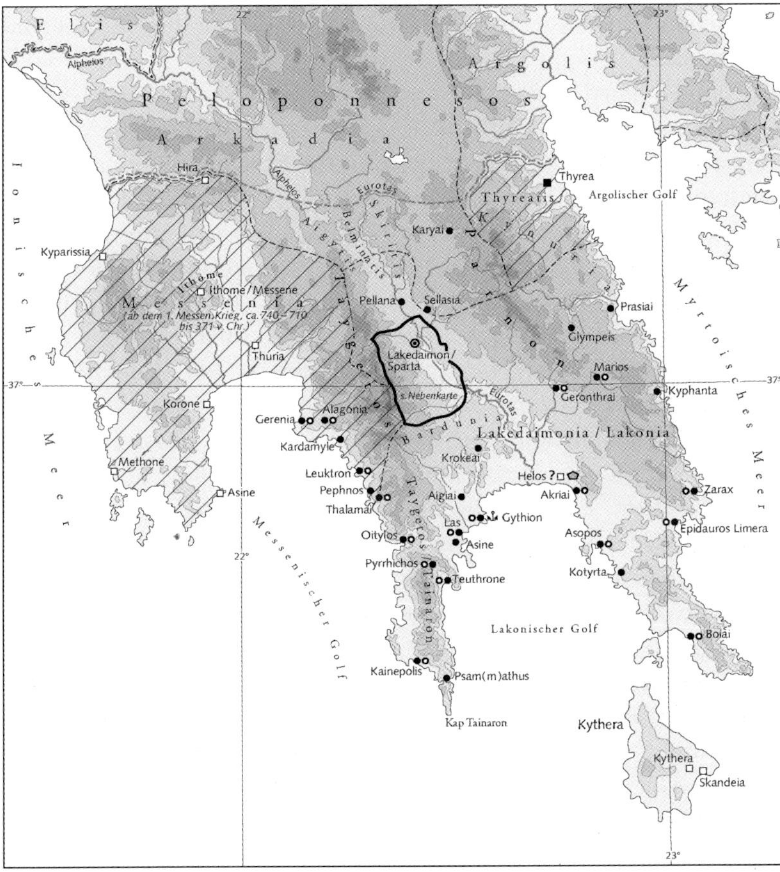

Karte 9: **Sparta**

lung legitimiert. Die Gesetze werden auch nicht verschriftet und der bürgerlichen Öffentlickeit präsentiert.

Den Kern des Gesetzeswerkes bildet die sog. ‚Große Rhetra', deren Gehalt uns literarisch durch eine spätere Quelle überliefert ist. Sie unterscheidet sich von den Gesetzgebungen der Mehrzahl der Poleis auch dahingehend, dass sie nicht eine Vielzahl von Regelungen für diverse Konfliktsituationen umfasst, sondern die politische und gesellschaftliche Ordnung als ganze thematisiert und festschreibt.

Geregelt wird besonders das Verhältnis zwischen den beiden Königen (eine Eigentümlichkeit Spartas liegt darin, dass es zwei Könige aufweist, die aus zwei bestimmten Familien stammen), dem Ältestenrat (*gerusía*) und der Volksversammlung (*apélla*). Die Volksversammlung muss regelmäßig einberufen werden. Ihre Funktion ist es, über Anträge, die von den Königen oder aus dem Ältestenrat eingebracht werden, abzustimmen. Sog. ‚krumme' Beschlüsse des Volkes können Könige und Rat jedoch aufheben. Weiterhin ist der Versuch zu erkennen, die Könige in den Rat einzubinden. Sie fungieren zwar als Vorsitzende der *gerusía*, agieren aber nicht mehr unabhängig von dieser. Ähnlich wie bei der kleisthenischen Ordnung wird eine Neugliederung des Stadtgebietes vorgenommen: Es wird nach ‚Stämmen' (*phýlai*) und ‚Dörfern' (*ōbaí*) gegliedert. Intention ist wohl auch hier, bestehende lokale Bindungen aufzubrechen und das Zusammengehörigkeitsgefühl innerhalb der Bürgerschaft sowie die Identifikation mit der Stadt zu stärken.

Möchte man diese Ordnung charakterisieren, so lässt sie sich am ehesten als Aristokratie beschreiben. Die Rechte des Volkes werden zwar erhöht, die Volksversammlung wird aber dem Rat und den Königen klar untergeordnet. Die Könige werden durch den Rat in höherem Maße kontrolliert als zuvor.

4.2 Der spartanische Kosmos

Bis zum Zweiten Messenischen Krieg (ca. 660–640 v. Chr.), dem bislang größten Aufstand der messenischen Heloten, der Sparta existentiell bedroht, entwickelt sich die Stadt in ähnlicher Weise

Quelle: Mutmaßungen über die Person Lykurgs

Über den Gesetzgeber Lykurg kann man schlechthin nichts sagen, das nicht umstritten wäre. Über seine Abkunft, seine Reisen, seinen Tod, vor allem auch über seine Tätigkeit als Gesetzgeber und Staatsgründer, liegen ganz verschiedene Darstellungen vor, und am wenigsten herrscht über die Zeit, zu der der Mann gelebt hat, Übereinstimmung. Die einen sagen, er sei ein Zeitgenosse des Iphitos gewesen und habe mit ihm die Waffenruhe während der Olympischen Spiele eingeführt; so auch der Philosoph Aristoteles, der als Beweis den Diskus in Olympia anführt, auf dem man den Namen des Lykurg eingegraben sieht. Andere errechnen die Zeit nach der Folge der Könige in Sparta – so Eratosthenes und Apollodor – und erklären, er müsse geraume Zeit vor der ersten Olympiade gelebt haben. Timaios vermutet, es hätten in Sparta zwei Männer des Namens Lykurg zu verschiedenen Zeiten gelebt, und dem einen seien wegen seines Ruhmes die Taten beider zugeschrieben worden, und zwar habe der ältere nicht viel nach Homer gelebt, ja, er habe ihn, nach einigen, sogar noch persönlich gekannt. Auch Xenophon liefert für die Annahme eines hohen Alters eine Stütze, wenn er sagt, Lykurg habe zur Zeit der Herakliden gelebt.
(Plutarch [ca. 45–125 n. Chr.], Lykurg 1)

Quelle: Aus der Lykurg zugeschriebenen Ordnung

Unter den verschiedenen Neuerungen, die Lykurg einführte, war die erste und wichtigste die Einsetzung des Rates der Geronten, von dem Platon sagt, dass er, der hitzigen Königsmacht beigemischt und ihr für die wichtigsten Entscheidungen an Rechten gleichgestellt, Wohlfahrt und Vernunft geschaffen habe. (...) (6) So sehr lag diese Behörde dem Lykurg am Herzen, dass er über sie ein Orakel aus Delphi einholte, welches man Rhetra nennt. Es lautet folgendermaßen: „Gründe ein Heiligtum des Zeus Syllanios und der Athena Syllania, schaffe Stämme (Phylen) und Gemeinden (Oben), bestimme einen Ältestenrat (Gerusia) von dreißig mit den Königen, halte von Zeit zu Zeit eine Volksversammlung zwischen Babyka und Knakion. Dann schlägst du vor und lässt abtreten. Entscheidung und Bestätigung soll dem Volk zustehen." Nach Aristoteles war der Knakion ein Fluss und die Babyka eine Brücke. Zwischen diesen Örtlichkeiten hielten sie ihre Versammlungen, und es gab da keine Hallen noch sonst welche Gebäude. (...) Als später die Menge durch Streichen und Zusetzen die Anträge verdrehte und verfälschte, fügten die Könige Polydoros und Theopompos folgenden Satz in die Rhetra ein: „Wenn aber das Volk eine krumme Entscheidung trifft, sollen die Ältesten und die Könige es abtreten lassen", das heißt den Entscheid nicht annehmen, sondern das Volk abtreten lassen und auflösen, da es den Antrag entgegen dem Wohl des Staates verdrehe und verändere.
(Plutarch, Lykurg 5 f.)

wie andere Poleis. Danach bildet sich ein ‚Sonderweg' heraus, der durch die spezielle Problematik der Stadt begründet ist. Sukzessive (bis etwa 550 v. Chr.) entwickelt sich eine eigentümliche Ordnung, die als spartanischer ‚Kosmos' (= Ordnung) bezeichnet wird. Seine offenkundigste Besonderheit liegt darin, dass sich die Spartiaten in extremer Weise auf die Polis ausrichten. Die detailliertesten Informationen über den Kosmos erhalten wir durch Xenophons „Verfassung der Spartaner", eine Schrift aus dem 4. Jh. v. Chr. Bei diesem Text ist zu beachten, dass Xenophon – im Unterschied zur Mehrzahl der heutigen Forscher – den Kosmos auf Lykurg zurückführt.

Hinsichtlich der politischen Institutionen ändert sich gegenüber der lykurgischen Ordnung nur wenig: Die Könige sind wie zuvor vor allem für die Heerführung zuständig. Die Tatsache, dass sie in dem Bereich seit früharchaischer Zeit eine wichtige Funktion für das Gemeinwesen ausüben, dürfte der Grund dafür sein, dass sich das Königtum in Sparta erhält. Weiterhin sind sie für die Kommunikation mit den Göttern verantwortlich: Sie befragen das delphische Orakel, beobachten Naturerscheinungen, um den Willen der Götter zu erkunden, und führen Opfer durch. Auf diese Weise gewinnen sie großen Einfluss auf die politischen Entscheidungen. Mit der Zeit versucht man aber diesen einzudämmen: Die Könige müssen in klassischer Zeit Rechenschaft über ihr Tun ablegen. Die Heerführung kann nun auch von anderen Spartiaten übernommen werden. Den Vorsitz im Rat verlieren sie an die Ephoren; sie bleiben jedoch Ratsmitglieder. Auch ihre innenpolitische Gestaltungsmöglichkeit nimmt ab.

Bestehen bleibt weiterhin der Rat (*gerusía*), dessen Mitglieder über 60 Jahre alt sein müssen. Es handelt sich um insgesamt 30 Personen, darunter die beiden Könige. Die Mitglieder werden von der Volksversammlung durch Zuruf bestimmt. Die *gerusía* berät die Gegenstände vor, die dann zur Abstimmung an die Volksversammlung weitergeleitet werden. In Strafprozessen fungiert sie auch als Gericht.

Mitglieder der Volksversammlung sind alle männlichen Spartiaten über 30 Jahre. Die *apélla* kann grundsätzlich über alle Gegenstände des öffentlichen Lebens entscheiden, faktisch allerdings nur über diejenigen, welche ihr vorgelegt werden. Die Abstimmung

Quelle: Die Könige

Ich will ebenfalls darlegen, welche Übereinkunft Lykurg zwischen dem König und der Stadt traf, denn dies ist die einzige Herrschaft, die so fortdauert, wie sie zu Beginn festgesetzt wurde; die anderen Verfassungen wird man verändert und auch heute noch im Zustand der Veränderung finden. (2) Er bestimmte nämlich, dass der König alle öffentlichen Opfer für den Staat vollziehe – kraft seiner göttlichen Abstammung – und dass er das Heer, wohin es die Stadt entsenden möge, befehlige. (3) Er verordnete ebenfalls, dass er seine Ehrengabe von den dargebrachten Opfern erhalte, und gab ihm so viel ausgewähltes Land in vielen der Perioikenstädte, dass er weder Mangel an den notwendigen Dingen des Lebens hatte, noch durch Reichtum hervorragte. (4) Damit aber auch die Könige in der Öffentlichkeit speisen, wies er ihnen ein öffentliches Zelt zu und ehrte sie durch eine doppelte Ration bei der Mahlzeit, nicht damit sie das Doppelte äßen, sondern damit sie hierdurch die Möglichkeit hätten, jemanden zu ehren, wenn sie wollen. (5) Überdies erlaubte er jedem der Könige, sich zwei Zeltgenossen für das gemeinsame Mahl auszuwählen, die auch Pythier genannt werden. Er gab ihnen auch das Recht, aus jedem Wurf der Schweine ein Ferkel zu nehmen, damit niemals ein König Mangel an Opfertieren habe, falls es nötig sein sollte, die Götter zu befragen. (6) Und ein See nahe dem Haus bietet Überfluss an Wasser; dass auch dies in vielerlei Hinsicht nützlich ist, erkennen diejenigen eher, die es nicht haben. Und alle erheben sich vor dem König von ihren Sitzen, nur die Ephoren nicht von ihren Amtssesseln. (7) Jeden Monat schwören sie einander einen Eid, die Ephoren für die Stadt, der König für sich selbst. Der König schwört, dass er gemäß den bestehenden Gesetzen der Stadt herrschen werde, die Stadt, dass man seine Königsherrschaft unerschüttert erhalten werde, wenn er fest bei seinem Schwur verharre. (8) Diese Ehren sind dem König auf Lebenszeit zu Hause (= in Sparta) verliehen, Ehren, die um nicht viel die der gewöhnlichen Bürger übertreffen. Lykurg wollte nämlich weder bei den Königen tyrannischen Hochmut hervorrufen, noch in den Bürgern Neid auf deren Macht erwecken. (9) Welche Ehren aber einem verstorbenen König zuteil werden, wollen die Gesetze des Lykurg dadurch offenbaren, dass sie die Könige der Lakedaimonier nicht wie Menschen, sondern wie Heroen besonders ehrten.
(Xenophon [ca. 426–350 v. Chr.], Die Verfassung der Spartaner 15)

geschieht durch Zuruf (Akklamation), wobei die Lautstärke ausschlaggebend ist. Die Volksversammlung kann die Anträge nicht verändern. Auch findet keine Diskussion der Vorlagen statt. Ein ‚normaler' Bürger, der allein an der Volksversammlung partizipiert, hat keine Möglichkeit, Anträge zu stellen und damit die politische Initiative zu ergreifen.

Die einzige institutionelle Neuerung gegenüber der ‚Großen Rhetra', die freilich sehr bezeichnend ist, ist die Einführung der Ephoren (‚Aufseher'). Es gibt insgesamt fünf Ephoren, die jährlich von der Volksversammlung gewählt werden. Dabei gilt das Prinzip der Annuität. Jeder Bürger kann dieses Amt bekleiden. Die Ephoren haben vor allem für die Funktion und Stabilität der politischen Ordnung zu sorgen. Dazu beaufsichtigen sie sämtliche Bereiche des politischen Lebens. Im besonderen sorgen sie dafür, dass die Könige sich in die Ordnung integrieren. Ephoren und Könige leisten einander monatlich einen Eid, der besagt, dass die Ephoren nichts gegen die Könige unternehmen, wenn diese sich an den Gesetzen orientieren. Die Ephoren achten außerdem auf die Umsetzung der Beschlüsse der Volksversammlung und kümmern sich um das politische Tagesgeschäft, empfangen etwa Gesandtschaften aus anderen Städten.

Bürger sind allein die Spartiaten. Das sind diejenigen, die väter- und mütterlicherseits von Spartiaten abstammen. Um in die Bürgerliste aufgenommen zu werden, müssen sie außerdem frei von körperlichen Behinderungen sein. Voraussetzung dafür, den Status eines Spartiaten zu erlangen und auch zu behalten, ist ein gewisser Besitz, der es dem Betreffenden ermöglicht, Mitglied in einer der ‚Speisegemeinschaften' (*syssitíai*) zu werden, für die ein erheblicher Beitrag zu entrichten ist. Wer nicht über die erforderlichen Mittel verfügt, verliert zumindest einen Teil seiner politischen Rechte.

Die Spartiaten sind dem Prinzip nach gleich (*hómoioi*); einen Adel gibt es im spartanischen Kosmos nicht mehr. Die Gleichheit gilt als wichtig, um Spannungen innerhalb der Gesellschaft vorzubeugen und die Eintracht zu fördern. Das bedeutet gleichwohl nicht, dass Wettbewerb abgelehnt würde. Er ist sogar erwünscht, jedoch nur im Hinblick auf Leistungen für das Gemeinwesen. Nach den Messenischen Kriegen erhält jeder Spartiate ein gleich

Quelle: Gesetzesobservanz und Respekt gegenüber den Ephoren

Dass man nun aber in Sparta ganz besonders den Amtsträgern und den Gesetzen gehorcht, wissen wir alle. Ich freilich glaube, dass Lykurg nicht früher daran ging, diese gute (staatliche) Ordnung einzuführen, bevor er die Mächtigsten in der Stadt für seine Ansichten gewonnen hatte. (2) Ich folgere dies daraus, dass in den anderen Städten die Mächtigeren nicht einmal den Anschein erwecken wollen, sie fürchteten die Amtsträger, sondern glauben, dies sei eines freien Mannes unwürdig; in Sparta dagegen zeigen die Mächtigsten den größten Respekt vor den Amtsträgern und brüsten sich damit, dass sie unterwürfig sind und dass sie, wenn sie gerufen werden, schnell, nicht aber gemächlich gehorchen, da sie glauben, dass, wenn sie selbst damit beginnen, entschlossenen Gehorsam zu zeigen, auch die anderen nachfolgen werden; dies ist auch geschehen. (3) Es ist denn wahrscheinlich, dass ebendiese die Macht des Ephorats mitbegründeten, da sie erkannten, dass Gehorsam das größte Gut sei – sowohl in der Stadt als auch im Heer und im Hause. Denn je größere Macht ein Amt habe, um so mehr, meinten sie, schüchtere es die Bürger ein, um sie zum Gehorsam anzuhalten. (4) Die Ephoren sind imstande zu strafen, wen sie wollen, sie sind bevollmächtigt, auf der Stelle ein Bußgeld einzutreiben, Amtsträger während ihrer Amtszeit abzusetzen, ins Gefängnis zu werfen und auf Leben und Tod anzuklagen. Da sie eine so große Macht haben, lassen sie nicht wie in den anderen Städten die jedes Mal gewählten (Amtsträger) das ganze Jahr hindurch ihre Handlungen nach Gutdünken ausführen, sondern (...) strafen einen Missetäter augenblicklich, wenn sie seines widerrechtlichen Handelns gewahr werden.
(Xenophon, Die Verfassung der Spartaner 8,1–4)

Quelle: Syssitien

Lykurg fand (den Brauch) vor, dass die Spartiaten – wie die anderen Griechen – zu Hause ihre Mahlzeiten zu sich nahmen; da er aber zu der Überzeugung gelangte, dass dies zu einer Vernachlässigung der Pflichten führe, verlegte er die gemeinsamen Mahlzeiten in die Öffentlichkeit, weil er glaubte, auf diese Weise würden die Bestimmungen am wenigsten übertreten.
(Xenophon, Die Verfassung der Spartaner 5,2)

großes Stück Land (*kláros*). Dennoch besteht faktisch keine ökonomische Gleichheit unter den Spartiaten: Einigen gelingt es, ihren Besitz zu vergrößern, andere erleiden Einbußen. Auch gibt es neben den *klároi* weiteren privaten Landbesitz unterschiedlichen Umfanges. Der Besitz von Luxusgütern, der ökonomische Ungleichheit signifikant machen würde und außerdem für die Orientierung an persönlichen Interessen stände, ist jedoch untersagt.

Um die Ausrichtung auf den Staat zu gewährleisten, wird zudem eine spezielle Form der Erziehung eingeführt, die sog. *agōgé*: Die Jungen leben nur bis zum Alter von sieben Jahren in der Familie. Danach werden sie zu sog. ‚Herden' zusammengefasst, die unter der Leitung eines Aufsehers gemeinsam leben und lernen. Die Erziehung zielt besonders darauf, den Körper zu trainieren und Disziplin zu vermitteln. Kampfspiele dienen dazu, den Ehrgeiz zu wecken und miteinander zu wetteifern. Lesen und Schreiben werden zwar auch gelehrt, die intellektuelle Bildung rangiert aber im Hintergrund. Ab dem 15. Lebensjahr dominiert die militärische Ausbildung, die bis zum Alter von 19 Jahren andauert. Die jungen Männer leben noch bis zum 30. Lebensjahr kaserniert, selbst wenn sie zwischenzeitlich heiraten und eine Familie gründen. Auch jenseits des 30. Lebensjahres haben die Männer exklusiv dem Staat zu dienen: Sie leisten Kriegsdienst, übernehmen öffentliche Aufgaben und pflegen die Gemeinschaft mit anderen Spartiaten in den Syssitien.

Die Spartiaten sind Berufssoldaten. Ihr Hauptgegner sind die messenischen Heloten, denen jährlich offiziell der Krieg erklärt wird und die nach Belieben getötet werden dürfen. Die meisten Spartiaten kämpfen als Hopliten in der Phalanx. Mit 60 Jahren treten sie aus dem aktiven Militärdienst aus, nehmen aber auch danach Funktionen in der Gemeinschaft wahr, etwa bei der Aufsicht über die Jungen oder im politischen Betrieb. Die Ausübung anderer Berufe ist ihnen untersagt. Sie betreiben auch keine Landwirtschaft. Für die Bebauung ihrer Felder sind die Heloten zuständig, die den *klároi* der einzelnen Spartiaten fest zugewiesen sind.

Besonderheiten sind in Sparta weiterhin hinsichtlich der Frauen der Spartiaten zu konstatieren. Auch wenn die Häuser aus dem politischen Leben weitestgehend ausgegrenzt werden, um den

Quelle: Die Erziehung der männlichen Spartiaten

Lykurg aber, statt dass ein jeder privat Sklaven als *paidagōgoí* für seine Kinder einsetzt, stellte sie unter die Aufsicht eines Mannes, der aus derselben Schicht wie diejenigen kommt, die die höchsten Ämter bekleiden; dieser wird daher auch *paidonómos* genannt. Lykurg ermächtigte ihn, die Knaben zu versammeln, sie zu mustern und Leichtsinn hart zu bestrafen. (...) (3) Statt die Füße durch Schuhe zu verweichlichen, ordnete Lykurg an, sie durch Barfußgehen zu kräftigen, da er glaubte, dass sie, wenn sie sich hierin übten, viel leichter eine Steigung bewältigten und sicherer einen Abhang hinunter schritten, und dass einer geschickter in die Weite und Höhe springe und schneller laufe ohne Schuhe als mit Schuhen, vorausgesetzt dass er seine Füße geübt habe. (4) Und anstatt sie durch Gewänder zu verhätscheln, verordnete er, sie sollten sich das Jahr hindurch an ein Gewand gewöhnen, da er glaubte, dass sie so besser gegen Kälte und Hitze gewappnet wären.
(Xenophon, Die Verfassung der Spartaner 2,2–4)

Quelle: Tätigkeiten der Spartiaten

Im Gegensatz zu den anderen Griechen hat Lykurg auch diese Bestimmungen in Sparta eingeführt: In den anderen Städten nämlich treiben alle Geschäfte zum eigenen Vorteil, so sehr sie können, der eine ist Bauer, ein anderer Reeder, ein dritter Kaufmann und wieder andere verdienen ihren Lebensunterhalt durch ein Gewerbe. (2) In Sparta aber untersagte Lykurg den freien Männern, sich mit irgendeiner Form des Gelderwerbes zu beschäftigen; was aber den Städten Freiheit verschaffe, das sollten sie nach seiner Anordnung als ihre einzige Tätigkeit erachten.
(Xenophon, Die Verfassung der Athener 7,1 f.)

politischen Bereich von persönlichen Interessen freizuhalten, spielt der Oikos für den Spartiaten eine entscheidende Rolle: Wie wir oben gesehen haben, ist ein gewisses Vermögen Voraussetzung für das Vollbürgerrecht. Da die Männer aber die meiste Zeit mit dem Militärdienst beschäftigt sind oder andere öffentliche Aufgaben wahrnehmen, wird das Haus gänzlich zur Domäne der Frau. Sie hat die Aufsicht über die Heloten, die das zum Haus gehörige Land beackern. Im Unterschied zu den Bürgerinnen in den meisten anderen griechischen Städten können die Spartanerinnen erben, ihr Erbe selbstständig verwalten und auch größere finanzielle Transaktionen vornehmen. Politische Rechte haben die Frauen jedoch auch in Sparta nicht.

Die spartanische Ordnung wird bereits von den Zeitgenossen in anderen griechischen Poleis intensiv rezipiert. Ein Großteil der Informationen, die wir über Sparta haben, entstammt deren Beobachtungen. Ihre Wahrnehmung ist sehr unterschiedlich: Teils wird Sparta große Bewunderung entgegengebracht, speziell für seine militärische Leistungsfähigkeit und die Stabilität seiner politischen Ordnung. Insbesondere Anhänger der Oligarchie äußern sich gern spartafreundlich. Teils wird der spartanische Kosmos massiver Kritik unterzogen: aufgrund der einseitigen Konzentration auf das Militärische, der Vernachlässigung der Kultur, der Skepsis gegenüber Fremden und schließlich auch wegen der vergleichsweise großen Freiheiten der Spartiatinnen, die andernorts als Zügellosigkeit missverstanden werden.

Quelle: Kritik an der spartanischen Ordnung

Auch wer zuerst die Gesetze über die Syssitien gegeben hat, hat es nicht richtig gemacht. Denn die Kosten hätten aus öffentlichen Mitteln bestritten werden sollen wie in Kreta. Bei den Spartanern dagegen muss jeder Einzelne das Seinige mitbringen, und dies, obwohl einige außerordentlich arm sind und diese Ausgabe gar nicht erschwingen können, so dass also das Gegenteil von dem eintritt, was der Gesetzgeber gewollt hat. (...) Man kann auch die Absicht des Gesetzgebers in derselben Richtung tadeln, wie es schon Platon in den ‚Gesetzen' getan hat. Der ganze Aufbau der spartanischen Gesetze zielt nur auf den einen einzigen Teil der Tugend, nämlich die kriegerische. Denn sie ist es, die zum Herrschen nützt. Darum hatten sie Erfolg als Krieger und gingen zugrunde als Regenten, weil sie nicht Ruhe zu halten verstanden und nichts anderes Wichtigeres geübt hatten als nur eben die Kriegskunst.
(Aristoteles, Politik 1271 a 26–32; 1271 b 1–6)

Quelle: Kritik an den Spartiatinnen

Ebenso ist die Zügellosigkeit der Frauen der Absicht der Verfassung und der Glückseligkeit des Staates schädlich. Wie nämlich Mann und Frau Teile des Hauses sind, so ist anzunehmen, dass auch der Staat nahezu halbiert wird in die Gruppe der Männer und die der Frauen, so dass es in allen Staaten, wo die Lage der Frauen schlecht geordnet ist, darauf hinausgeht, dass die Hälfte des Staates ohne rechte Gesetzgebung bleibt. Dies ist in Sparta wirklich der Fall. Denn während der Gesetzgeber will, dass der ganze Staat sich in Selbstzucht übe, hat er sich nur im Hinblick auf die Männer offensichtlich darum bekümmert, dagegen es bei den Frauen vernachlässigt. Denn sie leben in jeder Richtung hemmungslos und ausschweifend.
(Aristoteles, Politik 1269 b 12–23)

5 Alexander der Große und der Hellenismus

5.1 Der Aufstieg Makedoniens – Die makedonische Expansion bis zum Tode Philipps II.

Makedonien liegt am nördlichen Rande der griechischen Welt. Erst im 5. Jh. gelingt es den Makedonen, zu den Olympischen Spielen zugelassen und damit in die kulturelle Gemeinschaft der Griechen aufgenommen zu werden. In Makedonien gibt es keine Poleis. Die Bauern leben in Dörfern und stehen in Abhängigkeitsverhältnissen zu lokalen Adelsfamilien. Das Land ist monarchisch strukturiert. Die Könige werden von der Familie der Argeaden gestellt, die sich auf den Halbgott Herakles zurückführt. Neben der dynastischen Herkunft ist für die Erhebung des Königs die Akklamation (Ausrufung) durch die Heeresversammlung konstitutiv. Von zentraler Bedeutung für die Legitimation des Königs ist außerdem seine Leistung als Heerführer.

Seit Beginn des 5. Jhs. bemühen sich die Makedonenkönige um Annäherung an Griechenland. Auch stärken sie die Zentralgewalt innerhalb Makedoniens und damit ihre eigene Position. Dieser Intention folgend, legen sie auch Straßen an, um die Verbindungswege und damit die Kommunikation im Land zu verbessern.

Philipp II. setzt diese Bemühungen im 4. Jh. fort. Er vermag es, den Adel in den makedonischen Staat einzubinden. Dabei ist das Verhältnis zwischen den Adligen und dem König eher persönlicher Natur. Das kommt etwa in der Bezeichnung der Adligen zum Ausdruck: Sie werden *hetaíroi* (Freunde, Genossen) des Königs genannt. Die Adligen dienen im Heer des Königs als Reiter. Die Bauern fungieren in der Phalanx als Fußsoldaten. Philipp II. baut Makedonien in militärischer Hinsicht zu einer der führenden Mächte aus.

Die ersten Feldzüge unternimmt er gegen Illyrer und Thraker. Danach wendet er sich Griechenland zu. Auch in dieser Situation gelingt es den Griechen zunächst nicht, sich zu verbünden und geschlossen gegen die Makedonen vorzugehen. Ihre Haltung gegenüber Philipp II. ist sehr unterschiedlich: Einige Griechen plädieren dafür, mit den Makedonen zu kooperieren. Ihr Ziel ist

Karte 10: **Der Aufstieg Makedoniens unter Philipp II.**

ein gemeinsamer Feldzug gegen die Perser unter Philipps Führung. Einer der entschiedensten Fürsprecher einer solchen Politik ist der Athener Isokrates. Andere warnen vehement vor einem solchen Unternehmen. Deren Intention ist es, eine Allianz der griechischen Poleis gegen die Makedonen zustande zu bringen. Sie sind sich darüber im Klaren, dass das System autonomer Poleis mit einer makedonischen Vorherrschaft nicht zu vereinbaren ist. Besonders stark engagiert sich hier der athenische Redner Demosthenes.

Im Jahre 340 v. Chr. wird schließlich doch ein ‚Hellenischer Bund' gegen Philipp II. gegründet, an dem sich besonders Staaten aus dem mittleren Griechenland beteiligen. Athen übernimmt dabei die Initiative. 338 v. Chr. kommt es zu einer Entscheidungsschlacht bei Chaironeia in Böotien; die Makedonen siegen und werden damit zu den Herren Griechenlands.

Sie sorgen 337 v. Chr. dafür, dass die bestehenden Bündnisse aufgelöst werden und auf der Basis eines allgemeinen Friedens (*koiné eirénē*) ein neuer Bund eingerichtet wird, dem allein Sparta nicht beitritt: der Korinthische Bund. Es handelt sich um eine Symmachie, also ein Kriegsbündnis. Philipp II. wird zum Hegemon des Bundes bestimmt und erhält den Oberbefehl für den geplanten Perserkrieg. Noch im gleichen Jahr erklärt der Bund Persien den Krieg. 336 v. Chr. jedoch wird Philipp II. auf der Hochzeitsfeier seiner Tochter von einem Adligen ermordet. Sein Sohn Alexander, den Philipp II. kurz zuvor als seinen Nachfolger bestätigt hat, setzt das Unternehmen fort.

5.2 Die Feldzüge Alexanders

Alexander ist auf seine Aufgabe gut vorbereitet. Er wächst am Hof seines Vaters auf. Zunächst erzieht ihn seine Mutter Olympias. Sein berühmtester Lehrer ist der Philosoph Aristoteles, dessen philosophische Konzepte ihn jedoch nicht geprägt zu haben scheinen. Großen Einfluss auf ihn hat jedoch die Lektüre der homerischen Epen. Den Helden Achill betrachtet er als sein Vorbild. In der Schlacht bei Chaironeia hat er als Befehlshaber der Reiterei einen wichtigen Anteil am makedonischen Sieg. Nach der Ermordung

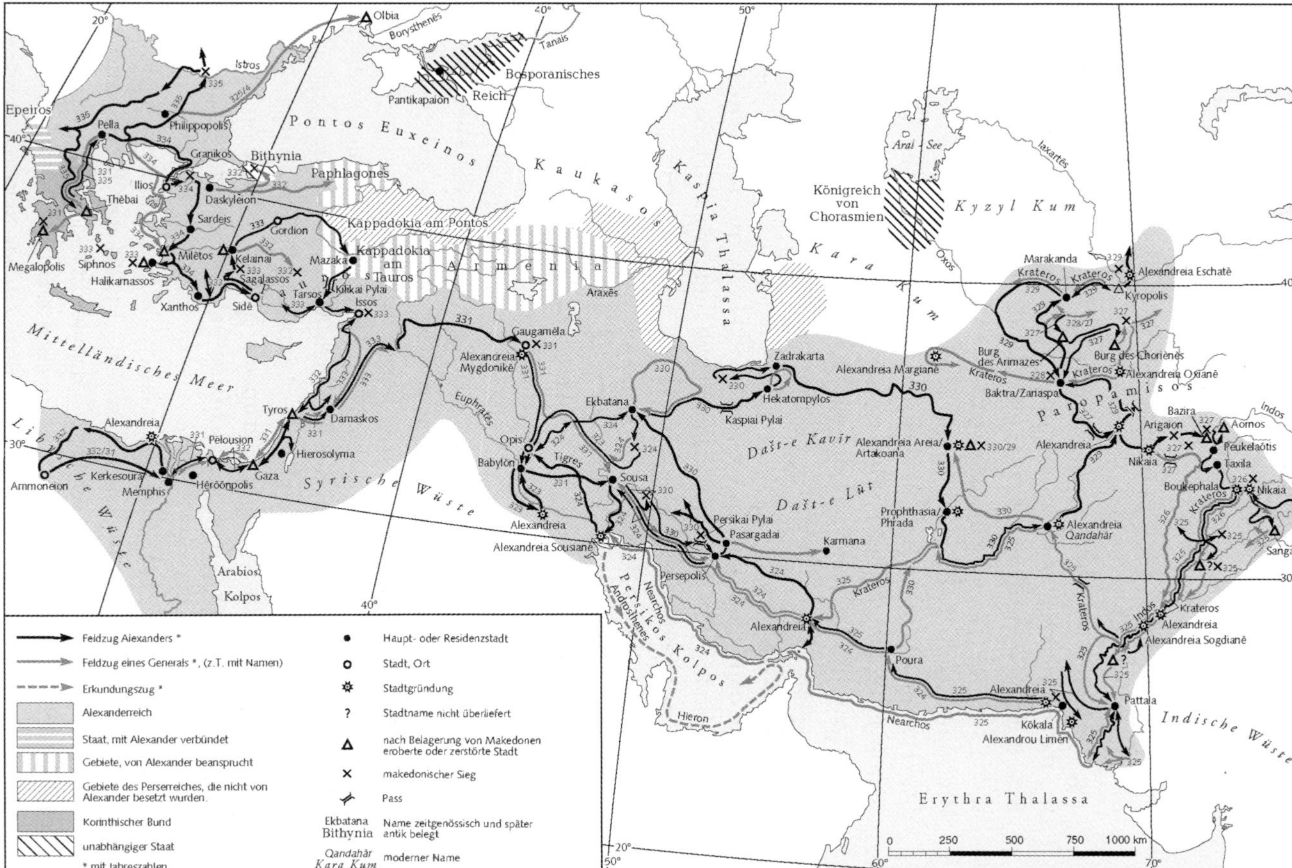

Karte 11: **Die Feldzüge Alexanders (336–323 v. Chr.)**

Philipps II. sichert Alexander als Erstes seine Herrschaft über Makedonien wie über Griechenland. Er folgt seinem Vater als Hegemon des Korinthischen Bundes nach und erhält auch den Oberbefehl für den Krieg gegen die Perser.

Im Jahre 334 v. Chr. beginnt der Feldzug. Das Ziel Alexanders ist die Herrschaft über die damals bekannte und bewohnte Welt, die sog. *oikouménē*, zu erlangen. Die beteiligten Griechen hingegen hoffen darauf, den seit dem 5. Jh. immer wieder aufflammenden Konflikt mit den Persern zu beenden und die kleinasiatischen Griechenstädte von der persischen Vorherrschaft zu befreien. Hinzu kommt bei ihnen zum Teil die Idee, die eigene Kultur zu ‚exportieren'. Das Heer Alexanders besteht mehrheitlich aus Makedonen, die ca. 32000 Fußsoldaten und 5500 Reiter stellen; hinzu kommen etwa 7000 griechische Hopliten, die aus den Poleis des Korinthischen Bundes stammen. Eine dritte Gruppe machen um die 7000 griechische Söldner aus.

Nach dem Sieg am Fluss Granikos 334 v. Chr., mit dem Alexander die Herrschaft über Kleinasien gewinnt, erklärt er die kleinasiatischen griechischen Poleis für frei. Bis heute umstritten sind die Berichte, nach denen Alexander im Winter 334/3 in Gordion den sog. Gordischen Knoten ‚löst', indem er ihn mit seinem Schwert zerschlägt. Angeblich hatte ein Orakel prophezeit, dass demjenigen, dem die Auflösung des Knotens gelingt, die Herrschaft über Asien bestimmt sei.

In den Jahren 334–331 v. Chr. zerstört Alexander die Herrschaft des persischen Großkönigs. In der Schlacht bei Issos 333 tritt der Perserkönig Dareios III. erstmals persönlich Alexander entgegen, ergreift aber vorzeitig die Flucht. Nach dem Sieg von Issos erobert Alexander die Regionen an der östlichen Mittelmeerküste (‚befreit' die dortigen Griechenstädte) und Ägypten (wo er an der Nilmündung die Stadt Alexandria gründet). Der endgültige Sieg über Dareios III. erfolgt 331 in der Schlacht bei Gaugamela. Auch hier flieht Dareios wieder.

Nach dem Sieg bei Gaugamela lässt sich Alexander von seinem Heer zum König von Asien ausrufen. Er besetzt nacheinander die vier Zentren des Perserreiches Babylon, Susa, Persepolis und Ekbatana. Die Erwartungen der Griechen erfüllt er, indem er den Palast von Persepolis niederbrennen lässt: Diesen Schritt begreifen

Abb. 24: **Schlacht zwischen Alexander und Dareios. Mosaik aus Pompeji**

sie als Rache für die in den Perserkriegen erlittene Zerstörung von Tempeln in Griechenland. Danach entlässt Alexander die griechischen Einheiten seines Heeres; einige Griechen setzen aber den Zug mit ihm fort. In den meisten persischen Verwaltungsbezirken, den Satrapien, installiert er anstelle der Perser Makedonen als Satrapen.

Dareios ist derweil noch immer auf der Flucht vor Alexander; er büßt dadurch unter den Persern an Ansehen ein und wird schließlich 330 v. Chr. von den eigenen Leuten getötet. Alexander lässt ihn – wie es sich für einen präsumptiven Nachfolger schickt – ehrenvoll in Persepolis bestatten und bestraft seinen Mörder schwer. Fortan betrachtet er sich selbst als rechtmäßigen Herrscher des Perserreiches und inszeniert sich entsprechend. Dazu übernimmt er das persische Hofzeremoniell, was von den Makedonen zunächst nicht gern gesehen wird.

Massiver Widerstand erhebt sich unter den iranischen Stämmen im Osten. Diese wollen Alexander nicht als neuen Perserkönig anerkennen, sondern möchten eine Person aus ihren Reihen in diese Funktion einsetzen. Alexander sucht den Widerstand teils militärisch zu brechen, teils bemüht er sich um Ausgleich mit den Iranern. Um ihnen ein Zeichen zu setzen, heiratet er 327 v. Chr. Roxane, die Tochter eines indigenen Adligen. Andere makedonische Aristokraten motiviert er, es ihm gleichzutun. In Susa veranstaltet er 324 eine Massenhochzeit, auf der makedonische Offiziere und Soldaten Iranerinnen ehelichen. Er bezieht auch Iraner in sein Heer ein. Mit der Zeit verzichtet er darauf, alle Verwaltungsstellen mit Makedonen zu besetzen, sondern belässt jetzt viele Iraner in ihren Funktionen. Allein die militärischen Führungspositionen werden weiterhin ausschließlich an Makedonen verliehen.

Alexander zieht ab 327 v. Chr. immer weiter nach Osten, um tatsächlich bis zu den Grenzen der bewohnten Welt vorzudringen. Er gelangt bis in den Norden Indiens. Erst als sein Heer Widerstand leistet, zeigt er sich zum Rückzug bereit. Probleme ergeben sich für ihn nicht nur mit den Soldaten, sondern auch mit einigen makedonischen Satrapen, die sich während seines langen Indienfeldzugs von ihm emanzipiert und sich daran gewöhnt haben, unabhängig von ihm Macht auszuüben.

Quelle: Die Übernahme des persischen Hofzeremoniells und diesbezügliche Reaktionen der Makedonen

In der Folgezeit jedenfalls, so wird berichtet, habe sich Alexander durch die Proskynese (Kniefall) verehren lassen wollen, da er mehr auf das Gerücht seiner Abstammung von Ammon (einem ägyptischen Gott) als von seinem Vater Philipp gab, und er sei in Bewunderung medischer und persischer Sitten verfallen, wie die Änderung seiner Kleidung und die Umwandlung seiner übrigen Lebensformen bewiesen. Auch fehlten ihm nicht die Leute, die in ihrer Schmeichelei so weit gingen, dies zu billigen. (...) Über den Widerstand gegen Alexander wegen der Proskynese aber wird folgendes berichtet: Alexander, Sophisten sowie die vornehmsten Meder und Perser seiner Umgebung hätten sich verabredet, beim Gelage diese Frage anzuschneiden. So begann denn Anaxarchos damit, Alexander müsse mit viel mehr Recht Gott genannt werden als Dionysos und Herakles (...). Und so sei es eigentlich billiger, wenn die Makedonen ihren eigenen König als Gott ehrten. Denn gebe es schon daran keinen Zweifel, dass man ihn nach seinem Tod als Gott verehren werde, wieviel richtiger sei es dann, ihn schon im Leben als Gott zu verehren: Sei er erst einmal tot, habe er nichts mehr davon. (11) Nach diesen und ähnlichen Worten des Anaxarchos habe man verabredungsgemäß diese Rede gelobt und mit der Proskynese beginnen wollen. Die Makedonen indes in ihrer Mehrzahl hätten verärgert dazu geschwiegen. Aber nun habe Kallisthenes die Prozedur unterbrochen und gesagt: „Einen Alexander, Anaxarchos, halte auch ich für würdig jeder Ehrung, wie sie einem Menschen nur immer zusteht. Es werden jedoch von den Menschen klare Unterschiede gemacht zwischen Ehrungen für Menschen und Ehrungen für Götter, und zwar in vielem anderen, wie darin, dass man Tempel baut, Standbilder errichtet, heilige Bezirke für Götter abgrenzt, ihnen Opfer und Geschenke bringt und Gottheiten zu Ehren heilige Gesänge komponiert, auf Menschen hingegen nur Lobgesänge, nicht zum wenigsten aber in der Anwendung der Proskynese. Denn Menschen umarmen und küssen einander als innige Begrüßung, die Gottheit hingegen, die in der Ferne weit über ihnen steht, ist es nicht erlaubt, auch nur zu berühren, und deshalb wird sie durch die Proskynese geehrt.
(Arrian [1. Hälfte 2. Jh. n. Chr.], Der Alexanderzug 4,9,9–4,11,3)

Alexander stirbt 323 v. Chr. plötzlich und unerwartet mit 32 Jahren an einer fiebrigen Infektionskrankheit, wahrscheinlich der Malaria. Man hat oft spekuliert, wie die Entwicklung verlaufen wäre, hätte er länger gelebt. Höchstwahrscheinlich hätte er weitere Eroberungszüge unternommen – entsprechende Planungen waren in Vorbereitung. Mit Sicherheit aber hätte es ihm große Schwierigkeiten bereitet, das Reich zusammenzuhalten. Alexander war ein charismatischer Heerführer, aber niemand, der imstande gewesen wäre, eine stabile Herrschaftsorganisation zu schaffen, die Perser und Griechen integriert hätte.

5.3 Diadochenkämpfe und Diadochenreiche

Nach dem Tode Alexanders sind die Verhältnisse unklar. Einen Nachfolger hat er nicht aufgebaut. Adel und Heer entscheiden sich, Alexanders geistig behinderten Halbbruder Arridaios als Philipp III. und seinen noch gar nicht geborenen Sohn als Alexander IV. einzusetzen. Die tatsächliche Macht üben die Kommandeure aus Alexanders Heer und einige makedonische Satrapen aus. Zu einer organisierten Herrschaft kommt es nicht. Die Machtträger sind sich keineswegs einig, was nun geschehen soll. Soll das Reich als Einheit erhalten bleiben und wenn ja, unter wessen Führung, oder soll man es aufteilen? Viele griechische Poleis nutzen die Gelegenheit, sich von der makedonischen Herrschaft zu befreien – darunter die Athener, denen es für kurze Zeit gelingt, ihre Demokratie zu restituieren.

In Asien versucht einer der Kommandeure des Alexanderheeres, Perdikkas, die gesamte Macht zu gewinnen. Die anderen Machtträger schließen daraufhin eine Allianz gegen ihn. Es kommt zu heftigen Auseinandersetzungen, die über Jahre andauern. Das Ergebnis der sog. Diadochenkämpfe ist die Teilung des Reiches und die Herausbildung dreier Herrschaftsgebiete: des Ptolemäerreiches in Ägypten, des Antigonidenreiches in Makedonien (Griechenland gehört großenteils formal nicht dazu, liegt aber faktisch im makedonischen Einflussbereich) und des Seleukidenreiches in Asien. Benannt sind sie nach ihren Gründern Ptolemaios, Antigonos und Seleukos, die jeweils am Anfang von Dynastien stehen. All

Quelle: Die Diadochen werden von ihren Heeren zu Königen ausgerufen

Nach diesem glanzvollen Ereignis (dem Sieg Antiochos' über Ptolemaios in der Seeschlacht bei Zypern) rief das Heer beide, Antigonos und Demetrios, als Könige aus – nachdem die Könige schon tot waren, Arrhidaios, Philipps Sohn, und Olympias und die Söhne Alexanders. (276) Es rief nun auch den Ptolemaios dessen eigenes Heer als König aus, damit er nicht durch die Niederlage den Siegern nachstehe. (277) So kam es, dass diese Gleiches aus entgegengesetzten Ursachen erreichten. Es folgten ihnen alsbald die Übrigen, und alle wurden von Satrapen zu Königen.
(Appian [1. Hälfte 2. Jh. n. Chr.], Syrisches Buch 54 [275–277])

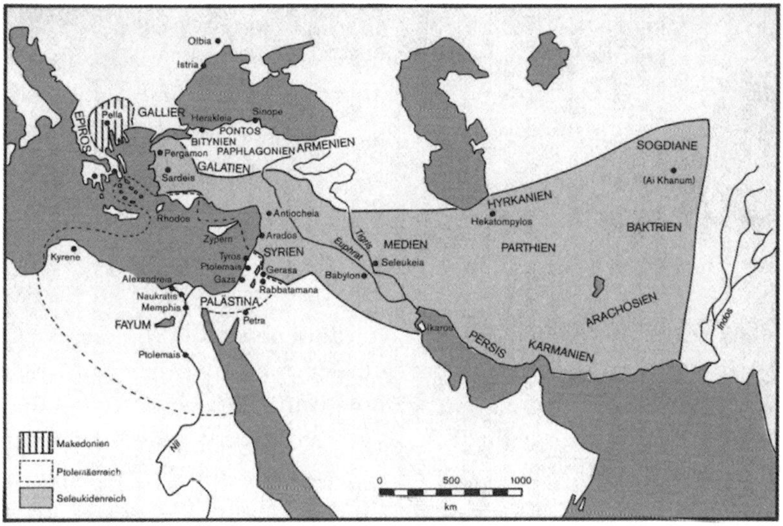

Karte 12: **Die Diadochenreiche (um 275 v. Chr.)**

das bedeutet gleichwohl nicht, dass die Verhältnisse nun endgültig geregelt wären. Das Machtgleichgewicht, das zeitweilig zustande kommt, bleibt prekär.

Immer wieder brechen Konflikte auf, indem die drei Könige entweder miteinander um ihren Einflussbereich streiten oder Divergenzen innerhalb der einzelnen Reiche auftreten. Auch versuchen die griechischen Städte mehrfach, sich zu verselbstständigen. Sie gründen verschiedene Bündnisse, die sich überdies untereinander bekämpfen. Zudem bilden sich weitere Mächte heraus, die an den Auseinandersetzungen teilhaben, besonders das Reich von Pergamon in Westkleinasien unter den Attaliden und die Herrschaft der Insel Rhodos. Die Konflikte enden schließlich mit der Auflösung der hellenistischen Staaten und ihrer Integration ins römische Reich. Wir werden uns im Zusammenhang mit der römischen Geschichte damit beschäftigen.

5.4 Der Hellenismus (323–30 v. Chr.)

Von besonderer Bedeutung ist der **Hellenismus**, d. h. die Phase zwischen dem Tod Alexanders und der Auflösung der hellenistischen Staaten durch die Römer, unter kulturellen Gesichtspunkten. Man bildet eine einheitliche griechische Sprache (die *koiné*) heraus, die sich am Attischen orientiert und in sämtlichen hellenistischen Staaten Verbreitung findet. Die Oberschichten in Ägypten und großen Teilen Asiens sprechen nun Griechisch. Gleichzeitig verbreiten sich griechische Religion, Architektur und Literatur. Dies gilt besonders für die Städte, welche die Griechen gründen und in denen sich viele Griechen ansiedeln. All das bedeutet freilich nicht, dass es zu einer umfassenden Hellenisierung des ehemaligen Perserreiches kommt. Allein bei den sozialen Eliten lässt sich von einer ‚Akkulturation' sprechen, für die anderen sozialen Schichten und besonders die Landbevölkerung trifft das nicht zu.

Der Hellenismus ist in kultureller Hinsicht eine außerordentlich produktive Zeit. Er ist entscheidend geprägt vom Niedergang der Polis als selbstständiger politischer Einheit. Literatur und Philosophie sind jetzt nicht mehr auf den Stadtstaat bezogen, sondern

Hellenismus Der Begriff stammt aus dem 19. Jh. und geht auf den Historiker Johann Gustav Droysen (1808–1884) zurück. Nach dessen Verständnis ist das Charakteristikum dieser Epoche die Vereinigung griechischer und orientalischer Kultur. Heute ist man mit dieser Einschätzung etwas vorsichtiger.

Quelle: Kosmopolitismus

Und in der Tat lässt sich die viel bewunderte Verfassung des Gründers der stoischen Schule, Zenon, in diesen einen Satz zusammenfassen, dass wir nicht mehr nach Städten und Völkern getrennt wohnen sollen, geschieden voneinander durch die verschiedenen Rechte; vielmehr sollen wir alle Menschen als unsere Mitbürger und Landsleute ansehen, und überall soll dieselbe Lebensart und Ordnung herrschen wie unter den Schafen einer Herde, die gemeinsam an einer Stelle weiden. Als Zenon diese Verfassung in seinen Schriften niederlegte, hatte er sie sich nur als Traum oder Abbild einer nach philosophischen Gründen wohlgeordneten, auf die Gesetze gebauten Verfassung vorgestellt. Alexander aber hat das Wort in die Tat umgesetzt. Er kümmerte sich nicht um Aristoteles' Rat, über die Griechen als Heerführer, über die Barbaren als unumschränkter Gebieter zu herrschen und die einen wie vertraute Freunde, die anderen wie Tiere und Pflanzen zu behandeln; denn dadurch hätte er sein Reich ohne Zweifel mit inneren Kämpfen, mit Landesverweisungen und heimlichen Verschwörungen erfüllt. Er trug vielmehr das Bewusstsein in sich, von den Göttern gekommen zu sein als Ordner und Friedensstifter für die Welt. Führte er sie durch sein Wort nicht zur Einheit, so zwang er sie zusammen und versuchte, die Völker aus aller Welt in einem einzigen Staate zu vereinigen, als wenn er gleichsam in einem Becher der Freundschaft alle Lebensarten und Sitten, alle Hochzeitsbräuche und Gewohnheiten untereinander mischte. Nach seinem Befehl sollten alle die Erde als ihr Vaterland, sein Lager als ihre Burg und ihre Residenz, die Guten und Anständigen als ihre Verwandten, aber die Schurken als Fremdstämmige ansehen. Er verbot, Griechen und Barbaren nach Kriegsmantel und Lederschild, nach Dolch und Obergewand zu unterscheiden, denn an der Tugend erkenne man die Griechen, die Barbaren an ihrer Verworfenheit. Kleidung, Kost, Ehe und Gebräuche aber sollten sich nicht unterscheiden, weil alles dies durch das Blut und die Kinder vermischt sei.
(Plutarch, Moralia 329 A 9–D 2 [*De Alexandri magni fortuna aut virtute* 1,6])

erschließen ganz neue, weitere Horizonte. Der Einzelne spielt eine größere Rolle als bislang. Die Philosophie eruiert nicht mehr wie in klassischer Zeit, wie sich eine Polis gut organisieren lässt, sondern fragt nach dem glücklichen Leben und entwickelt dafür verschiedenste Konzepte. Bekannte Philosophenschulen dieser Zeit sind die der Epikureer und der Stoiker. Die Epikureer stellen den Einzelnen in den Mittelpunkt ihrer Betrachtung, seine Überwindung von Furcht (besonders der Todesfurcht) und seine Suche nach Glück; die Stoiker entwickeln eine Lehre, die kosmopolitisch ausgerichtet ist und auf diese Weise auf die politische Entwicklung Bezug nimmt.

Auch in religiöser Hinsicht ist ein Wandel zu verzeichnen: Neben den Poliskulten, die weiterhin existieren, entstehen die sog. Mysterienreligionen (z.B. der Mithraskult oder der Isiskult). Sie erstreben die Erlösung des Einzelnen und erlangen starke Verbreitung. Vielfach kommen auch Mischungen verschiedener religiöser Vorstellungen und Kultpraktiken vor. Man spricht von religiösem ‚Synkretismus'. All diese Elemente gehen zeitlich über den Hellenismus hinaus und sind auch noch für die Jahrhunderte charakteristisch, in denen der griechische Osten unter römischer Herrschaft steht. Die Mysterienreligionen weisen im Übrigen wesentliche strukturelle Gemeinsamkeiten mit dem später aufkommenden Christentum auf, was die Verbreitung des Christentums in der römischen Kaiserzeit und der Spätantike außerordentlich befördert.

Abb. 25: **Epikur (Begründer des Epikureismus)**

Abb. 26: **Zenon (Begründer der Stoa)**

II Römische Geschichte

1 Römische Frühgeschichte bis zum Ende der Königszeit

1.1 Italien im frühen 1. Jahrtausend v. Chr.

Im frühen 1. Jahrtausend v. Chr. wandern verschiedene indogermanische Gruppen nach Italien ein. Sie stammen wohl mehrheitlich aus dem Norden bzw. Nordosten. Eine von ihnen ist die der Latino-Falisker, die am Unterlauf des Tiber ansässig wird. Aus dieser gehen hernach die Römer hervor. Mit den Latino-Faliskern verwandt sind die später einwandernden Italiker, die sich in zahlreiche Ethnien aufspalten: Die nördlich der Latiner siedelnden fasst man mit dem Begriff ‚Umbro-Sabeller' zusammen, die südlicher lebenden nennt man ‚Osker'. Über die Einwanderung haben wir kaum gesichertes Wissen. Man geht heute davon aus, dass sie sich nicht in großen Schüben vollzogen hat, sondern dass viele kleinere Gruppierungen über einen längeren Zeitraum immigrieren, die sich mit der indigenen vorindogermanischen Bevölkerung vermischen.

1.2 Griechen und Etrusker

Neben den genannten Gruppen leben in Italien seit dem 8. Jh. auch Griechen und Etrusker. Sie unterscheiden sich von den anderen Bewohnern dadurch, dass sie in Städten siedeln. Auch zeichnen sie sich durch ein höher entwickeltes Handwerk aus. Die Griechen kommen im Rahmen der Großen Kolonisation aus unterschiedlichsten griechischen Poleis. Die Herkunft der Etrusker ist bis heute umstritten. Sie siedeln zunächst vorrangig in der Region zwischen Arno und Tiber (Etruria), betreiben intensiven Fernhandel und geraten auf diese Weise mit verschiedensten Kulturen in Berührung. Ebenso wie die griechischen Städte bilden die etruskischen keinen

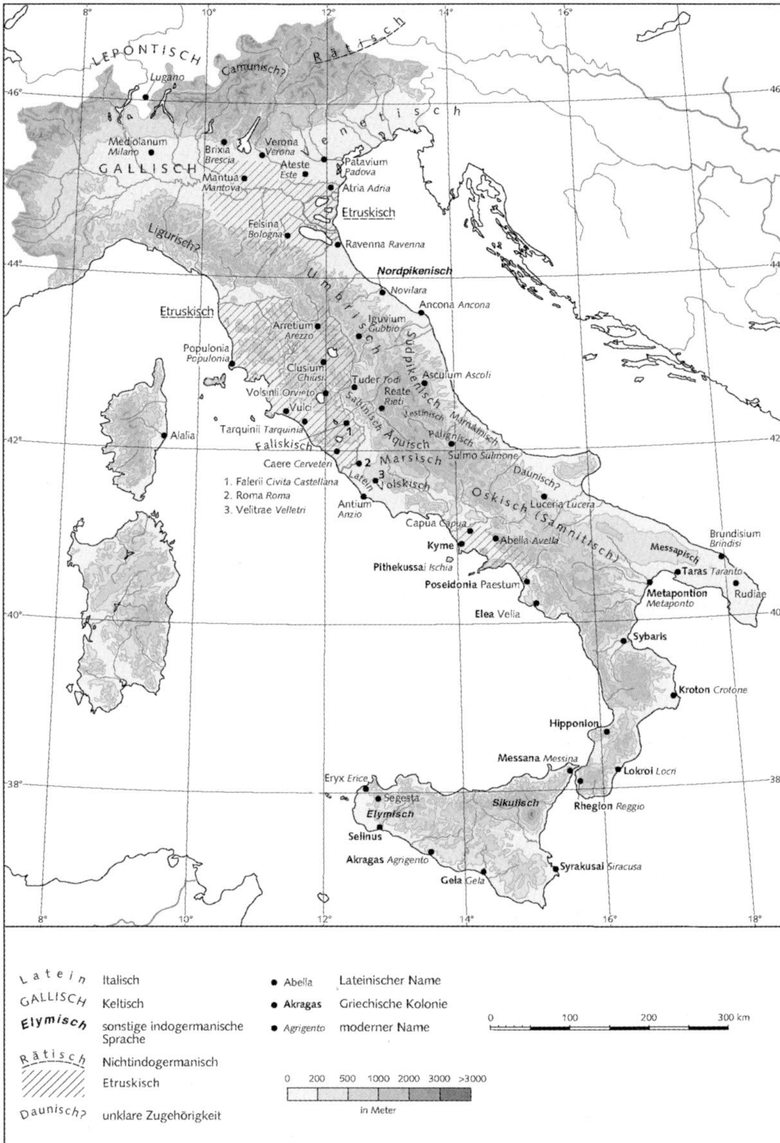

Karte 13: **Verteilung der Sprachen im alten Italien**

Verband, sondern existieren als autonome politische Einheiten, die nicht selten miteinander rivalisieren.

Für die weitere Geschichte Italiens sind die Etrusker speziell deshalb bedeutsam, weil sie zahlreiche Städte gründen. Auch Rom ist eine etruskische Gründung. Besonderes Interesse zeigen die Etrusker an der fruchtbaren kampanischen Küstenregion, wo bereits viele Griechen siedeln. Hier kommt es zu bewaffneten Konflikten zwischen etruskischen und griechischen Städten. In der Seeschlacht vor Kyme erleiden die Etrusker im Jahre 474 v. Chr. eine schwere Niederlage, die sie nachhaltig schwächt. In große Gefahr geraten sie überdies durch die keltischen Einwanderer, die gegen Ende des 5. Jhs. aus der Poebene gen Süden ziehen. Im Unterschied zu den früheren Immigranten gehen die Kelten gewaltsam vor: Sie vernichten zahlreiche etruskische Siedlungen in Norditalien. Die entscheidenden Niederlagen erfahren die Etrusker dann durch die Römer, die im Verlaufe des 4. Jhs. viele ihrer Städte zerstören und deren Siedlungsgebiet wie auch die etruskische Bevölkerung in das eigene Gemeinwesen integrieren.

1.3 Das frühe Rom

Dem **Mythos** zufolge wird Rom von Romulus und Remus gegründet. Nach Berechnungen Varros, eines spätrepublikanischen Autors, geschieht das – unserer Zählung gemäß – im Jahre 753 v. Chr. Dieser Mythos erlangt große Bedeutung für die Identitätsbildung der Römer. Insbesondere verhilft er ihnen, die eigene Kultur mit dem griechischen Kulturkreis zu verbinden, indem er an den griechischen Troja-Mythos anknüpft. Er dürfte im 3. Jh. v. Chr. entstanden sein, als die Römer mit griechischer Kultur in Berührung kommen.

Die historische Entwicklung, über die uns archäologische Zeugnisse Auskunft geben, verläuft freilich etwas anders. Rom entsteht durch den Zusammenschluss verschiedener Siedlungen. Wann dieser stattfindet, ist nicht leicht zu sagen. Man geht heute von einer sukzessiven Stadtentwicklung aus, nicht von einem ***synoikismós***. Die Genese der Stadt vollzieht sich im Verlauf des 7. Jhs. Besiedelt werden zunächst die Hügel. Die älteste Siedlung liegt auf dem Palatin.

Der Mythos von der Gründung Roms Nach der Niederlage Trojas gegen die Griechen soll der trojanische Königssohn Aeneas mit seinem Vater Anchises, seinem Sohn Ascanius (auch Julus genannt) und Götterstatuen der Stadt (den späteren *penates publici* der Römer) nach langer Irrfahrt nach Latium gelangt sein. Er heiratet die Tochter des latinischen Königs Lavinia und gründet die Stadt Lavinium. Sein Sohn begründet später die Stadt Alba Longa und erhebt sie zur neuen Hauptstadt Latiums. Die beiden letzten Könige, die in Alba Longa residieren, sind dem Mythos zufolge Numitor und Amulius. Amulius beansprucht die Königswürde für sich und zwingt die Tochter Numitors, Rhea Silvia, Vestalin zu werden, damit sie keine Söhne gebären kann, die ihrerseits Ansprüche auf den Thron erheben. Rhea Silvia wird jedoch vom Kriegsgott Mars geschwängert und bringt die Zwillinge Romulus und Remus zur Welt, die sie aussetzen muss. Sie werden zunächst von einer Wölfin gesäugt, später vom Hirten Faustulus und seiner Familie aufgenommen. Sie erfahren von ihrer Herkunft, überwältigen Amulius und setzen ihren Großvater Numitor wieder als König ein. Schließlich gründen sie die Stadt Rom an einer günstig gelegenen Stelle nahe der Tiberinsel. Es kommt dabei zum Streit darüber, wer von beiden herrschen soll. Sie befragen die Götter, können sich aber über die Deutung der Vorzeichen nicht einigen. Der Konflikt steigert sich zu einer tätlichen Auseinandersetzung, in der Romulus Remus tötet. Nach seinem Tod steigt Romulus zu den Göttern auf (Apotheose).

synoikismós (‚Zusammenwohnen') meint einen einmaligen Zusammenschluss zuvor unabhänger Siedlungen (Dörfer) zu einer neuen Einheit (Stadt).

Abb. 27: **Die Wölfin säugt Romulus und Remus**

Hier sind Bebauungsreste aus dem 9. Jh. sowie die ältesten Nekropolen gefunden worden. Das Forumstal, eine sumpfige Ebene, wird zunächst nur für Bestattungen genutzt. Später entstehen auch hier Siedlungen.

Um die Wende vom 7. zum 6. Jh. bilden sich urbane Strukturen heraus: Das Forum wird gepflastert (Bestattungen finden dort fortan nicht mehr statt), feste Straßen werden erbaut, Tempel errichtet und Häuser aus Stein geschaffen (zuvor gab es nur Lehmhütten). Die Überlieferung bringt diese Einrichtungen mit dem König Tarquinius Priscus in Verbindung. Den Bau der Stadtmauer verknüpft sie mit König Servius Tullius. Beide sind, ebenso wie ihre Nachfolger, etruskischer Abkunft.

Rom ist stark etruskisch geprägt. Selbst der Name ‚Roma' ist etruskischen Ursprungs. Die Stadt hat seit dem 7. Jh. etruskische Könige, die sich **etruskischer Herrschaftsinsignien** bedienen. Auf die Etrusker geht weiterhin die Vorzeichenschau zurück, welche die Römer intensiv betreiben, um den Willen der Götter zu erkunden. Überdies ist das *pomerium*, eine heilige Furche, welche die Stadtgrenze markiert und innerhalb derer keine Waffen getragen werden dürfen, auf die Etrusker zurückzuführen.

Über die römische Königszeit haben wir kaum authentische Informationen. Die meisten Angaben stammen aus späteren Quellen und sind wenig zuverlässig. Angesichts dessen bemüht sich die Forschung, die Einrichtungen der Königszeit aus späteren Institutionen zu rekonstruieren. Überdies stellt sie Vergleiche mit anderen vormodernen Gesellschaften an. Dabei ergibt sich folgendes Bild:

Der König fungiert als Heerführer und ist für die Kommunikation mit den Göttern zuständig. Besonders unter den späteren Etruskerkönigen, die sich als von den Göttern beauftragt präsentieren, ist dies von großer Bedeutung. Die Kompetenzen des Königs werden mit dem Begriff *imperium* zusammengefasst.

Neben dem König gibt es einen Adelsrat, den sog. Senat, sowie eine Volksversammlung, die primär als Heeresversammlung zu verstehen ist. Ihre Hauptaufgabe ist die Entscheidung über Krieg und Frieden. Der Senat hat vorrangig die Funktion, den König zu beraten. Außerdem scheint er bei der Bestimmung eines neuen Königs eine Rolle zu spielen.

Etruskische Herrschaftsinsignien Es handelt sich um einen Goldkranz, eine Tunika mit Goldverzierung, Rutenbündel mit Beilen (*fasces*), einen Amtsstuhl (*sella curulis*) und Liktoren, d. h. Helfern, die u. a. die Rutenbündel tragen.

Abb. 28: ***fasces***

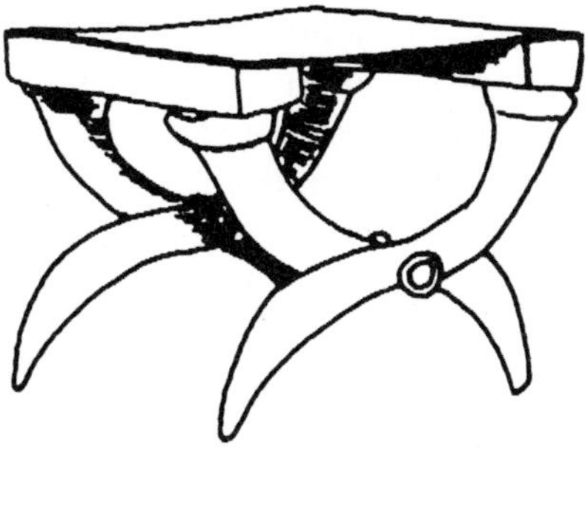

Abb. 29: ***sella curulis***

Das gesamte Volk (*populus*) ist in drei ‚Tribus' geteilt, die etruskische Namen tragen: Tities, Ramnes und Luceres. Die Tribus gliedern sich ihrerseits in jeweils zehn Unterabteilungen, die als ***curiae*** bezeichnet werden. Sie stellen in dieser Zeit die militärischen Gliederungseinheiten dar. Auch die Volksversammlung, die *comitia curiata*, ist nach ihnen geordnet.

Daneben gibt es einen zweiten Typus von Tribus: die lokalen Untereinheiten der Stadt (Wohnbezirke). Anfänglich handelt es sich um vier: Sie heißen Suburana, Palatina, Esquilina sowie Collina und liegen sämtlich im Stadtgebiet. Nach der Eroberung der etruskischen Stadt Veji in frührepublikanischer Zeit kommen siebzehn weitere hinzu, die ländliche Tribus genannt werden.

Die Bevölkerung lässt sich untergliedern in die Aristokraten (Patrizier), die im Senat vertreten sind sowie im Heer die Reiterei stellen, und die Nichtaristokraten (Plebejer), die mehrheitlich in einem Abhängigkeitsverhältnis zu den Patriziern stehen, der **Klientel**. Auch die **Familie** (*familia*) als die kleinste soziale Einheit bildet sich in der Königszeit heraus.

Das Königtum endet in Rom dem Mythos zufolge mit der Vertreibung des letzten Königs Tarquinius Superbus. Die spätere römische Historiographie datiert das Ereignis auf das Jahr 510/9 v. Chr. – also das gleiche Jahr, in dem die Tyrannis in Athen beendet wird. Wahrscheinlicher ist, dass das Königtum in Rom nach der schweren Niederlage der Etrusker gegen die Griechenstädte bei Kyme (474 v. Chr.) beendet wird. Die Vertreibung der Könige ist konstitutiv für die Gründung der römischen Republik. Sie nimmt im kollektiven Gedächtnis der Römer einen zentralen Platz ein.

curia Der Begriff *curia* stammt wohl von lat. *coviria* = Männerbund

Klientelwesen In der Klientel (*clientela*) gehen ein Patrizier und ein Plebejer eine feste Beziehung ein. Der Patrizier hat dabei die Funktion eines ‚Schutzherrn' (*patronus*) und der Plebejer die eines ‚Schützlings' (*cliens*). Sie sind einander zu gegenseitiger Treue (*fides*) verpflichtet. Konkret bedeutet das, dass der Patron den Klienten vor Gericht unterstützt und ihm zu Hilfe kommt, wenn jener in Not gerät oder seitens eines Dritten Schaden erleidet. Der Klient unterstützt seinen Patron in späterer Zeit v. a. politisch, d. h. er gibt ihm seine Stimme, wenn der Patron für ein politisches Amt kandidiert. Die Klientelen werden vererbt. Über ihre Entstehung wissen wir nichts. Wahrscheinlich sind nicht alle Plebejer an Patrizier gebunden. Die Plebejer sind persönlich frei.

Familie Die römische Familie (*familia*) ist gekennzeichnet durch die nahezu unumschränkte Gewalt (*patria potestas*) des Familienvaters (*pater familias*) über alle Familienangehörigen, d. h. über die Frau, die Kinder und ggf. die Sklaven. Er hat das Recht, sämtliche Familienmitglieder zu strafen, kann sie sogar töten. Er entscheidet auch über die Aufnahme eines neugeborenen Kindes in die Familie. Zudem ist er der alleinige Besitzer des Familienvermögens. Dies bedeutet jedoch nicht, dass er willkürlich agieren kann: Er ist durch traditionelle gesellschaftliche Normen (*mores*) gebunden und untersteht der sozialen Kontrolle. Der *pater familias* übt seine väterliche Gewalt bis zu seinem Lebensende aus. Das heißt, dass auch viele erwachsene Söhne, die möglicherweise verheiratet sind und ihrerseits Kinder haben, noch unter der Gewalt ihres Vaters stehen. Erst mit dessen Tod begründet der Sohn eine eigene *familia* und wird selbst zum *pater familias*. Im Adel ist es überdies üblich, dass sich all die Familien, die sich von einem gemeinsamen ‚Stammvater' (*pater gentis*) herleiten, als ein Geschlecht (*gens*) begreifen. Sie haben gemeinsame Versammlungen und vollziehen gemeinsame Kulte.

2 Die frühe römische Republik (ca. 510–287 v. Chr.)

Unsere Quellenlage ist für die frühe Republik ähnlich ungünstig wie für die Königszeit. Zeitgenössische Zeugnisse gibt es nur wenige. Die historiographischen Texte, die über diese Phase berichten, stammen erst aus der späten Republik bzw. der frühen Kaiserzeit. Sie sind stark von Vorstellungen und Bedürfnissen ihrer Entstehungszeit geprägt. Insbesondere die Datierungen, welche die spätere Geschichtsschreibung für die verschiedenen Maßnahmen geben, sind problematisch.

Anstelle des Königs werden – dies lässt sich sicher sagen – mehrere Magistrate gewählt. Anfänglich handelt es sich wohl um drei Amtsträger, von denen einer eine übergeordnete Position innehat. Sie heißen wahrscheinlich Prätoren, der führende Magistrat wird als *praetor maximus* oder *magister populi* bezeichnet. Er fungiert vor allem als Heerführer. Die kultischen Funktionen des Königs erhält ein ‚Opferkönig' (*rex sacrorum*) gemeinsam mit mehreren Priestern (*pontifices*). Auch wenn der *praetor maximus* die Kompetenzen des Königs nicht vollständig übernimmt, schreibt man ihm doch die gesamte Macht des Königs zu: Er hat das *imperium* inne, darf also ein Heer führen und Auspizien anstellen. Der zentrale Unterschied zum König besteht – neben der Aufgabenteilung mit den anderen Funktionsträgern – gleichwohl darin, dass der *praetor maximus* auf nur ein Jahr aus dem Kreis der Patrizier gewählt wird. Die Wahl findet im Senat statt.

Im Unterschied zu den griechischen Poleis der früharchaischen Zeit besteht in Rom ein erheblicher gemeinsamer Handlungsbedarf, der eine weitaus stärkere Ausrichtung des Adels auf das Gemeinwesen zur Folge hat: Rom sieht sich von Beginn an durch äußere Gegner bedroht.

Der Hauptkontrahent sind zunächst die Etrusker. Rom führt mehrere Kriege gegen etruskische Städte. Besonders wichtig ist der Sieg über Veji, die größte etruskische Siedlung in der Region um das Jahr 396 v. Chr. Rom zerstört die Stadt, annektiert das Land großenteils und weist es den eigenen Bürgern als Siedlungsland zu.

Der nächste große Gegner, mit dem es die Römer zu tun haben, sind keltische Gruppen, die aus dem Norden vordringen. Sie haben vorher bereits die Etrusker attackiert und marschieren nun bis Rom

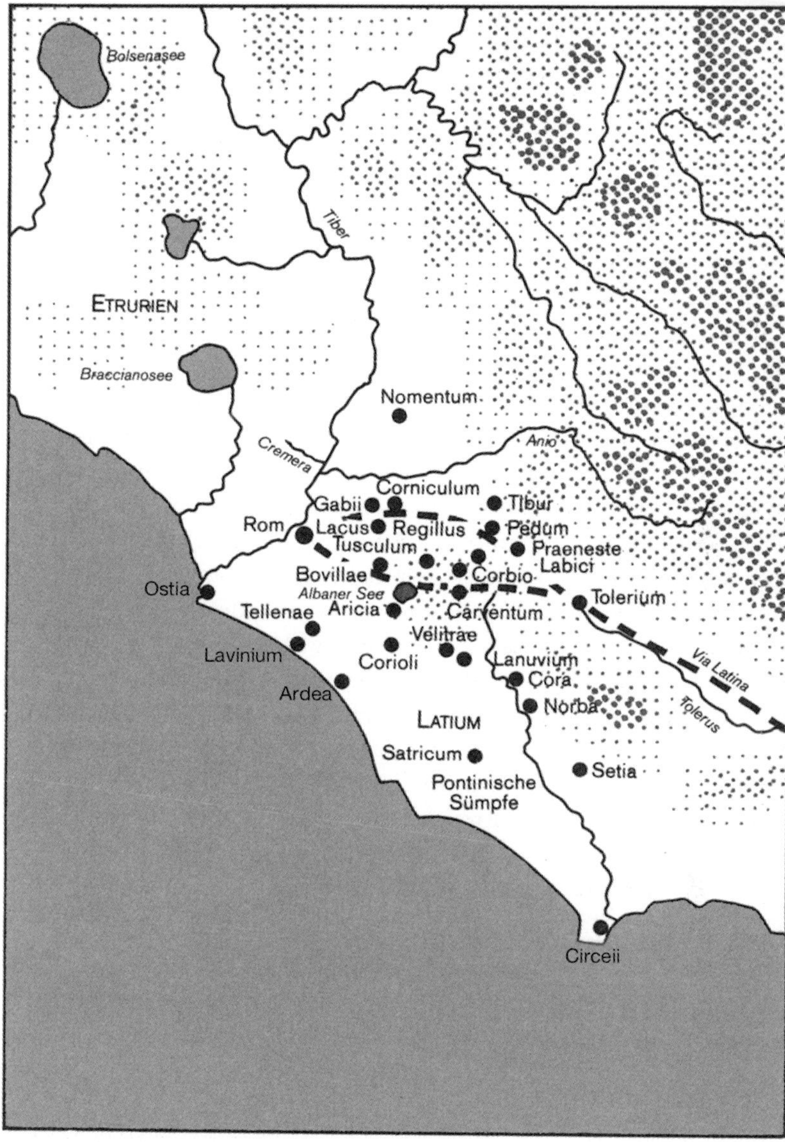

Karte 14: **Die Mitglieder des Latinerbundes**

vor. Im Jahre 387 v. Chr. erleiden die Römer eine Niederlage gegen die Kelten an der Allia, die das Keltenbild der Römer massiv prägt: Es kommt zur Herausbildung einer spezifischen ‚Keltenfurcht' (*metus Gallicus*), die noch Jahrhunderte später immer wieder auftritt und nicht selten politisch instrumentalisiert wird. Rom wird eingenommen und verwüstet. Auch die italischen Bergstämme in Mittel- und Süditalien erweisen sich als Bedrohung für Rom und die Latiner. Der Zusammenbruch der etruskischen Herrschaft in Kampanien stellt etwa für die Äquer und die Volsker aus den Bergen eine Chance dar: Auf der Suche nach fruchtbarerem Land dringen sie in die Küstenregionen vor.

Angesichts der vielfältigen äußeren Gefahren gehen Rom und die übrigen Siedlungen Latiums eine Kooperation ein: Um das Jahr 370 v. Chr. kreieren sie den sog. Latinerbund. Man vereinbart in einem Vertrag, dem sog. *foedus Cassianum*, ewigen Frieden und gegenseitige Unterstützung bei Angriffen durch Dritte. Der Latinerbund agiert aber keineswegs nur defensiv, sondern unternimmt auch aktiv Beutezüge. Römer und Latiner schaffen außerdem ein *ius conubii* und ein *ius commercii*, d. h. sie gewähren einander das Recht auf Ehe und Handel. Schnell wird deutlich, dass Rom innerhalb des Bundes eine Vormachtstellung anstrebt. Das äußert sich etwa darin, dass die Römer auf latinischem Gebiet **Kolonien** gründen.

Bald kommt es innerhalb des Bündnisses zu Differenzen über die Rolle Roms sowie die Verteilung der Beute. Diese münden in einen Latinerkrieg (340–338 v. Chr.), in dem sich die meisten latinischen Städte gegen Rom formieren. Sie kooperieren dabei teilweise mit kampanischen Städten. Rom gelingt es dennoch, seine hegemoniale Position zu behaupten. Viele Latinersiedlungen werden direkt in den römischen Herrschaftsbereich einbezogen, ihr Land wird annektiert. Die weiter von Rom entfernt liegenden Latinerstädte bleiben bestehen, verlieren aber ihre Souveränität. Sie erhalten den Status von **Munizipien**. Das Recht auf *conubium* und *commericum* zwischen Römern und Latinern wird wieder aufgehoben.

Quelle: Die Gründung des Latinerbundes

Die Bedingungen des Vertrages lauteten folgendermaßen: Zwischen den Römern und allen Latinerstädten soll Frieden herrschen, solange Himmel und Erde die gleiche Stellung haben. Außerdem sollen sie weder gegeneinander Krieg führen noch von anderswoher Feinde heranführen, noch sollen sie denen, die Krieg beginnen, sicheren Durchzug gestatten, sondern sie sollen dem, der mit Krieg überzogen wird, mit aller Macht zu Hilfe kommen, und beide sollen an der Beute aus jeder Art ihrer Kriegführung gleichen Anteil erhalten. Gerichtliche Entscheidungen über private Abmachungen sollen innerhalb von zehn Tagen getroffen werden bei dem Volke, bei dem die Abmachung getroffen wurde. Und es soll nicht erlaubt sein, diesen Verträgen etwas hinzuzufügen, noch etwas davon zu streichen, es sei denn auf der Basis eines gemeinsamen Beschlusses aller Römer und Latiner.
(Dionysios von Halikarnassos [spätes 1. Jh. v. Chr.] 6,95,1 f.)

Kolonien Die Römer unterscheiden zwei Typen von Kolonien: die Latinerkolonien (*coloniae Latinae*), in denen latinisches Recht gilt, und römische Bürgerkolonien mit römischem Recht (*coloniae civium Romanorum*). In Latinerkolonien leben Latiner und Römer, in römischen Bürgerkolonien ausschließlich Römer. Ein Römer, der aus einer latinischen Kolonie nach Rom zurückkehrt, erhält sein römisches Bürgerrecht zurück.

Quelle: Gründung und Funktion von coloniae

Es ist der Mühe wert, bei dieser Frage ebenso wie in den anderen Bereichen der Staatsverwaltung über die Umsicht unserer Vorfahren nachzudenken. Sie haben die Kolonien an geeigneten Stellen gegen mutmaßliche Gefahren errichtet, so dass sie offenbar nicht einfach Städte Italiens, sondern Bollwerke des Reiches waren.
(Cicero [106–43 v. Chr.], Über das Ackergesetz 2,73)

Munizipien (*municipia*) Munizipien sind römische ‚Landstädte', die ihre Versorgung selbst organisieren und Rechtsstreitigkeiten mit geringem Streitwert selbstständig regeln. Ansonsten sind sie gänzlich von Rom abhängig.

2.1 Die Ständekämpfe

In Rom kommt es in frührepublikanischer Zeit zu einer Krise, die mit der des frühen Griechenland Gemeinsamkeiten aufweist: Viele Bauern verfügen infolge der Realerbteilung nicht mehr über ausreichend Land, sie müssen sich speziell nach Missernten Saatgut leihen, geraten in die Schuldknechtschaft (*nexum*) oder die Sklaverei. Zahlreiche Klienten fühlen sich in Rechtsangelegenheiten nicht mehr ausreichend von ihren Patronen geschützt. Ein besonderes Problem ergibt sich für sie, wenn sie durch die Schuldknechtschaft in verstärkte Abhängigkeit von ihrem eigenen Patron gelangen. Sehen sie sich von ihm ungerecht behandelt, haben sie keine wirksamen Reaktionsmöglichkeiten. So entsteht der Ruf nach mehr Rechtssicherheit. Auch vermögende Plebejer sind daran interessiert. Diese wünschen sich überdies mehr politische Rechte; bislang sind sie von den Magistraturen sowie dem Senat ausgeschlossen.

Die Unzufriedenheit mündet in die Ständekämpfe, in denen sich die Plebejer gegen die Patrizier formieren. Die Plebejer verweigern zeitweilig die Kooperation mit den Patriziern, d.h. konkret den Dienst im Heer. Sie ziehen aus der Stadt aus (*secessio plebis*), begeben sich auf den ‚heiligen Berg' (*mons sacer*) und schaffen sich eine eigene Organisation, die sie durch einen Schwur (*lex sacrata*) legitimieren. Ein zentrales Element ihrer Organisation sind die **Volkstribune**. Zudem schaffen sie sich eine eigene Volksversammlung, das *concilium plebis*, das nicht nach Kurien, sondern nach den Tribus (Wohnbezirken) gegliedert wird. Sie beansprucht für sich das Recht, Beschlüsse (*plebiscita*) zu fassen, die für die gesamte Gemeinde Gültigkeit haben. Von den Patriziern wird dies jedoch zunächst nicht anerkannt.

Zu einem ersten Ausgleich zwischen Plebejern und Patriziern kommt es, als sich beide Gruppen darauf verständigen, dass die bisherige **Heeresversammlung** (*comitia centuriata*), die nach ‚Hundertschaften' (*centuriae*), dem Gliederungsprinzip des Heeres, aufgebaut ist, den Rang einer Volksversammlung erhält. Die Amtsträger werden künftig hier gewählt – nicht mehr im Senat, so dass die Plebejer nun zumindest über das aktive Wahlrecht verfügen. Die Zenturien fungieren als Stimmkörper; jede Zenturie hat eine Stimme, nicht etwa jeder Bürger.

Volkstribune Zunächst handelt es sich wahrscheinlich um zwei, später wird ihre Zahl auf zehn erhöht. Sie haben die Aufgabe, die Plebejer vor Übergriffen durch patrizische Magistrate zu schützen und ihnen auf diese Weise Hilfe zu bringen (*auxilium ferre*). Ein Plebejer, der sich gefährdet sieht, bittet einen Volkstribunen um Unterstützung (*appellatio*). Der Tribun tritt anfänglich zwischen den bedrohten Plebejer und den Magistrat (*intercessio*). Die Plebs eilt dann herbei und unterstützt ihn. Später sagt der Volkstribun nur noch „ich schreite ein" (*intercedo*) oder „ich verbiete" (*veto*) und fordert den Amtsträger damit auf, vom Zugriff auf den Plebejer abzulassen. Um die Tribune ihrerseits zu schützen, erklärt man sie für sakrosankt: Wer sich gegen sie vergeht, begeht ein Sakrileg. Er ist ‚verflucht' (*sacer*), wird von der Gemeinschaft geächtet und hat – so die Vorstellung – mit einer Bestrafung durch die Götter zu rechnen.

Heeresversammlung: Zenturien und Zenturienversammlung (*comitia centuriata*) Die Römer unterscheiden Zenturien der Ritter, Zenturien des Aufgebotes (*classis*), d.h. derjenigen Bürger, die als Hopliten in der Phalanx kämpfen, sowie Zenturien derer, die ‚unterhalb des Aufgebotes' (*infra classem*) stehen, da sie die Rüstung des Schwerbewaffneten nicht finanzieren können und im Heer als Leichtbewaffnete tätig sind. Die Bürger sind sehr unterschiedlich auf die Zenturien verteilt: Die Ritterzenturien, in denen die Patrizier und vermögenden Plebejer vertreten sind, haben weitaus weniger Mitglieder als die anderen. Die Gesamtzahl der Zenturien beträgt 193. Davon entfallen auf die Ritter 18, auf die Schwerbewaffneten insgesamt 170 und auf die übrigen, in denen ein Großteil der *plebs* vertreten ist, lediglich fünf. Bei der Abstimmung beginnt man mit den Einheiten der Ritter und arbeitet sich dann ‚nach unten' vor. Sobald eine Mehrheit für einen Beschluss erreicht ist – das ist in der Regel der Fall, nachdem die Zenturien der Ritter und die der ersten *classis* befragt worden sind –, wird die Abstimmung abgebrochen.

Weiterhin einigt man sich um 450 v. Chr. auf eine Kodifikation des Rechts, so dass die Forderung der Plebejer nach Rechtssicherheit erfüllt wird. Es entsteht das Zwölf-Tafel-Gesetz, mit dem das bestehende Recht fixiert und veröffentlicht wird. Hier werden etwa Strafen für Patrone festgelegt, die sich gegen ihre Klienten vergehen. Das Zwölf-Tafel-Gesetz weist viele Ähnlichkeiten mit den griechischen Kodifikationen auf. Ob direkte Zusammenhänge bestehen, ist nicht sicher. In gleicher Weise wie in den griechischen Gesetzgebungen spielt die Regelung von Erbschaftsangelegenheiten eine wichtige Rolle. Auch Gesetze zur Aufwandsbeschränkung der Reichen finden sich darin. Weiterhin wird geregelt, dass Kapitalverbrechen von der Volksversammlung verhandelt werden sollen.

Etwas später wird das bislang bestehende Eheverbot zwischen Patriziern und Plebejern, das im Zwölf-Tafel-Gesetz noch einmal bestätigt worden ist, aufgehoben.

Trotz dieser Regelungen lodern die Konflikte wieder auf. Die Ziele der Plebejer sind noch nicht erreicht: Die vermögenden Plebejer erstreben politische Gleichstellung mit den Patriziern; die Plebejer insgesamt sind daran interessiert, dass ihre Institutionen seitens der Patrizier anerkannt und in das Staatswesen inkorporiert werden. Die Patrizier wenden sich zunächst gegen die Vergabe des passiven Wahlrechts an Plebejer. Hintergrund ist, dass sie als Oberbeamte Auspizien durchführen, also mittels verschiedener Techniken den Willen der Götter erkunden müssen, wozu – so ihre Überzeugung – nach dem Sakralrecht allein die Patrizier befugt sind.

Im Verlaufe des 4. Jhs. kommt man einer Lösung jedoch näher: Eine nächste Etappe in der Beilegung des Konflikts stellt die Ausbildung der Konsulatsverfassung dar. Mit den *Leges Liciniae Sextiae* (ca. 367/6 v. Chr.; die Gesetze werden nach den Magistraten benannt, die sie beantragt haben) wird festgelegt, dass das Oberamt künftig zweistellig sein soll. An die Stelle des *praetor maximus* treten zwei Konsuln. Weiterhin wird entschieden, dass jeweils einer der Konsuln Patrizier sein muss, womit das Problem der Durchführung von *auspicia* gelöst ist; der andere kann der *plebs* angehören. Ein Plebejer, der den Konsulat bekleidet hat, wird im Normalfall Mitglied des Senats. Die vermögenden Plebejer haben damit ihren politischen Partizipationsanspruch durchgesetzt. Die Zahl der Plebejer, denen

Quelle: Zwölf-Tafel-Gesetz

Tafel 1 (Auszug)

1. Wenn (der Kläger den Beklagten) vor Gericht ruft, muss (der Beklagte dorthin) gehen. Geht er nicht, müssen sie Zeugen herbeirufen. Sodann soll (der Kläger) ihn ergreifen.
2. Wenn (der Beklagte) Ausflüchte macht oder fliehen will, soll (der Kläger) ihn festnehmen.
3. Ist Krankheit oder hohes Alter Schuld an der Weigerung, soll der Kläger dem Beklagten einen einfachen Wagen stellen. Lehnt dies der Beklagte ab, so braucht (der Kläger) einen gedeckten Wagen nicht zurechtzumachen.
4. Einem Ansässigen sei auch ein Ansässiger Bürge. Einem Bürger der untersten Klasse soll Bürge sein, wer es sein will.
5. (...) Verpflichtung (...) dem Vornehmen ebenso den Klienten.
6. Wenn sie (die Parteien) eine Sache gütlich beilegen, soll er (der Prätor) dazu sprechen.
7. Kommt es nicht zur Beilegung, sollen sie (die Parteien) im Comitium oder auf dem Forum die Sache am Vormittag verhandeln. Beide Teile sollen zusammen persönlich anwesend (ihre Sache) vortragen.
8. Nach dem Mittag soll (der Prätor) den Streitgegenstand dem zusprechen, der anwesend ist.
9. Sind beide Teile anwesend, soll der Sonnenuntergang der letzte Zeitpunkt (für die Streitverhandlung) sein.

Tafel 3 (Auszug)

1. Nach dem Recht der (gerichtlich) anerkannten Geldschuld und bei rechtskräftig entschiedenen Sachen sollen 30 Tage (Erfüllungsfrist) zu Recht bestehen.
2. Danach soll die Ergreifung (des Schuldners) statthaft sein. Er (der Gläubiger) soll ihn vor Gericht führen.
3. Erfüllt er seine Urteilsverpflichtung nicht oder übernimmt niemand für ihn vor Gericht Bürgschaft, soll ihn der Gläubiger mit sich führen, fesseln, entweder mit einem Strick oder mit Fußfesseln im Gewicht von 15 Pfund, nicht mit stärkeren, wenn er aber will, mit leichteren.
5. Es bestand jedoch das Recht, in der Zwischenzeit die Sache gütlich beizulegen. Kam es aber nicht dazu, wurden (die Schuldner) 60 Tage in Haft gehalten. Innerhalb dieser Tage wurden sie an drei aufeinander folgenden Markttagen zum Prätor ins Comitium gebracht und es wurde ausgerufen, zu welcher Geldschuldhöhe sie verurteilt waren. Am dritten Markttag wurden die Schuldner entweder getötet oder nach jenseits des Tiber ins Ausland verkauft.

es gelingt, bis zum Konsulat zu gelangen, ist jedoch gering. Sie entstammen nur einer kleinen Zahl von Familien, die bald durch Heirat Bindungen mit den patrizischen Familien eingehen.

Eine Folge der Zulassung der Plebejer zum Konsulat ist die Herausbildung einer neuen Führungsschicht: der Nobilität. Im Unterschied zum Patriziat handelt es sich bei dieser nicht um einen Geburtsadel, sondern der Konzeption nach um einen Amtsadel. Ihm gehören diejenigen Personen an, in deren Familien bereits jemand das Oberamt erlangt hat oder denen dies selbst gelungen ist. Die allermeisten Magistrate stammen aus diesen Familien. Ausnahmen, sog. *homines novi* (‚neue Männer'), sind bis in die Zeit der späten Republik selten.

Durch die *Lex Poetelia* wird – der Überlieferung zufolge im Jahre 326 v. Chr. – die Schuldknechtschaft abgeschafft. Ebenso wie in Griechenland wird die Verschuldungsproblematik dadurch nicht hinreichend gelöst. Das aber geschieht im Zuge der römischen Expansion, in der das Staatsgebiet vergrößert und damit neues Siedlungsland gewonnen wird. Dabei wird ein Großteil des Landes annektiert, dem römischen Staatsbesitz (*ager publicus*) zugeschlagen und gegen eine Pacht zur Okkupation (‚Besetzung') durch Römer freigegeben (eine Möglichkeit, die faktisch nur die Vermögenden nutzen können) bzw. zum Teil römischen Bürgern einzeln als Siedlungsland zugewiesen.

Weitere wichtige Errungenschaften sind die ***Lex Ogulnia*** und die ***Lex Valeria de provocatione***. Durch die *Lex Hortensia*, welche die Überlieferung auf das Jahr 287 v. Chr. datiert, wird festgeschrieben, dass die Beschlüsse (*plebiscita*) der Plebejerversammlung den Gesetzen (*leges*) der Zenturiatskomitien gleichzustellen sind. Damit wird die Versammlung der *plebs* ins Gemeinwesen integriert. Mit der *Lex Hortensia* enden die Ständekämpfe. Im Verlaufe dieser Auseinandersetzung bildet sich die Ordnung heraus, die bis in die späte Republik hinein die ***res publica*** charakterisiert.

Die Ständekämpfe umfassen insgesamt etwa 200 Jahre. Das bedeutet gleichwohl nicht, dass beständig Konflikte ausgetragen werden. Die Plebejer verhalten sich vielmehr insgesamt moderat: In Phasen, in denen das Gemeinwesen militärisch bedroht ist, unternehmen sie keine Aktionen. Erst im Anschluss daran, wenn sie ihr Engagement für die *res publica* unter Beweis gestellt haben, wagen sie weitere

Lex Ogulnia Durch die *Lex Ogulnia* werden – der späteren Historiographie gemäß im Jahre 300 v. Chr. – die Plebejer zu wichtigen Priesterämtern zugelassen. Das fördert ihre politische Gleichstellung, da sie nun auch Auspizien durchführen und damit den Konsulat im vollen Sinne ausfüllen können.

Lex Valeria de provocatione Die *Lex Valeria de provocatione*, die wahrscheinlich ebenfalls im Jahre 300 v. Chr. verabschiedet wird, gibt den römischen Bürgern das Recht, an die Volksversammlung zu appellieren, wenn sie sich durch Maßnahmen eines Magistrats massiv bedroht sehen. *Provocatio* bedeutet soviel wie ‚Herausrufen‘ (des Volkes). In der Praxis soll damit vor allem erreicht werden, dass ein Bürger, der eines Kapitalverbrechens bezichtigt wird, ein Recht auf einen Prozess vor der Volksversammlung hat und nicht von einem Magistrat abgeurteilt werden darf.

res publica Der Begriff meint soviel wie ‚öffentliche Angelegenheit‘ und wird von der *res privata* (‚private Angelegenheit‘) abgegrenzt. Eine Übersetzung, die den Bedeutungsgehalt adäquat wiedergibt, ist kaum möglich. *Res publica* bezeichnet das römische Gemeinwesen, das eine eigentümliche Verbindung von sozialer und politischer Ordnung darstellt. Zentral ist im Verständnis der Römer das Zusammenwirken aller gesellschaftlichen Gruppen und ihre Ausrichtung auf das Ganze. Das bedeutet jedoch nicht, dass sämtliche Bürger in gleichem Maße am Staat partizipieren; *res publica* meint also keine Demokratie, wie man sie etwa in Athen versteht. Aus *res publica* entwickelt sich später der Terminus ‚Republik‘.

Schritte, ziehen ggf. wiederum aus der Stadt aus und formulieren ihre Forderungen. Die Patrizier, die existentiell darauf angewiesen sind, dass die *plebs* sich an der Verteidigung der Stadt beteiligt, zeigen sich gleichsam kompromissbereit. Die Ständekämpfe sind stark geprägt durch das Phänomen immer wiederkehrender äußerer Bedrohungen und der Notwendigkeit, innere Geschlossenheit zu erlangen. Ohne diese Bedingung wäre es kaum möglich gewesen, dass die Plebejer sich gegen die Patrizier organisieren und ihre Interessen selbstständig gegen die herrschende Gruppe durchsetzen. In den griechischen Poleis, auf die diese Bedingung nicht zutrifft, gelingt nichts Vergleichbares. Hier wird die politische Entwicklung bis in die klassische Zeit hinein, wie wir am Beispiel Athens gesehen haben, fast ausschließlich von Adligen geprägt.

2.2 Die Eroberung Italiens während der frühen Republik

In der Zeit der frühen Republik erringt Rom die Herrschaft über Italien. Nach den Siegen über die Etrusker und die Eroberung Latiums in den Latinerkriegen ist der nächste außenpolitische Schritt die Einnahme Mittel- und Süditaliens. Sie geschieht durch die Samnitenkriege gegen Ende des 4. und zu Beginn des 3. Jhs. v. Chr. Die Überlieferung berichtet von drei Samnitenkriegen; tatsächlich dürfte es sich nur um zwei handeln, die von 326–304 und von 298–291 v. Chr. andauern. Einen ersten setzt die Tradition vor dem Latinerkrieg an, was sehr unwahrscheinlich ist.

Anlass für den Zweiten Samnitenkrieg ist offenbar ein Hilfegesuch der Stadt Neapel, die sich ihrerseits von den Samniten bedroht sieht, welche aus dem Bergland an die kampanische Küste vordringen. Beim Dritten Samnitenkrieg handelt Rom auf Bitten der Lukaner im Südwesten Italiens, die sich gleichermaßen gegen die Samniten erwehren müssen. Nach längeren Auseinandersetzungen siegen die Römer über die Samniten sowie über Etrusker und Kelten, die sich auf die Seite der Samniten geschlagen haben. Um die Grenzen zum Samnitengebiet besser kontrollieren zu können, legt Rom dort Bürgerkolonien an. Kurz nach den Samniten ‚befrieden' die Römer die Sabiner im mittelitalischen Raum. Diese werden ins römische Staatsgebiet inkorporiert und erhalten den Status von

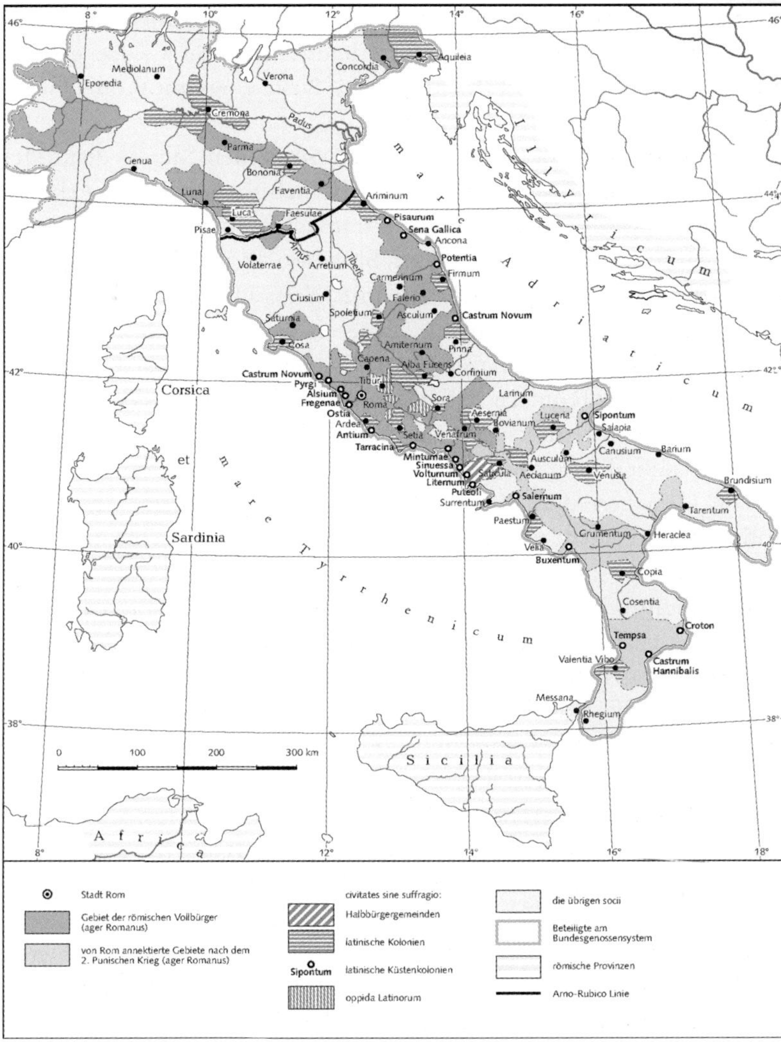

Karte 15: **Das Bundesgenossensystem (338–89/82 v. Chr.)**

cives sine suffragio. Ebenso wie früher schon im Latinerraum werden in deren Region Munizipien eingerichtet. 283 v. Chr. gelingt im südlichen Etrurien ein Sieg über die Kelten, womit Roms Herrschaft in Mittelitalien gesichert ist.

Der nächste große Konflikt ist in Süditalien angesiedelt. Die griechische Stadt Tarent greift römische Schiffe an, da sie – entgegen einer angeblichen früheren vertraglichen Regelung – in ihren Hafen eingelaufen sind. In dieser Situation bittet Tarent **Pyrrhos** um Hilfe. Obwohl die Tarentiner mit seiner Unterstützung ab 280 v. Chr. mehrere Siege erringen, verlieren sie schließlich 272 v. Chr. den Krieg. Die Erwartung des Pyrrhos, dass zahlreiche Städte Süditaliens von den Römern abfallen und zu ihm überlaufen, hat sich nicht erfüllt. Mit diesen Siegen erlangt Rom die Herrschaft auch über das süditalische Festland.

Die Ursachen und Motive der römischen Expansion in Italien sind bis heute nicht völlig geklärt. Agiert Rom planvoll oder von Fall zu Fall? Ist es tatsächlich bedroht, oder handelt es sich nur um eine vermeintliche Bedrohung? Stellen die Bitten um Unterstützung, die seitens verschiedener Städte an Rom herangetragen werden, die realen Kriegsgründe dar? Bedarf Rom militärischer Auseinandersetzungen, um die Konflikte im Inneren zu bewältigen? In all diesen Fragen herrscht in der Forschung noch kein Konsens.

Die Römer schaffen im Zuge ihrer Expansion in Italien ein **Bundesgenossensystem**, mit dem sie die Beziehungen zwischen sich und den unterworfenen Städten regeln. Rom hat dabei eine hegemoniale Position inne. Es schließt Einzelverträge mit den Städten, die ihrerseits untereinander nicht verbunden sind. Es gibt keine Bundesversammlung, in der über gemeinsame Angelegenheiten beraten und entschieden würde. Der Bund hat auch keinen Namen. Ihrem Rang nach werden drei Typen von Mitgliedern unterschieden: erstens die römischen Bürger, also Personen, die das römische Bürgerrecht genießen und entweder in der Stadt Rom selbst oder in einer römischen Bürgerkolonie ansässig sind, zweitens die Bundesgenossen, die mehrheitlich in Munizipien leben, und drittens die Bewohner der Latinerkolonien. Die größte Gruppe innerhalb des Bündnissystems stellen die Bundesgenossen dar. Man schätzt ihre Zahl auf gut 400 000, die der waffenfähigen Römer auf ca. 250 000 und jene der gerüsteten Latiner auf etwa 85 000.

cives sine suffragio („Bürger ohne Wahlrecht") Der Begriff bezeichnet Personen, die über das römische Bürgerrecht verfügen, aber von der politischen Teilhabe in Rom ausgeschlossen sind. Sie sind römische Bürger (*cives*), dürfen sich jedoch an den Wahlen (*suffragia*) in Rom nicht beteiligen.

Pyrrhos (319/18–273 v. Chr.) König der Molosser aus Epirus (einer Landschaft im Nordwesten Griechenlands) strebt zunächst danach, im hellenistischen Osten eine Herrschaft zu errichten. Als ihm dies misslingt, versucht er sein Glück in Italien. Er erhofft sich dabei Unterstützung durch die griechischen Städte in Süditalien. Die Siege, die er erringt – so bei Herakleia und bei Ausculum –, sind mit schweren Verlusten verbunden (‚Pyrrhossiege').

Quelle: Der Krieg gegen Pyrrhos

Als Appius solche Worte gesprochen hatte, erfüllte sie (die Römer) neuer Mut zum Kriege, und sie entließen Kineas [einen thessalischen Philosophen und Gesandten des Pyrrhos] mit dem Bescheid, Pyrrhos solle Italien räumen und danach, wenn er wolle, von Freundschaft und Bundesgenossenschaft reden; solange er aber im Lande unter Waffen stehe, würden die Römer mit aller Kraft gegen ihn Krieg führen, und wenn er noch tausend Männer wie Laevinus in die Flucht schlüge. Übrigens heißt es, dass Kineas, während er diese Verhandlungen führte, es sich habe angelegen sein lassen, die Lebensweise der Römer zu beobachten und die Vorzüge ihrer Verfassung zu studieren; er habe auch Gespräche mit den angesehensten Männern geführt, dem Pyrrhos darüber berichtet und unter anderem gesagt, der Senat sei ihm wie eine Versammlung vieler Könige erschienen, und was die Volkszahl angehe, so fürchte er, es möchte sich zeigen, dass sie gegen eine lernaiische Hydra [eine neunköpfige Schlange, die Herakles dem Mythos zufolge zu bekämpfen hatte] kämpften, denn der Konsul habe schon doppelt so viele ausgehoben, als ihnen in der vorigen Schlacht gegenübergestanden hätten, und ein Vielfaches davon betrage die Zahl der Römer, die Waffen tragen könnten.
(Plutarch, Pyrrhos 19)

Bundesgenossen Bundesgenossen (*socii*) sind die Bewohner der Gemeinwesen, die vertraglich an Rom gebunden sind. In der Gestaltung der inneren Angelegenheiten sind sie weitgehend autonom, dürfen aber keine von Rom unabhängige Außenpolitik betreiben und müssen Soldaten für das römische Heer stellen.

3 Die mittlere römische Republik (ca. 287–133 v. Chr.)

In der mittleren Republik konsolidiert sich die innere Ordnung Roms, die im Zuge der Ständekämpfe entstanden ist. Man nennt sie auch die klassische Republik. Außenpolitisch ist die Zeit geprägt durch den Krieg gegen Karthago, an dessen Ende Rom zur stärksten Macht im Mittelmeerraum wird. Dabei deutet sich an, dass die außenpolitische Entwicklung bedenkliche innenpolitische Konsequenzen nach sich zieht. Unsere Quellenlage für diese Phase der römischen Geschichte ist günstiger als für die früheren Zeitabschnitte. Wir verfügen nun auch über einige zeitgenössische literarische Zeugnisse lateinischer wie griechischer Provenienz.

3.1 Die politische Ordnung

Rom kennt ebenso wie alle anderen antiken Staaten keine geschriebene Verfassung. Den Aufbau der politischen Institutionen erkundet man am besten auf der Grundlage ihres konkreten Wirkens. Rom hat keine politische Ordnung, die sich von der sozialen Verfasstheit abgrenzen lässt; vielmehr sind politische und soziale Ordnung eng miteinander verzahnt. Das geschieht zum einen durch das System der **Klientel**, zum anderen manifestiert sich hier die Rolle der römischen Familie. Speziell die Familien der Oberschicht prägen das politische Geschehen. Die führenden Politiker entstammen einer vergleichsweise geringen Zahl von Familien. Um überhaupt erfolgreich für ein Amt kandidieren zu können, muss man im Normalfall einer Familie angehören, die bereits zur Nobilität zählt. Auch die Einheirat in eine einflussreiche Familie kann sich als sehr hilfreich für den politischen Aufstieg erweisen. Politische Allianzen und verwandtschaftliche Beziehungen bedingen einander oft.

Betrachten wir die einzelnen politischen Institutionen: Wir haben gesehen, dass sich im Zuge der Ständekämpfe ein zweistelliges Oberamt herausbildet: der Konsulat. Die **Konsuln** sind primär für die Kriegführung zuständig. Von den Konsuln abgegrenzt wird eine Magistratur, die vorrangig mit der Rechtsprechung betraut ist. Sie trägt den Namen, den das Oberamt ursprünglich hatte: Prätur.

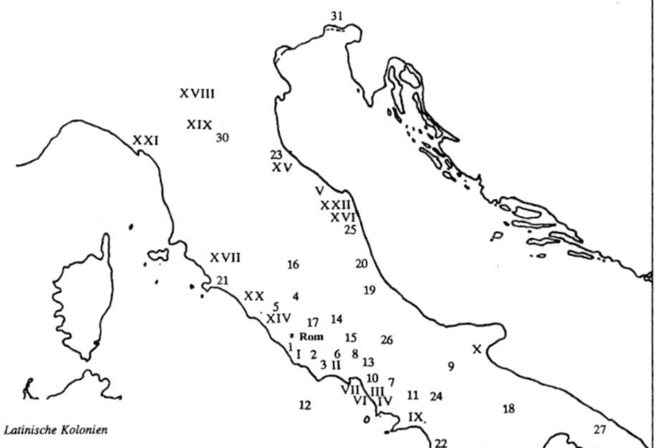

Latinische Kolonien

1	Ardea	442 v.Chr.
2	Satricum	385 v.Chr.
3	Circei	383 v.Chr.
4	Nepet	383 v.Chr.
5	Sutrium	383 v.Chr.
6	Setia	382 v.Chr.
7	Cales	334 v.Chr.
8	Fregellae	328 v.Chr.
9	Luceria	314 v.Chr.
10	Suessa Aurunca	313 v.Chr.
11	Saticula	313 v.Chr.
12	Pontia	313 v.Chr.
13	Interamna Liris	312 v.Chr.
14	Alba Fucens	303 v.Chr.
15	Sora	303 v.Chr.
16	Narnia	299 v.Chr.
17	Carseoli	298 v.Chr.
18	Venusia	291 v.Chr.
19	Hadria	289 v.Chr.
20	Castrum Novum	283 v.Chr.
21	Cosa	273 v.Chr.
22	Paestum	273 v.Chr.
23	Ariminum	268 v.Chr.
24	Beneventum	268 v.Chr.
25	Firmum	264 v.Chr.
26	Aesernia	263 v.Chr.
27	Brundisium	244 v.Chr.
28	Copia	193 v.Chr.
29	Vibo	192 v.Chr.
30	Bononia	189 v.Chr.
31	Aquileia	181 v.Chr.

Bürgerkolonien

I	Antium	338 v.Chr.
II	Tarracina	329 v.Chr.
III	Minturnae	296 v.Chr.
IV	Sinuessa	296 v.Chr.
V	Sena Gallica	283 v.Chr.
VI	Liternum	194 v.Chr.
VII	Volturnum	194 v.Chr.
VIII	Puteoli	194 v.Chr.
IX	Salernum	194 v.Chr.
X	Sipontum	194 v.Chr.
XI	Buxentum	194 v.Chr.
XII	Tempsa	194 v.Chr.
XIII	Croton	194 v.Chr.
XIV	Pyrgi	191 v.Chr.
XV	Pisaurum	184 v.Chr.
XVI	Potentia	184 v.Chr.
XVII	Saturnia	183 v.Chr.
XVIII	Parma	183 v.Chr.
XIX	Mutina	183 v.Chr.
XX	Graviscae	181 v.Chr.
XXI	Luna	177 v.Chr.
XXII	Auximum	157 v.Chr.

Karte 16: **Die römische Vorherrschaft in Italien: Latinische Kolonien und Bürgerkolonien – gegründet in der frühen und mittleren Republik**

Klientel Das Klientelwesen haben wir bereits kennengelernt (s. Abschnitt 1.3). Es ist durch die Ständekämpfe nicht in Frage gestellt worden. Ein Unterschied zur Königszeit und den Anfängen der Republik ist allerdings darin zu sehen, dass nun auch die vermögenden Plebejer, denen es gelungen ist, in die Nobilität vorzudringen, Patrone werden und Klientelen ausbilden können.

Konsul Die Konsuln verfügen über das *imperium*, haben also das Recht, ein Heer aufzustellen und im Krieg zu befehligen. Sie können die Volksversammlungen einberufen und in diesen Anträge stellen. Außerdem dürfen sie den Senat versammeln. Sie sind gehalten, sich mit dem Senat zu beraten und haben sich an seinen Beschlüssen zu orientieren. Die Konsuln sollen sich auch miteinander verständigen und sich auf die Weise gegenseitig kontrollieren. Zeigt der Kollege Verhaltensweisen, mit denen er gegen die Ordnung des Gemeinwesens verstößt, sollte der andere ein Veto einlegen.

Anfänglich gibt es zwei **Prätoren**. Daneben werden **Ädile** und **Quästoren** eingeführt. Letztere haben im Unterschied zu Konsuln und Prätoren kein *imperium*, sondern lediglich die zivile Amtsgewalt (*potestas*) inne.

Diese vier Ämter bilden mit der Zeit eine Laufbahn (*cursus honorum*) heraus: die unterste Stufe stellt die Quästur dar, darauf folgt die Ädilität, anschließend die Prätur und schließlich der Konsulat. Sie sollten nur in dieser Reihenfolge durchlaufen werden, allerdings gibt es Ausnahmen, etwa indem jemand nach dem Quästorenamt direkt die Prätur anstrebt. Für jedes der Ämter ist ein Mindestalter festgelegt. Jedem Amt sind spezielle **Insignien** zugeordnet, an denen die Amtsträger leicht zu erkennen sind. Konsulat, Prätur und Ädilität werden auch als ‚kurulische' Magistraturen bezeichnet, da jedem dieser Amtsträger ein Amtsstuhl (*sella curulis*) zusteht.

Von den regelmäßigen Magistraturen, die in jedem Jahr neu besetzt und beständig ausgeübt werden, sind die unregelmäßigen zu unterscheiden. Deren wichtigste ist diejenige Magistratur, die in Rom das höchste Ansehen aller Ämter genießt: die Zensur. Im Normalfall werden nur Personen zu **Zensoren** gewählt, die bereits den Konsulat bekleidet haben. Ein außerordentliches Amt ist ferner das des *dictator*. Es kann im Kriegsfall in schwierigen Lagen, besonders wenn beide Konsuln gefallen sind, für maximal ein halbes Jahr besetzt werden, um den Feldzug zu Ende zu führen.

Die politische Institution, die im Zentrum der *res publica* steht, ist der Senat. Die **Senatoren** werden vom Zensor benannt. In der Regel handelt es sich bei ihnen um Personen, die mindestens die Ädilität bekleidet haben. Der Senat zählt 300 Mitglieder. Er hat die höchste *auctoritas*, aber keine *potestas*, d.h. er genießt höchstes Ansehen, kann aber nicht eigenständig politisch handeln. Er verfügt nicht einmal über die Möglichkeit, aus eigener Initiative zusammenzutreten, sondern muss von einem der Amtsträger einberufen werden. Seine Hauptaufgabe besteht darin, die Magistrate zu beraten. Er verfasst dazu Empfehlungen (*senatus consulta*), die jedoch nicht formal bindend sind. Aufgrund seiner Autorität orientieren sich die Amtsträger aber an ihnen. Weiterhin kontrolliert er die Magistrate und weist ihnen die Gelder für die Durchführung ihrer Aufgaben zu. Auch korrespondiert er mit auswärtigen Mächten und empfängt deren Gesandtschaften. Sollten beide Konsuln während

Prätor Einer der beiden Prätoren ist für die Rechtsstreitigkeiten unter römischen Bürgern zuständig (*praetor urbanus*), der andere für Konflikte zwischen Römern und Fremden (*praetor peregrinus*). Die Prätoren fungieren als Vorsitzende der Gerichtshöfe und setzen die Richter ein. Sie verfügen wie die Konsuln über das *imperium*, sind also grundsätzlich auch berechtigt, ein Heer zu befehligen. Gleich den Konsuln dürfen sie den Senat wie die Volksversammlungen einberufen. Ihre Zahl wird später schrittweise auf bis zu acht erhöht.

Ädil Es gibt insgesamt vier Ädile. Sie haben die Polizeigewalt innerhalb des Stadtbereichs von Rom inne und kümmern sich um die Markt- und Straßenaufsicht in der Metropole. Außerdem sind sie für die Getreide- und Wasserversorgung zuständig und organisieren die öffentlichen Spiele.

Quästor Die Quästur ist zunächst ein zweistelliges Amt. Die Quästoren fungieren ursprünglich als Gehilfen der Konsuln. Später obliegt ihnen die Verwaltung der Staatskasse.

Insignien Die wichtigsten Amtsinsignien, die ihren Ursprung in der Königszeit haben (s. Abschnitt 1.3) sind die *toga praetexta* (eine Toga mit Purpursaum), ein Amtsstuhl (*sella curulis*) sowie eine unterschiedlich große Zahl von Liktoren mit Rutenbündeln (der Konsul etwa hat ihrer zwölf, der Prätor zwei).

Zensoren Das Zensorenamt wird nur alle fünf Jahre besetzt; die Amtszeit dauert 18 Monate. Es zählt zu den kurulischen Ämtern. Die Zensoren sind für die Durchführung des Zensus (Einteilung der Bürger in Vermögensklassen, welche die Grundlage für die Organisation des Heeres darstellen) und die Überprüfung der Bürgerlisten zuständig. Sie entscheiden über die Aufnahme in den Senat und ggf. auch den Ausschluss von Personen aus dem Senat (*senatus lectio*). Sie überwachen die Lebensführung der Ritter und der Senatoren (*cura morum*). Bei nicht standesgemäßem Verhalten haben sie die Möglichkeit, eine Rüge (*nota censoria*) auszusprechen; ein davon betroffener Senator kann seines Senatssitzes verlustig gehen.

Senatoren Die Senatoren sind nicht nur als politische Funktionsträger zu verstehen, sondern begründen auch einen sozialen Stand (*ordo*), der von dem der Ritter abgegrenzt wird: Wer aus dem Ritter- in den Senatorenstand aufsteigt, muss sein Staatspferd abgeben – eines der Symbole der Zugehörigkeit zum Ritterstand. Dem Senatorenstand gehören nicht nur die aktuellen Senatoren an, sondern sämtliche Männer und Frauen, deren Familie irgendwann einmal einen Senator gestellt hat.

der Amtszeit versterben, stellt er einen *interrex* (‚Zwischenkönig'), eine Einrichtung, die es bereits in der Königszeit gab. Dessen Aufgabe ist es, Wahlen vorzubereiten. Der Senat kann in Krisensituationen den Staatsnotstand ausrufen (*senatus consultum ultimum*).

Rom hat in der mittleren Republik mehrere Volksversammlungen: die wichtigsten sind die **Zenturiats-** und zwei Typen von **Tributskomitien**. Die tatsächliche Rolle der Volksversammlungen an der Politik ist gleichwohl gering. In aller Regel stimmen sie den Vorschlägen zu, welche die Magistrate ihnen unterbreiten. Man hat die Volksversammlungen daher in der Forschung als ein ‚Konsensorgan' bezeichnet: Ihre Hauptaufgabe besteht darin, die Zustimmung der Bürgerschaft zu den Maßnahmen der Führungsschicht zum Ausdruck zu bringen und damit die Eintracht (*concordia*) in Staat und Gesellschaft zu dokumentieren. Die Volksversammlungen nehmen also – von ihrer Rolle als Wahlorgan abgesehen – vorrangig eine symbolische Funktion wahr. Nur Magistrate sind berechtigt, Anträge einzubringen. Diese werden nicht diskutiert und können auch nicht verändert werden. Die Volksversammlung hat nur die Möglichkeit zuzustimmen bzw. (was nur in seltenen Fällen geschieht) abzulehnen.

Der Volkstribunat wird ebenso wie das *concilium plebis* in die *res publica* integriert und verliert damit seinen revolutionären Charakter. Er behält all die Rechte, die in den Ständekämpfen durchgesetzt worden sind; in der politischen Praxis nutzt er sie jedoch kaum mehr. Wichtig bleibt gleichwohl das Recht, die Volksversammlung einzuberufen. Die Volkstribune werden allmählich selbst zu Angehörigen der politischen Elite, dürfen allerdings keiner patrizischen Familie entstammen. Nach Ende ihres Tribunats können sie für höhere Ämter kandidieren. Sie fungieren in der mittleren Republik vor allem als Vermittler der Politik, welche Senat und Magistrate initiieren, und tragen damit zur Konsensbildung und Integration der Gesellschaft bei.

Zenturiatskomitien Die *comitia centuriata* sind, wie wir schon gesehen haben (s.o. Abschnitt 2.1), der militärischen Ordnung entsprechend gegliedert. Da es sich um die alte Heeresversammlung handelt und die Teilnehmer ursprünglich in Waffen erscheinen, tagen sie außerhalb des *pomerium* auf dem Marsfeld. Sie wählen die höheren Magistrate (Konsuln, Prätoren und Zensoren), entscheiden über Krieg und Frieden und beschließen über Gesetzesanträge. Bis in die späte Republik hinein fungieren sie auch als Strafgericht.

Tributskomitien Die beiden Tributskomitien sind nach Wohngebieten gegliedert. Die einen gehen aus dem *concilium plebis* der Ständekämpfe hervor. Diese dürfen nur von einem Volkstribun einberufen werden. Die Patrizier bleiben von der Teilnahme ausgeschlossen. Analog dazu wird (wahrscheinlich gegen 200 v.Chr.) eine weitere nach Wohngebieten geordnete Versammlung eingeführt, an der alle Bürger partizipieren dürfen. Diese wird von den höheren Magistraten versammelt und geleitet. Hier werden die niederen Magistrate gewählt. Im Verlaufe der Zeit gewinnt letztere gegenüber der Zenturienversammlung an Bedeutung. In der späten Republik beschließt sie auch über Gesetze. Beide Tributskomitien werden auf dem Forum abgehalten.

Weitere Volksversammlungen Über die drei genannten hinaus bestehen noch immer die *comitia curiata*, die in der Königszeit eingerichtet worden sind (s.o. Abschnitt 1.3). Sie sind nun für Angelegenheiten zuständig, welche die Religion oder die Familie betreffen, sowie für die Verleihung der Imperien an die gewählten Konsuln und Prätoren. Schließlich gibt es eine ungegliederte Volksversammlung, die *contio*, die von allen Amtsträgern einberufen werden darf, um das Volk über die politische Lage zu informieren. Diese Versammlung trifft keine Entscheidungen.

3.2 Die Außenpolitik

3.2.1 Die Punischen Kriege (264–146 v. Chr.)

3.2.1.1 Der Erste Punische Krieg (264–241 v. Chr.)

Eine der größten und einflussreichsten Städte der Zeit ist Karthago. Es liegt an der nordafrikanischen Mittelmeerküste auf dem Gebiet des heutigen Tunesien. Karthago ist ursprünglich – ebenso wie viele andere Städte in der Mittelmeerregion – eine phönizische Siedlung. Karthago erlangt mit der Zeit eine Vormachtstellung unter den phönizischen Städten und Handelsstützpunkten im westlichen Mittelmeer. Zu seinem Einflussbereich zählen große Teile der nordafrikanischen Küstengebiete, der Westen Siziliens, Sardinien, Korsika und der Südosten Spaniens. Eine organisierte Herrschaft unter den phönizischen Siedlungen errichten die Karthager gleichwohl nicht.

Die Vorgeschichte des Ersten Punischen Krieges ist komplex: Als Agathokles, der Herrscher über Syrakus, stirbt, durchstreifen seine Söldner, die sich als ‚Mamertiner' (Söhne des Mars) bezeichnen, raubend Sizilien und errichten eine Herrschaft in Messana (= Messina). Als Hieron II., der sie entschieden bekämpft, sich zum neuen Herrscher von Syrakus aufschwingt und Messana belagert, bitten die Mamertiner Karthago um Hilfe. Die Karthager schicken eine Besatzung, die aber von den Mamertinern wieder ausgewiesen wird. Karthago belagert darauf die Stadt, woraufhin die Mamertiner nun die Römer um Unterstützung bitten. Rom zögert zunächst, der Senat spricht sich gegen das Unternehmen aus und überlässt die Entscheidung der Volksversammlung, die getrieben von der Aussicht auf Beute schließlich zustimmt. Hieron wird besiegt und schließt mit den Römern Frieden; mit Karthago aber entwickelt sich aus dieser Situation ein größerer Konflikt.

Rom war bislang eine Landmacht und hat Kriege nur zu Lande geführt. Nun muss es große Anstrengungen unternehmen, um rasch eine Flotte zu bauen, mit der es der Seemacht Karthago entgegentreten kann. Auch für Karthago bedeutet der Krieg eine starke Belastung. Um die Auseinandersetzungen auf dem Land in Sizilien

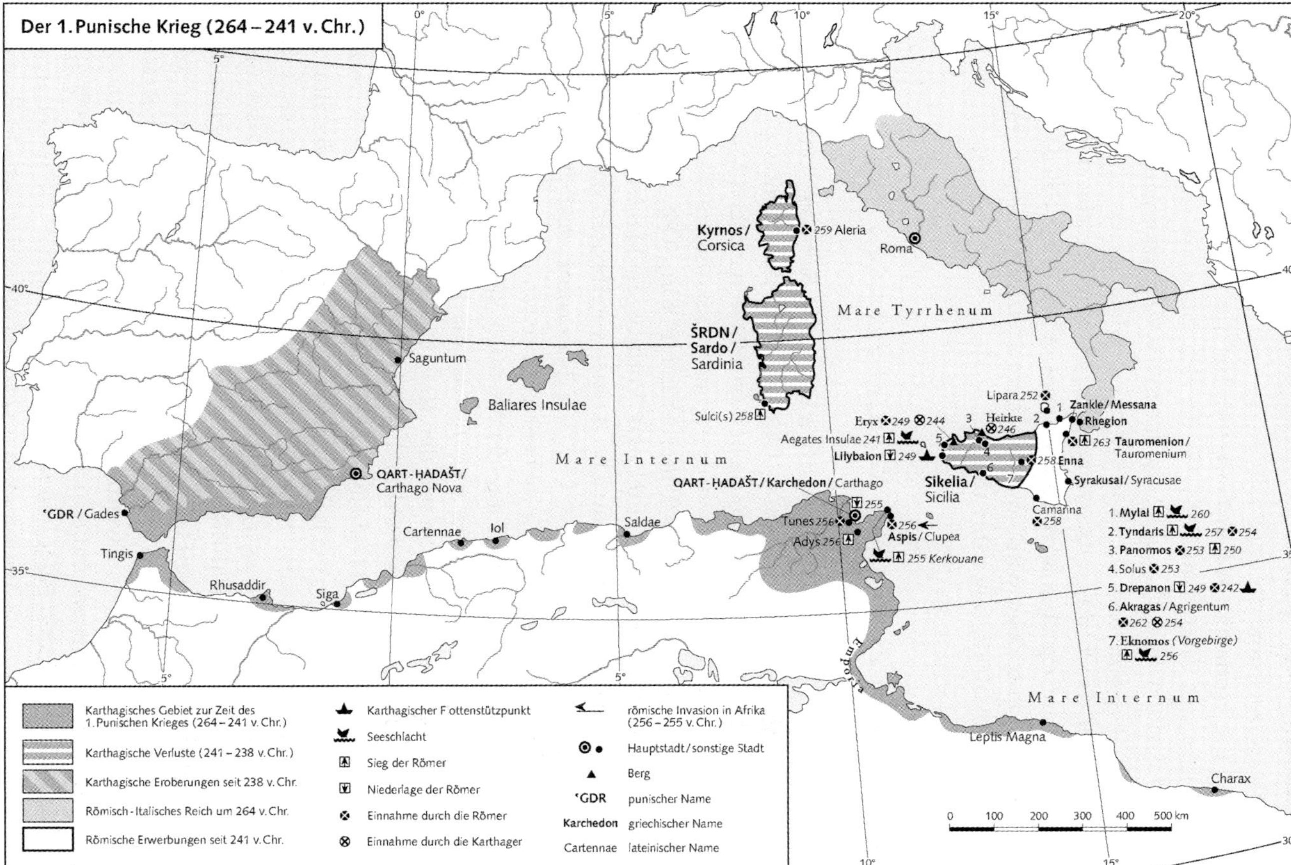

Karte 17: **Der Erste Punische Krieg**

bewältigen zu können, hat es eine erhebliche Zahl von Söldnern anzuwerben und zu unterhalten.

Eine besondere Herausforderung für die Römer stellt Hamilkar Barkas, der Vater Hannibals, dar, der sich ihnen mit seinen Einheiten auf Sizilien massiv entgegenstellt. 260 v. Chr. erringen die Römer einen Seesieg über die Karthager bei Myle an der Nordostküste Siziliens. Nach mehreren weiteren Land- wie Seeschlachten gelingt ihnen der Sieg über Karthago. Es kommt zu einem Friedensschluss, in dem festgelegt wird, dass Karthago Sizilien räumen und eine hohe Entschädigung zahlen muss.

3.2.1.2 Der Zweite Punische Krieg (218–202 v. Chr.)

Ein neuerlicher Konflikt zwischen Rom und Karthago keimt in den zwanziger Jahren des 3. Jhs. v. Chr. auf. Hamilkar Barkas zieht nach Spanien, um dort mit militärischen und diplomatischen Mitteln neue Besitzungen für Karthago zu erwerben. Nach seinem Tod führt sein Schwager Hasdrubal die Unternehmung fort. Die Stadt Massilia (= Marseille), die sich durch das Vordringen Hasdrubals bedroht sieht, wendet sich an Rom. Die Römer vereinbaren daraufhin – so die Überlieferung – 226 v. Chr. mit Hasdrubal, dass die Karthager den Ebro in Nordspanien nicht überschreiten sollen. Dabei geht es ihnen nicht nur um die Sorge der Massilier, sondern auch um eigene Belange: Sie möchten verhindern, dass die Karthager bei weiterem Vordringen nach Norden mit den Kelten zusammentreffen und sich mit diesen gegen Rom verbünden.

Nach dem Tode Hasdrubals 221 v. Chr. sehen sich jedoch weder die Stadt Karthago noch Hasdrubals Neffe Hannibal, der ihm in Spanien nachfolgt, durch den Vertrag gebunden. Hannibal setzt die Expansion der Karthager entschieden fort. 218 v. Chr. überschreitet er den Ebro, woraufhin Rom Karthago den Krieg erklärt. Hannibal überquert mit seinem Heer die Alpen, zieht in Italien ein und verbündet sich tatsächlich mit den Kelten in Oberitalien. Die Römer richten sich auf einen Zweifrontenkrieg ein: Sie stellen sich Hannibal in Italien entgegen und schicken ein Heer nach Spanien. In Italien erleiden sie gegen Hannibal mehrere Niederlagen. Die schwerste ist die bei Cannae in Apulien (216 v. Chr.), wo das römische Heer vom

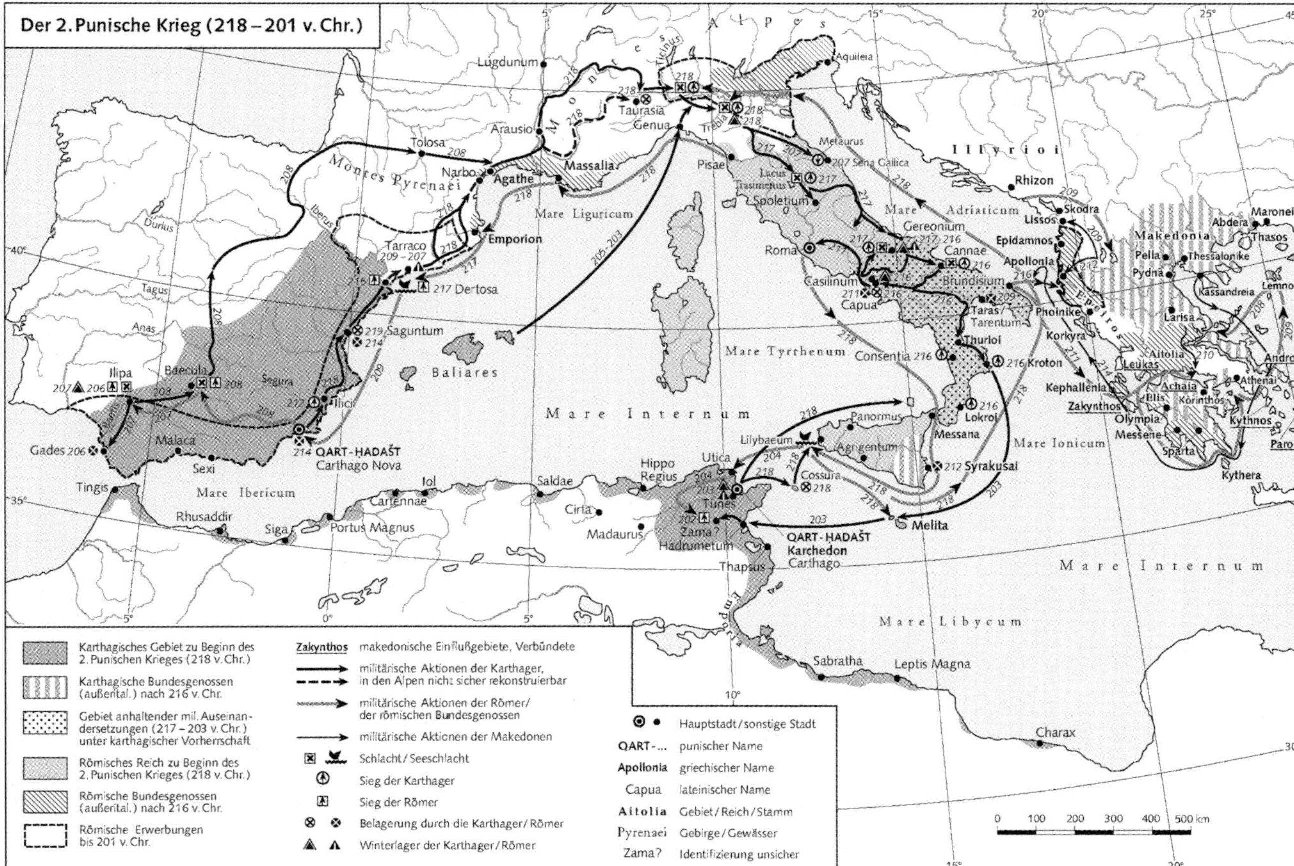

Karte 18: **Der Zweite Punische Krieg**

karthagischen eingekesselt und vernichtet wird. In Spanien ist Rom zunächst ebenfalls nicht erfolgreich.

Unter Führung des Q. Fabius, dem man den Beinamen *Cunctator* (‚Zauderer') gibt, entscheiden sich die Römer für eine defensive Politik. Sie setzen darauf, den Nachschub Hannibals zu unterbrechen. Hannibal hofft vergeblich, dass die Städte Süditaliens in großer Zahl von Rom abfallen und sich ihm anschließen. Schließlich gelingt den Römern in Spanien unter P. Cornelius Scipio die Vertreibung der Karthager. Die römischen Truppen setzen nach Afrika über, wo sie 202 v. Chr. bei Zama einen Sieg über Hannibal erringen. Die militärische Führung liegt auf römischer Seite wiederum bei P. Cornelius Scipio, der aufgrund des Erfolges den Beinamen ‚Africanus' erhält.

Nach dem Friedensvertrag von 201 v. Chr. verbleiben den Karthagern nur ihre Besitzungen in Afrika. Sie haben Entschädigungen an Rom zu leisten, welche die des vorigen Krieges erheblich übersteigen. Außerdem wird festgelegt, dass sie ihre Rüstungen wesentlich einzuschränken haben. Karthago bleibt nur im Inneren autonom; außenpolitisch darf die Stadt allein mit römischer Zustimmung agieren.

3.2.2 Rom und der griechische Osten

In den Nachfolgestaaten des Alexanderreiches, den Diadochenreichen, kommt es immer wieder zu Konflikten (vgl. Teil I, Abschnitt 5.3). Alle Regenten warten auf Chancen, ihr Herrschaftsgebiet erweitern zu können. Eine gute Gelegenheit scheint 204 v. Chr. gekommen. Der noch minderjährige Sohn König Ptolemaios' IV. wird Herrscher in Ägypten. Sowohl der Makedone Philipp V. als auch der Seleukide Antiochos III. hoffen, davon zu profitieren. Beide beginnen, Besitzungen der Ptolemäer einzunehmen und ihren Einflussbereichen einzuverleiben.

Daraufhin wenden sich Attalos I. von Pergamon und die Insel Rhodos, die beide einen Angriff seitens des Makedonenkönigs fürchten, gemeinsam an Rom. Die Römer zeigen sich bereit, sich in dem Konflikt zu engagieren. Der Grund ist wohl nicht, dass sie sich ihrerseits wegen der Machterweiterung des Makedonenreiches

Quelle: Die Schlacht bei Zama

Zu diesem Entscheidungskampf rückten am folgenden Tag die beiden bei weitem berühmtesten Heerführer und die beiden tapfersten Heere der beiden mächtigsten Völker vor, um an diesem Tag ihren vielfachen zuvor erworbenen Ruhm entweder zu krönen oder zu zerstören. Schwankende Hoffnung und Furcht verwirrte die Gemüter; wenn sie bald die eigene Schlachtreihe, bald die der Feinde betrachteten, kamen ihnen, da sie mehr mit den Augen als mit dem Verstand die Kräfte abwogen, zugleich freudige wie auch düstere Gedanken. (...) Hannibal entkam in dem Getümmel mit wenigen Reitern und floh nach Hadrumetum, nachdem er vor der Schlacht und im Kampf, ehe er das Schlachtfeld verließ, alles versucht und auch nach dem Eingeständnis Scipios und aller im Kriegswesen erfahrenen Männer den Ruhm erlangt hatte, mit einzigartiger Kunst an diesem Tag die Schlachtreihe aufgestellt zu haben: die Elefanten in der vordersten Linie, deren unberechenbarer Ansturm und deren unwiderstehliche Gewalt die Römer daran hindern sollte, ihren Feldzeichen zu folgen und Reih und Glied zu wahren, worauf sie am meisten ihre Hoffnung setzten; (...) dann die karthagischen und afrikanischen Soldaten, auf denen alle Hoffnung lag, damit sie, in allen anderen Dingen den Römern gewachsen, ihnen dadurch überlegen wären, dass sie mit frischen Kräften gegen Ermüdete und Verwundete kämpfen würden; die Italiker, bei denen es unklar war, ob sie Bundesgenossen oder Feinde waren, in das letzte Treffen verwiesen, überdies durch einen Zwischenraum getrennt.
(Livius 30,32,4–35,9)

Abb. 30: **Scipio Africanus**

sorgen, sondern die Tatsache, dass die Makedonen während des Zweiten Punischen Krieges mit Hannibal kooperiert haben.

Es kommt zum Zweiten Makedonischen Krieg (200–197 v. Chr.), dem die römische Volksversammlung nur zögernd zustimmt. Er endet mit dem Sieg der Römer unter T. Quinctius Flamininus über die Makedonen bei Kynoskephalai (den ‚Hundsköpfigen', einem Bergzug im östlichen Thessalien). Im Friedensvertrag verzichtet Philipp V. auf die Hegemonie über Griechenland. T. Quinctius Flamininus verkündet daraufhin bei den Isthmischen Spielen im Jahre 196 v. Chr. die Freiheit aller griechischen Gemeinwesen im Mutterland, auf den Inseln sowie in Kleinasien. 194 v. Chr. ziehen sich die Römer aus der Region wieder zurück. Das allerdings motiviert den Seleukidenherrscher Antiochos III., griechische Städte besonders in Kleinasien unter seine Herrschaft zu bringen. Um den Friedensvertrag durchzusetzen, geht Rom militärisch gegen Antiochos vor.

Damit sind die Konflikte aber noch nicht beendet. Um den Auseinandersetzungen beizukommen, vernichtet Rom schließlich als Ergebnis des Dritten Makedonischen Krieges (171–168 v. Chr.) nach dem Sieg des L. Aemilius Paullus bei Pydna im Jahre 168 v. Chr. die makedonische Monarchie. Als Reaktion auf einen Aufstand des Achaischen Bundes in Griechenland zerstören die Römer dann in einer Strafaktion im Jahr 146 v. Chr. die Stadt Korinth.

In ähnlicher Weise wie mit Makedonien verfährt Rom mit Karthago. Als Ergebnis des Dritten Punischen Krieges (149–146 v. Chr.) wird die Stadt vernichtet. Über die Gründe hat man in der Forschung vielfach gerätselt. Für eine Furcht vor Karthago dürfte in dieser Situation kein Grund bestanden haben. Es scheint eher darum zu gehen, an der Stadt ein Exempel zu statuieren: Rom hat sich zuvor nicht darauf beschränkt, die Karthager zu entwaffnen, sondern von der Bevölkerung überdies verlangt, ihre Stadt zu verlassen und sich in einer Region im Landesinneren neu anzusiedeln. Daraufhin leisten die Karthager über drei Jahre bewaffneten Widerstand. Über den Umgang mit Karthago gibt es im Senat allerdings erhebliche Kontroversen.

Quelle: Kontroversen im römischen Senat über den Umgang mit Karthago

Nach dem hannibalischen Kriege schloss M. Cato (...) bei jeder Gelegenheit im Senat seine persönliche Meinungsäußerung mit dem Satz, Karthago müsse aufhören zu existieren; und das tat er oftmals, auch wenn der Senat nicht über diese Frage beriet, sondern irgendeinen anderen Gegenstand erörterte. Scipio Nasica aber vertrat immer den entgegengesetzten Standpunkt, Karthago müsse unbedingt bestehen bleiben. Beide Erklärungen schienen dem Senat sehr der Überlegung wert; die Klügsten aber meinten, die Nasicas verdiene bei weitem den Vorzug. Sie sagten sich, man müsse Roms Stärke nicht aus der Schwäche anderer ersehen, sondern aus der Überlegenheit über die Großen. Außerdem zwang, solange Karthago noch bestand, die Furcht vor dieser Stadt die Römer zur Eintracht und zu einer milden und dem allgemeinen Empfinden entsprechenden Behandlung der Untertanen, was das schönste Mittel ist, die Vorherrschaft zu erhalten und zu sichern.
(Diodor [2. Hälfte 1. Jh. v. Chr.] 34/5,33,3–5)

Quelle: Ansichten der Zeitzeugen über die Zerstörung Karthagos

Hinsichtlich der Karthager gingen die Meinungen und Urteile weit auseinander. Manche billigten das Verhalten der Römer: Sie hätten klug und verständig ihre Machtinteressen wahrgenommen. Dass sie der ständigen Bedrohung ein Ende machten und die Stadt, die ihnen so oft die Hegemonie streitig gemacht hatte und sie ihnen immer noch, wenn die Umstände für sie günstig waren, streitig machen konnte, vernichteten und damit die Herrschaft Roms sicherten, zeuge von politischer Vernunft und Weitblick. Andere nahmen den entgegengesetzten Standpunkt ein: Sie hätten nicht an den Grundsätzen festgehalten, mit denen sie die Hegemonie errungen hätten, und wären mehr und mehr zu der Herrschsucht der Athener und Spartaner entartet, hätten zwar langsamer diesen Weg beschritten, seien aber, wie die Tatsachen deutlich genug erkennen ließen, am selben Ziel angelangt. (...) Denn ohne ein unverzeihliches Unrecht von ihnen erlitten zu haben, wären sie hart und erbarmungslos mit den Karthagern verfahren, obwohl diese doch auf alles eingingen und es auf sich nehmen wollten, jedem römischen Befehl zu gehorchen.
(Polybios [ca. 200–120 v. Chr.] 36,9)

3.2.3 Römische Herrschaftsbildung in der mittleren Republik

Wie soll Rom mit den verschiedenen Regionen, die es unter seine Vorherrschaft gebracht hat, umgehen? Über ein Konzept dafür verfügen die Römer nicht. Sie verfahren auf unterschiedliche Weise: Teils unterstellen sie die unterworfenen Gebiete direkt ihrer Herrschaft. Das geschieht in der Weise, dass sie dort Militärbezirke, sog. *provinciae*, einrichten. Dies ereignet sich erstmals im Jahre 227 v. Chr. mit Sizilien und Sardinien/Korsika. 197 v. Chr. dann werden in Spanien die beiden Provinzen Hispania Citerior und Hispania Ulterior eingerichtet. Die ‚Befriedung' Spaniens erweist sich aber als außerordentlich schwierig; die Keltiberer leisten über lange Zeit entschiedene Gegenwehr, welche die Römer militärisch zu brechen suchen. Wohl aufgrund dieser Erfahrung scheut sich Rom zunächst, weitere Provinzen zu kreieren.

In den anderen Regionen begnügen sich die Römer daher solange wie möglich mit einer indirekten Herrschaft mit Hilfe von Verträgen und Gesandtschaften. Ihr Ziel ist es, ein Gleichgewicht zwischen den verschiedenen ansässigen Mächten zu erzielen. Als das misslingt, fahren sie fort, Provinzen einzurichten: Nach der Zerstörung der makedonischen Monarchie (148 v. Chr.) werden zwei Provinzen geschaffen: noch im gleichen Jahr Macedonia und zwei Jahre später Achaia. Im Anschluss an die Zerstörung Karthagos wird im Jahre 146 v. Chr. die Provinz Africa begründet.

Der Amtsträger, der für eine Provinz zuständig ist, ist zunächst der Feldherr (meist ein Konsul), unter dessen Führung das Gebiet eingenommen worden ist. Nach Ablauf seines Kommandos werden Prätoren eingesetzt, die ebenfalls über ein *imperium* verfügen. Ihre Hauptaufgabe besteht erst einmal darin, für die Befriedung der Gegend zu sorgen und etwaigem Widerstand zu begegnen. Die Amtszeit der Prätoren beträgt jeweils ein Jahr. Die Zahl der Prätorenstellen wird entsprechend der Zahl der Provinzen erhöht.

Die Römer üben in den Provinzen keine intensive Herrschaft aus; dies würde ihre personellen und organisatorischen Ressourcen überfordern. Sie beschränken sich weitgehend auf die militärische Präsenz, die Erhebung von Tributen und die höhere Rechtsprechung. Alle anderen öffentlichen Aufgaben versehen die Provinz-

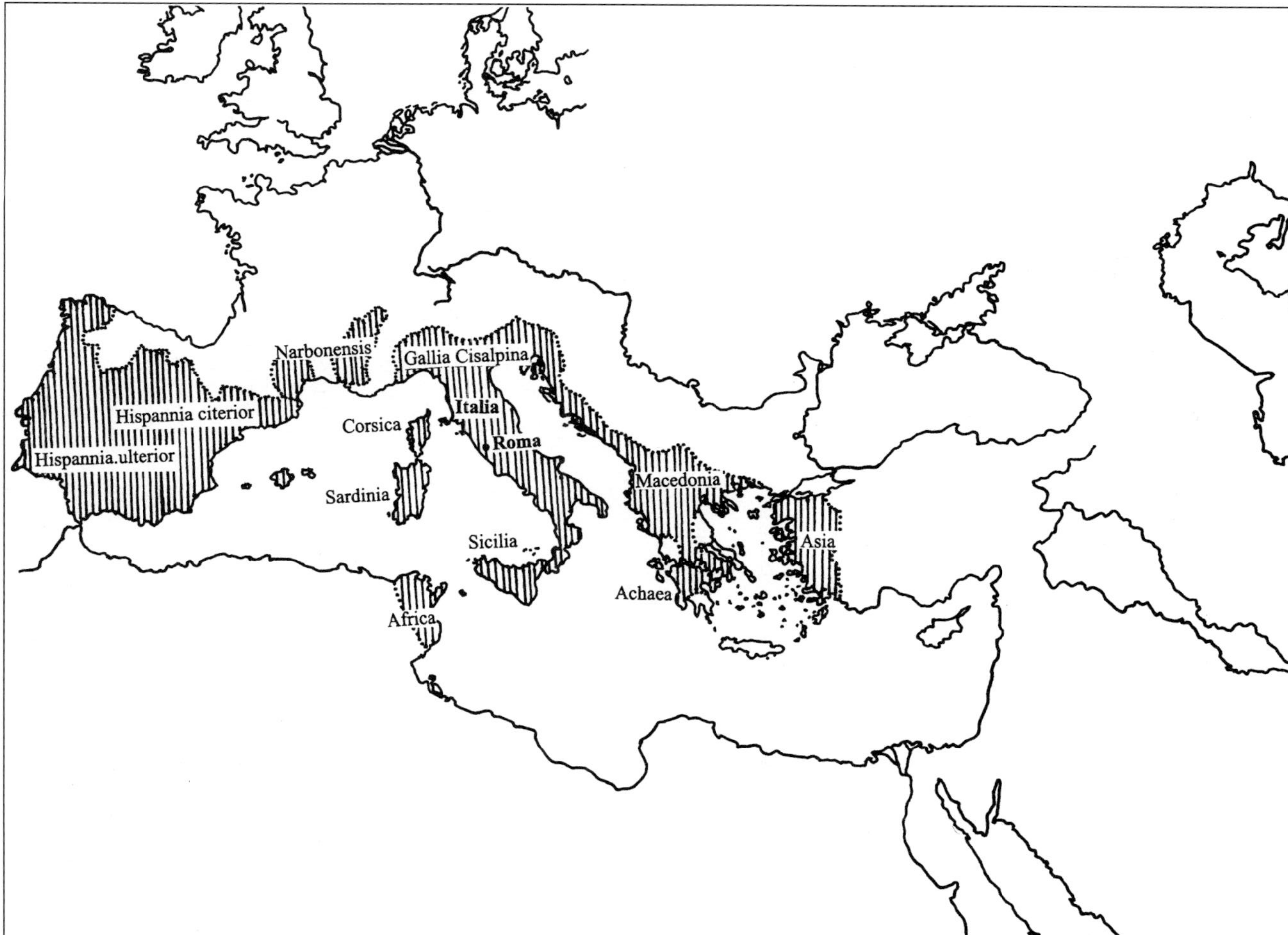

Karte 19: **Das römische Reich um 100 v. Chr.**

städte ebenso wie vor der römischen Herrschaft selbstständig. Der Verlust des äußeren Handlungsspielraumes trifft die meisten gleichwohl hart. Dies gilt besonders für die Poleis im griechischen Osten, die früher weitgehend autonom waren und sich über ihre Autonomie definierten. Überdies stellen die Tributzahlungen eine große Belastung für die Provinzen dar. Sie sind hier weitgehend der Willkür der Statthalter und der **Steuerpächter** ausgeliefert.

Die Tatsache, dass der römische Staat gar nicht über die Mittel und die organisatorische Kompetenz verfügt, eine intensivere Herrschaft in den Provinzen zu praktizieren und entsprechende Institutionen zu schaffen, führt dazu, dass die Kommandeure, welche die Provinz einrichten, und die nachfolgenden Statthalter hier *de facto* frei agieren. Sie sind zwar römische Amtsträger, üben aber eine beinahe persönliche Herrschaft aus. Das äußert sich etwa darin, dass die Heerführer, welche die Region erobert haben, die unterworfenen Städte in ihre persönlichen Klientelen aufnehmen.

Um der Bestechlichkeit von Magistraten in den Provinzen entgegenzuwirken, werden in Rom allerdings ständige Gerichtshöfe eingeführt, die sog. ‚Repetundengerichte' (*quaestiones de repetundis*; von lat. *repetere* = zurückfordern), deren Wirkung gleichwohl gering ist.

3.2.4 Innere Konsequenzen der Expansion

Infolge der Punischen und Makedonischen Kriege wird Rom zur einzigen Großmacht im Mittelmeerraum. Einen Gegner, der eine ernstliche Bedrohung darstellen könnte, gibt es kaum mehr. Dieser Umstand hat Konsequenzen für die innere Ordnung: Die Ausrichtung auf die Bedürfnisse des Gemeinwesens ist nicht mehr von existentieller Bedeutung. Diese aber war bislang entscheidend für die Integration der politischen Führungsschicht. Für diesen Personenkreis kommt hinzu, dass er infolge der Expansionspolitik Handlungsmöglichkeiten erhält, die zuvor nicht denkbar waren: Die führenden Persönlichkeiten können als Heerführer und Provinzstatthalter weitgehend unabhängig von der Kontrolle durch die römischen Institutionen wirken. Sie stehen dabei nicht mehr in unmittelbarem Austausch mit dem Senat und haben oftmals auch

Steuerpächter Die Eintreibung der Steuern übernimmt der römische Staat nicht selbst, sondern lässt sie von Privatleuten, sog. *publicani*, vornehmen, welche die zu erwartende Steuersumme vorab als Pacht an den Staat entrichten. Sie können dann in der Provinz weitgehend unbehelligt agieren; in der Regel nehmen sie hier einen weitaus höheren Betrag ein, als sie zuvor gezahlt haben.

Quelle: Die Folgen der imperialen Politik in der Deutung der späten Republik

Als sich aber der Staat durch ihre (der Bürger) Anstrengung und Rechtlichkeit aufgeschwungen hatte, als mächtige Könige im Krieg bezwungen, wilde Stämme und große Völker gewaltsam unterjocht waren, Karthago, die Rivalin der römischen Macht, bis auf den Grund vernichtet war und nun alle Meere und Länder offen standen, da begann das Schicksal zu wüten und alles durcheinander zu bringen. Denselben Männern, die Mühen, Gefahren, unsichere und bedrängte Lagen leicht gemeistert hatten, wurden nun Friedenszeit und Reichtum, sonst erstrebenswerte Dinge, zu einer leidigen Last. So wuchs zuerst die Geldgier, dann die Herrschgier; beide bildeten gleichsam den Grundstoff aller Übel. Denn die Habsucht unterhöhlte Vertrauen, Redlichkeit und die übrigen guten Eigenschaften; dafür lehrte sie Überheblichkeit und Rohheit, die Götter zu missachten und alles für käuflich zu halten. Die Ehrsucht veranlasste viele Menschen, verlogen zu werden, etwas anderes verschlossen im Herzen als offen auf der Zunge zu tragen, Freundschaft und Feindschaft nicht nach ihrem Wesen, sondern nach dem Nutzen zu bewerten und lieber ein gutes Aussehen als eine gute Gesinnung zu haben. All das kam anfangs nur langsam auf, gelegentlich schritt man noch dagegen ein; als dann aber die Ansteckung wie eine Seuche um sich griff, da wandelte sich die Bürgerschaft, und aus der gerechtesten und besten Herrschaft wurde eine grausame und unerträgliche.
(Sallust [86–34 v. Chr.], Die Verschwörung Catilinas 10)

keinen Kollegen, der eine Kontrollfunktion ausübt. Außerdem bietet sich ihnen die Chance, in den Provinzen große Vermögen zu erwerben, welche ihnen einen Lebensstil ermöglichen, der bisherigen römischen Prinzipien entgegensteht.

Gleichwohl gilt das nicht für alle Angehörigen der Nobilität, sondern nur für diejenigen, die sich als besonders befähigte Heerführer erweisen bzw. einen Statthalterposten in einer lukrativen Provinz erlangen. Diese entfernen sich zunehmend von den übrigen Mitgliedern der Führungsschicht. Die Forschung spricht diesbezüglich von der ‚Desintegration' der Nobilität.

Diese Problematik scheint den Senatoren bewusst geworden zu sein: Es werden verschiedene Reformmaßnahmen eingeleitet, die auf die Integration der Elite hinwirken sollen. So legt man in einem Gesetz von 218 v. Chr. (*Lex Claudia de nave senatorum*) fest, dass Senatoren keinen Fernhandel mit großen Schiffen betreiben dürfen. Sie sollen sich auf die traditionelle Besitzform des Landbesitzes beschränken. Das jedoch hat zur Konsequenz, dass sie die Mittel, welche sie als Heerführer und Statthalter erlangen, verwenden, um in erheblichem Ausmaße Land zu erwerben. Sie errichten große Ländereien, die sie großenteils von Sklaven bearbeiten lassen. Dies tun sie besonders in Italien, indem sie die Güter von Kleinbauern übernehmen und zusätzlich immer größere Teile des öffentlichen Landes (*ager publicus*) okkupieren.

Um dem Streben der Senatoren nach Luxus Einhalt zu gebieten, werden weitere Gesetze zur Aufwandsbeschränkung erlassen, die *leges sumptuariae*. Die moderne Forschung spricht in dem Zusammenhang von der Kodifizierung des *mos*, d. h. soziale Normen, die früher kaum explizit thematisiert zu werden brauchten, werden nun in Gesetzesform schriftlich fixiert, um sie nachdrücklich zur Geltung zu bringen.

In diesem Kontext werden auch die sog. Tabellargesetze eingeführt, die in der Volksversammlung die geheime Wahl vorschreiben. Damit soll verhindert werden, dass einzelne Angehörige der politischen Elite mit großen Summen die Volksversammlung bestechen. Bei geheimer Abstimmung können sie nicht überprüfen, ob die Bedachten in ihrem Sinne abgestimmt haben, so dass sich der Einsatz der Gelder nicht lohnt. Früher war es – wie wir gesehen haben – üblich, den eigenen Patron zu unterstützen. Das Klientelwesen exis-

Quelle: Cato, Lob der Landwirtschaft

Mag sein, dass es manchmal besser ist, durch Handel nach Vermögen zu streben, wenn es nicht so gefährlich wäre, und ebenso, Wucher zu treiben, wenn es nur ehrenhaft wäre. Unsere Voreltern haben es so gehalten und so in den Gesetzen verordnet, dass ein Dieb ums Doppelte, der Wucherer ums Vierfache gestraft werde. Als einen wieviel schlechteren Bürger sie den Wucherer ansahen als den Dieb, lässt sich hieraus ermessen. (2) Und einen reichen Mann, wenn sie lobten, lobten sie ihn so: als einen rechten Bauern und guten Landwirt; man glaubte, der werde am höchsten gelobt, der so gelobt wurde. (3) Den Kaufmann aber halte ich für einen tüchtigen und auf Erwerb bedachten Mann, doch ist er, wie ich oben sagte, der Gefahr und dem Unglück ausgesetzt. (4) Aber aus den Bauern gehen die tapfersten Männer und die tüchtigsten Krieger hervor, und der ehrlichste und dauerhafteste Gewinn kommt heraus und der am wenigsten dem Neid ausgesetzte, und am wenigsten schlechte Gedanken haben die, welche mit dieser Arbeit beschäftigt sind.
(Cato [234–149 v. Chr.], Vom Landbau, Vorrede)

Abb. 31: **Abstimmung mit einem Stimmstein (*tabella*)**

tiert zwar nach wie vor, jedoch geht die enge Bindung zwischen Patron und Klienten weitgehend verloren, da die Klientelen erheblich ausgedehnt werden. Letzteres geschieht besonders dadurch, dass die provinzialen Städte einschließlich ihrer Bevölkerung in die Klientel des erobernden Feldherren aufgenommen werden. Dies verändert den Charakter der Klientelen erheblich. Eine Fürsorge seitens der Patrone ist kaum mehr möglich. Auch schwindet das Moment des wechselseitigen Aufeinanderangewiesenseins: Der Patron neuen Typs bedarf keiner Unterstützung durch seine Klienten mehr.

Eine andere Folge der Expansion ist die zunehmende Bedeutung des Ritterstandes, der nun noch klarer als bislang vom Senatorenstand abgegrenzt wird. Als *publicani*, d.h. besonders als Steuereintreiber in den Provinzen, haben die Ritter nicht nur die Chance, zu einem großen Vermögen zu gelangen, sie können es noch um ein Vielfaches vermehren, wenn sie sich im Fernhandel engagieren, was viele von ihnen tun. Die Ritter wählen damit die Betätigung, die den Senatoren untersagt wird. Bei den Rittern scheint solches Tun weniger problematisch, weil sie keine vergleichbare politische Rolle wahrnehmen.

Eine weitere entscheidende Konsequenz der römischen Herrschaftsbildung im Osten ist die Begegnung mit der griechischen Kultur. Die Angehörigen der Oberschicht lassen ihre Söhne nun Griechisch lernen; auch an griechischer Literatur und Philosophie findet man in Rom großen Gefallen; gleiches gilt für die Kunst. Die Römer beginnen selbst, in gesteigertem Maße literarische Texte zu produzieren – anfänglich meist in griechischer Sprache. Allerdings werden auch warnende Stimmen laut: Besonders die griechische Philosophie, die offen über Werte diskutiert und unterschiedlichste Standpunkte zu ihnen vertritt, erscheint einigen konservativen Römern – der berühmteste ist der ältere Cato – suspekt und mit den *mores* (Sitten) der Vorfahren nicht vereinbar.

Quelle: Ausweisung einer Philosophengesandtschaft aus Rom

Als er (Cato) schon ein Greis war, kam von Athen die Philosophengesandtschaft nach Rom, der Akademiker Karneades und der Stoiker Diogenes, um für das Volk der Athener Befreiung von der Buße zu erbitten, zu der sie auf die Klage der Oropier von den Sikyoniern als Richtern abwesend verurteilt worden waren; ein Betrag von fünfhundert Talenten. Sofort liefen die bildungsdurstigen jungen Leute den Männern zu, scharten sich um sie und hörten begeistert ihre Vorträge. (...) Das gefiel den anderen Römern wohl, und sie sahen es gern, dass die jungen Leute sich um griechische Bildung bemühten und die Gesellschaft bewunderter Männer suchten. Cato aber war von Anfang an unzufrieden damit, als der große Bildungseifer die Stadt ergriff, weil er fürchtete, die jungen Leute möchten, wenn sie ihren Ehrgeiz nach dieser Seite wendeten, alsbald den Ruhm der Beredsamkeit höher schätzen als den der Taten und des Krieges. Als gar der Ruhm der Philosophen in der Stadt immer höher stieg und ein vornehmer Mann, Gaius Acilius, sich mit größtem Eifer darum bewarb, ihre ersten Reden vor dem Senat verdolmetschen zu dürfen, beschloss Cato, die sämtlichen Philosophen aus der Stadt hinauszukomplimentieren. Er trat also im Senat auf und tadelte die Behörden, dass eine Gesandtschaft, bestehend aus Männern, die, wovon sie auch reden wollten, die Hörer mit Leichtigkeit zu überzeugen vermöchten, so lange Zeit unverrichteter Sache dasäße. Man solle also schnellstens in der Angelegenheit befinden und einen Beschluss fassen, damit diese Männer in ihre Schulen zurückkehrten und mit den Griechenknaben debattierten, die römischen Jünglinge aber wie früher auf die Gesetze und die Vorgesetzten hörten.
(Plutarch, Cato Maior 22)

4 Die späte römische Republik (133–27 v. Chr.)

4.1 Innere und äußere Probleme

Die genannten Probleme, die aus der Expansion resultieren, spitzen sich immer mehr zu und führen in der späten Republik zu einer massiven Krise der politischen Ordnung. Das Regime zeigt sich zunehmend überfordert, die gestiegenen Aufgaben zu bewältigen. Wir haben gesehen, dass man sich zunächst damit behilft, die Prätorenstellen zu vermehren, um Amtsträger für die Verwaltung der Provinzen zu gewinnen. Bis zur Errichtung der spanischen Provinzen wird die Zahl der Prätoren von zwei auf sechs erhöht. Dieser Prozess lässt sich aber nicht beliebig fortsetzen, zumal nicht ausreichend Personal zur Verfügung steht, das die notwendigen Voraussetzungen erfüllt. Eine Lösung versucht man in der Weise zu schaffen, dass man die Amtszeit der Obermagistrate verlängert: Auf die einjährige Prätur folgt nun die Proprätur, die ihrerseits ein Jahr dauert, auf den Konsulat der Prokonsulat mit ebenfalls einjähriger Tätigkeitsdauer. Für die Verwaltung der Provinzen sind von nun an die Promagistrate zuständig.

Aber auch damit ist dem Problem nicht vollständig beizukommen. So geschieht es, dass Kriege geführt werden, die entweder über ein Jahr hinausgehen, wobei die Ablösung des Heerführers durch einen Nachfolger zum Teil nicht praktikabel erscheint, oder aber die sich über das Gebiet einer Provinz hinaus ausdehnen. Hier sind militärische Oberkommanden notwendig, die zeitlich und räumlich erweitert sind. Man spricht von ‚außerordentlichen' Kommanden. Sie sind zwar militärisch erforderlich, erweisen sich aber innenpolitisch als ein Übel, indem sie einzelnen Angehörigen der politischen Führungsschicht einen außergewöhnlichen Handlungsspielraum verschaffen und damit die Desintegration der politischen Elite noch forcieren.

Ein anderes Phänomen, das krisenhaften Charakter annimmt und den Zusammenhalt der Gesellschaft bedroht, ist die Verarmung eines erheblichen Teils der Bauern. Die Ursache ist in ihrer Tätigkeit als Soldaten zu sehen: Kriege werden nun weit entfernt von Italien geführt und erstrecken sich über einen wesentlich längeren Zeitraum als ein herkömmlicher Sommerfeldzug. Hinzu kommt, dass in

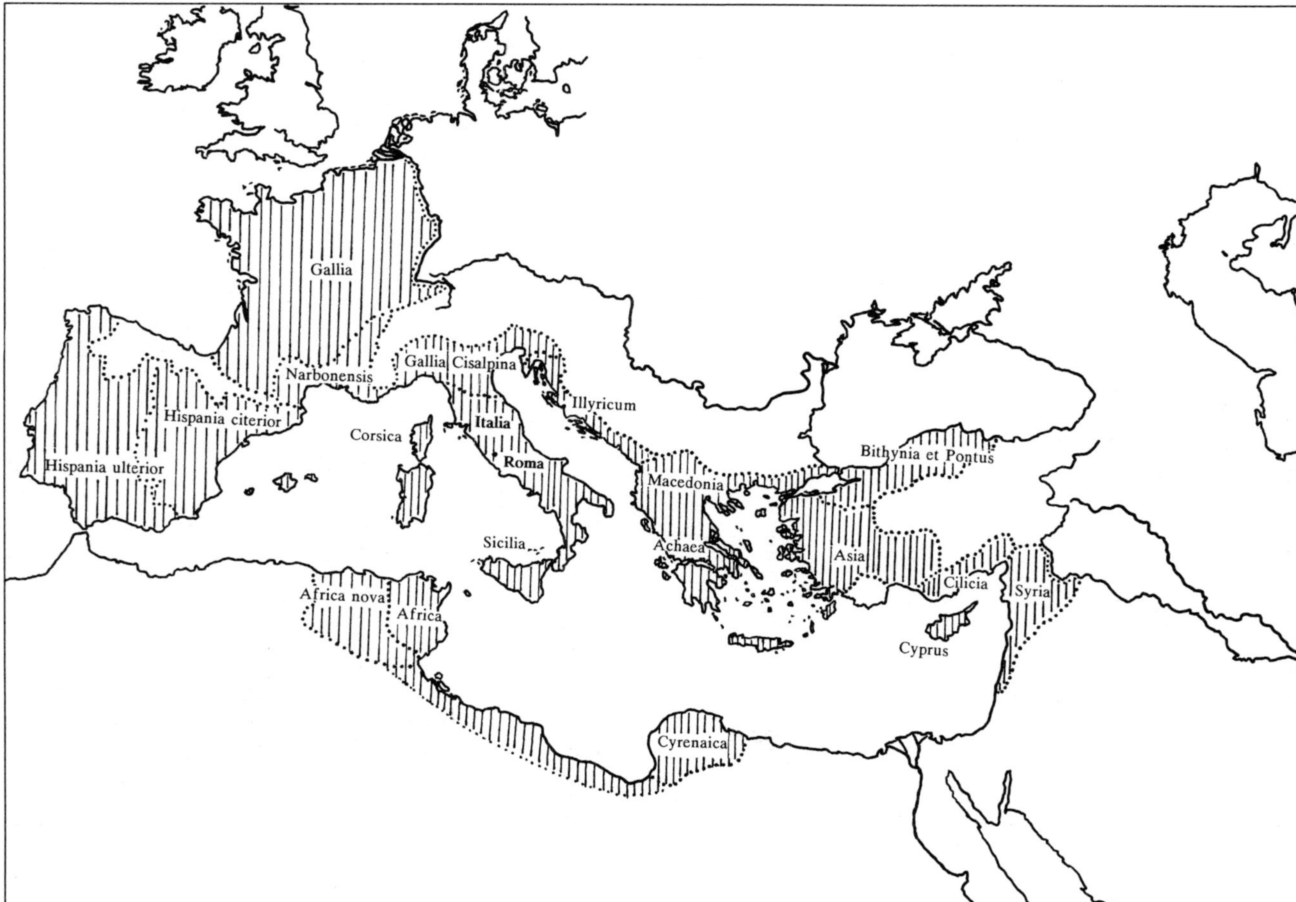

Karte 20: **Das römische Reich gegen Ende der späten Republik**

den Provinzen eine permanente militärische Präsenz erforderlich ist, um die Grenzen zu sichern. Die römischen Bürger sind verpflichtet, zwischen dem 17. und 46. Lebensjahr mindestens sechzehnmal an einem Jahresfeldzug teilzunehmen und die notwendige Rüstung selbst zu finanzieren.

In der Konsequenz können zahlreiche Bauern ihr Land nicht mehr bestellen. Viele verlieren es an die Senatoren, die zur gleichen Zeit bestrebt sind, ihren Landbesitz auszudehnen. Die Soldatentätigkeit wird für die ehemaligen Bauern – auch wenn das römische Heer nach wie vor ein Milizsystem darstellt – faktisch mehr und mehr zum Beruf, durch den sie über viele Jahre ihren Lebensunterhalt bestreiten. Nicht wenige lassen sich immer wieder freiwillig rekrutieren, vorausgesetzt, sie verfügen noch über die für die Bewaffnung erforderlichen Mittel.

Attraktiv ist der Soldatendienst allerdings nur dann, wenn Kriege geführt werden, die mit interessanten Verdienstmöglichkeiten verbunden sind. Das ist besonders der Fall, wenn reiche Länder im Osten bekriegt werden. Ganz anders verhält es sich etwa mit den Spanienfeldzügen, die äußerst verlustreich sind. Hier geschieht es sogar, dass die Volksversammlung gegen die Kriegführung stimmt und die Bürger die Rekrutierung verweigern.

Eine wesentliche Schwierigkeit besteht darin, dass immer mehr Römer sich die Ausrüstung nicht mehr leisten können und daher für das Heer nicht mehr verwendbar sind. Das ist für den Staat besonders in Phasen, in denen großer Bedarf an Soldaten besteht, verheerend. Aber auch mit denjenigen, welche noch imstande sind, die Rüstung zu stellen, entstehen Probleme: Sie haben, wenn sie ihr Land infolge des langen Militärdienstes eingebüßt haben, nach dem Ausscheiden aus dem Dienst kein Auskommen. Viele wandern nach Rom ab und bilden hier eine neue Unterschicht. Man bezeichnet sie als ***proletarii***.

Um die Mitte des 2. Jhs. kommt es zu Auseinandersetzungen über die Aushebung neuer Soldaten, die erste Konsequenzen für die innere Ordnung Roms haben: Die Volkstribune rekurrieren auf den Unmut der Bürger. Sie motivieren die Volksversammlung, gegen Kriegseinsätze zu stimmen und suchen diejenigen, die zwangsrekrutiert werden sollen, durch Interzession gegen Übergriffe seitens der Magistrate zu schützen.

proletarii Der Begriff leitet sich von lat. *proles* = Nachkommenschaft her. Dabei ist daran gedacht, dass die häufig zahlreiche Nachkommenschaft dieser Personen ihre einzige Habe darstellt. In der Zenturienordnung zählen sie zu denjenigen, die ‚unterhalb des Aufgebotes' (*infra classem*) stehen.

Quelle: Auseinandersetzungen über die Aushebung von Rekruten

Als die Konsuln L. Licinius Lucullus und A. Postumius Albinus die Aushebung streng durchführten und keinen aus Gefälligkeit laufen ließen, wurden sie von den Volkstribunen, die für ihre Freunde keine Freistellung erlangen konnten, in den Kerker geworfen. Nachdem der Krieg in Spanien eine Reihe von Misserfolgen gebracht und die römische Bürgerschaft in solche Bestürzung versetzt hatte, dass nicht einmal Leute gefunden wurden, die entweder eine Tribunenstelle übernehmen oder als Legaten dorthin gehen wollten, trat P. Cornelius Aemilianus vor und erklärte, er werde jede Art von militärischem Auftrag, der ihm erteilt werde, übernehmen.
(Livius [ca. 59 v. Chr.–17 n. Chr.], Periochae zu Buch 48 zum Jahr 151 v. Chr.)

Als die Konsuln P. Cornelius Nasica, dem der Volkstribun Curiatius zum Spott den Beinamen Serapion gegeben hatte, und D. Junius Brutus die Aushebung durchführten, geschah vor den Augen der Rekruten etwas, was ein sehr heilsames Beispiel abgab; denn C. Matienus wurde vor den Volkstribunen angeklagt, weil er von dem Heer in Spanien desertiert war, wurde verurteilt, unter der Gabel lange mit Ruten geschlagen und für einen Sesterz verkauft. Weil die Volkstribunen nicht durchsetzen konnten, dass jedem von ihnen gestattet wurde, zehn Soldaten nach seiner Wahl freistellen zu lassen, ließen sie die Konsuln in den Kerker führen.
(Livius, Periochae zu Buch 55 zum Jahr 138 v. Chr.)

Die Rolle der Tribunen ähnelt nunmehr derjenigen zur Zeit der Ständekämpfe, indem sie sich wieder gegen Magistrate stellen, um Bürgern zu Hilfe zu kommen. Sie machen zu dem Zweck auch von ihrem Recht Gebrauch, die Volksversammlung einzuberufen und in der Versammlung Anträge zu stellen. Sie formulieren die Kritik, die in weiten Kreisen der Bevölkerung schwelt. Diese betrifft ganz besonders die fehlende Versorgung der Veteranen.

4.2 Die Reform des Tiberius Gracchus

An dieser Stelle setzt Tiberius Gracchus mit einem Ackergesetz an, das er als Volkstribun 133 v. Chr. in die Volksversammlung einbringt. Es sieht vor, für den privaten Besitz von Staatsland (*ager publicus*) eine Obergrenze festzusetzen. Wer solches Land okkupiert hat – in der Regel ein Angehöriger des Senatorenstandes –, darf für sich selbst 500 und für zwei seiner Söhne jeweils 250 Joch Land behalten, d. h. insgesamt maximal 1 000 Joch (etwa 250 ha). Was er darüber hinaus in Besitz genommen hat, soll er an den Staat zurückgeben. Ihm wird dafür allerdings eine monetäre Entschädigung in Aussicht gestellt. Das frei gewordene Staatsland soll verwendet werden, um den Veteranen Ackerland zur Verfügung zu stellen – pro Person 30 Joch.

Zur Finanzierung möchte Tiberius Gracchus die Erbschaft des Königs Attalos III. von Pergamon verwenden, die dieser 133 v. Chr. testamentarisch dem römischen Staat übereignet hat. Tiberius lässt die Volksversammlung über die Annahme der Erbschaft und die geplante Verwendung beschließen.

Doch er stößt auf heftigen Widerstand: Die betroffenen Senatoren lehnen das Gesetz ab. Hinzu kommt, dass Tiberius mehrere formale Fehler begangen und auf diese Weise gegen die politische Ordnung verstoßen hat: Er hätte die Volksversammlung nicht über die Verwendung des Erbes des Attalos abstimmen lassen dürfen. Darüber zu entscheiden, wäre Angelegenheit des Senats gewesen. Als einer seiner Tribunatskollegen sein Veto gegen den Vorschlag einlegt, enthebt Tiberius ihn des Amtes. Schließlich kandidiert er nach Ablauf seiner Amtszeit auch für das Folgejahr für den Volkstribunat und handelt damit dem Prinzip der Annuität zuwider.

Quelle: Das Ackergesetz des Tiberius Gracchus

Die Reform hielt sich in vernünftigen Grenzen, aber das Volk gab sich gleichwohl zufrieden. Es ließ das Vergangene ruhen, froh, dass in Zukunft das Unrecht ein Ende hätte. Die reichen Besitzer hingegen verfolgten aus Habgier das Gesetz, aus Zorn und Eifersucht den Gesetzgeber mit ihrem Hass und versuchten, das Volk umzustimmen: Die Verteilung des Landes sei für Tiberius nur ein Vorwand, die Verfassung zu zerrütten und einen allgemeinen Umsturz herbeizuführen. Aber sie erreichten nichts, denn Tiberius, der für ein schönes und gerechtes Ziel kämpfte mit einer Gewalt des Wortes, die eine schlechtere Sache hätte adeln können, war gewaltig und unüberwindlich, wenn er, umdrängt vom Volk, auf der Rednerbühne stand und von den Armen sprach: „Die wilden Tiere, welche in Italien hausen, haben ihre Höhle, jedes weiß, wo es sich hinlegen, wo es sich verkriechen kann – die Männer aber, die für Italien kämpfen und sterben, sie haben nichts außer Luft und Licht. Heimatlos, gehetzt irren sie mit Weib und Kind durch das Land. Die Feldherren lügen, wenn sie in der Schlacht die Soldaten aufrufen, für ihre Gräber und Heiligtümer sich zu wehren gegen den Feind, denn von all diesen Römern besitzt keiner einen Altar, den er vom Vater ererbt, keiner ein Grab, in dem seine Vorfahren ruhen, vielmehr kämpfen und sterben sie für anderer Wohlleben und Reichtum. Herren der Welt werden sie genannt und haben nicht eine Scholle Landes zu eigen."
(Plutarch, Tiberius Gracchus 9)

Quelle: Kritik der Vermögenden am Gesetz des Tiberius Gracchus

So rotteten sich die Reichen in Gruppen zusammen, erhoben ein Klagegeschrei und warfen den Armen vor, sie eigneten sich die Früchte ihrer bisherigen Bodenbestellung, ihre Pflanzungen und Gebäude an. Einige machten auch geltend, dass sie doch ihren Nachbarn den Preis für das Land bezahlt hätten, den sie nun zusammen mit dem Land einbüßen müssten. Andere wieder redeten von Grabstätten ihrer Vorfahren, die auf dem betreffenden Grund und Boden lägen, und dessen Zuweisung an sie gelegentlich der Aufteilung väterlicher Güter. Eine weitere Gruppe betonte, dass sie die Mitgift ihrer Frauen für die Grundstücke aufgewendet hätten oder das Land als Ausstattung ihren Töchtern mitgegeben worden sei. Gläubiger konnten schließlich auf Anleihen hinweisen, die mit dem Boden abgesichert seien. So konnte man jede Art hemmungsloser Klage und Empörung vernehmen.
(Appian, Bürgerkriege 1,10 [39])

Das Spektakuläre und entscheidend Neue an seinem Vorgehen liegt darin, dass er die Volkversammlung zu einem wirklichen Entscheidungsorgan erhebt und sie dem Senat kontrastierend gegenübergestellt. Die Volksversammlung dient nun nicht mehr allein dazu, die Zustimmung des Volkes zu Vorschlägen zum Ausdruck zu bringen, die vom Senat oder den Magistraten herrühren, und beschränkt sich damit nicht mehr darauf, den politischen Konsens der gesamten Bürgerschaft zu dokumentieren, sondern sie tritt mit Hilfe des Volkstribunats Senat und Magistraten entgegen.

In einem Tumult werden Tiberius und zahlreiche seiner Gefolgsleute von Gegnern erschlagen. Andere Anhänger werden von außerordentlichen Gerichten zum Tode verurteilt.

4.3 Die Reformen des Gaius Gracchus

Zehn Jahre später (123 v. Chr.) sucht sein Bruder Gaius, der ebenfalls zum Volkstribunen gewählt wird, das Werk des Tiberius fortzusetzen. Er geht noch über die Pläne des Bruders hinaus, indem er zahlreiche Gesetze von der Volksversammlung beschließen lässt, welche die Situation der Soldaten sowie der *plebs urbana*, der hauptstädtischen Unterschichten, zu verbessern trachten. Es handelt sich u. a. um ein Getreidegesetz, mit dem ein Festpreis für Getreide angeordnet wird, und um ein Militärgesetz, dem gemäß der Staat die Rüstung für mittellose Bürger stellen soll. Außerdem entzieht Gaius den Senatoren die Rechtsprechung in den Repetundengerichtshöfen und überträgt sie den Rittern.

Seine Maßnahmen werden insbesondere von den Senatoren massiv kritisiert. Es kommt zu gewaltsamen Auseinandersetzungen, welche den Senat schließlich veranlassen, den Staatsnotstand (*senatus consultum ultimum*) auszurufen. Damit werden Gaius Gracchus und seine Anhänger zu Staatsfeinden erklärt und zum größten Teil getötet. Die Reformgesetze der Gracchen macht man in der Folgezeit großenteils wieder rückgängig.

Quelle: Kritische Würdigung des Gaius Gracchus

Die Wahl (des Gaius Gracchus zum Volkstribunen) verlief ausgezeichnet, worauf er (Gaius Gracchus) sofort begann, gegen den Senat zu arbeiten; so stellte er im Widerspruch zu dem Herkommen den Antrag, dass jeder Bürger auf Staatskosten eine monatliche Getreidezuteilung erhalten solle. (90) Auf diese Weise gewann er rasch die Führung des Volkes durch eine einzige Maßnahme, bei deren Durchführung ihn Fulvius Flaccus unterstützte. Und so wurde er unmittelbar danach zum Tribunen für das nächste Jahr gewählt; denn schon bestand das Gesetz, das dem Volke, falls nicht genügend Kandidaten für das Tribunat vorhanden wären, das Recht gab, aus der Gesamtheit der Bürgerschaft weitere Tribunen zu wählen. (91) So wurde Gaius Gracchus zum zweiten Male Tribun. Nachdem er die Plebejer in seinem Solde hatte, begann er mit Hilfe einer ähnlichen politischen Maßnahme auch den sog. Ritterstand zu umwerben, der seinem Ansehen nach eine Mittelstellung zwischen Senatoren und Plebejern einnahm. (92) Er übertrug die Gerichtshöfe, welche durch Bestechungsfälle in ihrem Ansehen gelitten hatten, von den Senatoren auf die Ritter. (...) (93) Auf solche Weise wurden dann die Gerichtshöfe vom Senat auf die Ritter übertragen. Bald nach dem Erlass des Gesetzes soll Gracchus, wie man sagt, die Äußerung getan haben, er habe nun ein für allemal die Macht des Senats gebrochen.
(Appian, Bürgerkriege 1,21 f. [89–93])

Quelle: Das Ende des Gaius Gracchus

Der Senat hasste ihn (Fulvius, Gaius' Freund und Kollegen in der Landverteilungskommission), und die Bevölkerung hatte ihn im Verdacht, er schüre die Unzufriedenheit unter den Bundesgenossen und hetze im Geheimen die Italiker zum Abfallen auf. Diesen Gerüchten, die nicht bewiesen, nicht einmal untersucht waren, verlieh Fulvius selber eine gewisse Glaubwürdigkeit durch sein unvernünftiges, wirres Gebaren. Auch Gaius bekam diesen Hass zu spüren, und hier vor allem ist die Ursache seines Sturzes zu suchen. Als Scipio Africanus ohne sichtbaren Grund starb und man an seiner Leiche Spuren von Schlägen und Gewalttat zu finden meinte, wurden die schärfsten Anklagen gegen Fulvius erhoben, der Scipios Gegner war und ihn gerade an jenem Tag in einer Rede beschimpft hatte, doch heftete sich auch an Gaius der Argwohn. Dies furchtbare Verbrechen, verübt am ersten und größten Manne Roms, fand allerdings keine gerichtliche Ahndung und wurde nicht abgeklärt.
(Plutarch, Gaius Gracchus 10).

4.4 Die Reformen des Marius

Die fundamentalen Probleme sind durch die Gracchen nicht gelöst worden. Dies erweist sich als besonders bedenklich angesichts zahlreicher Kriege, die z. T. in mehreren Regionen gleichzeitig geführt werden – so in Spanien und in Numidien. Mit einer massiven Bedrohung haben es die Römer zu tun, als Germanen das römische Reich bedrohen: Sie erleiden gegen Ende des 2. Jhs. v. Chr. schwere Niederlagen gegen die Kimbern und Teutonen. Hinzu kommen zwei große **Sklavenaufstände**. Besonders auf Sizilien sollen sich einige zehntausend Sklaven daran beteiligt haben. Sie bewaffnen sich und siegen mehrfach über römische Heereseinheiten.

Angesichts dieser Situation scheint es unabdingbar, die militärischen und sozialen Herausforderungen nachhaltig anzugehen. Der entscheidende Akteur ist dabei der Konsul Marius (107 v. Chr. erstmals zum Konsul gewählt), dem es schließlich gelingt, die Kimbern und Teutonen zu schlagen (102/1 v. Chr.). Dies ist nur möglich, weil er die Zahl der Soldaten durch Rekrutierungen aus der sozialen Unterschicht deutlich erhöht. Er bewerkstelligt das, indem er durchsetzt, dass der Staat für ihre Ausrüstung aufkommt. Nach dem Krieg tritt er erfolgreich dafür ein, dass die ausscheidenden Soldaten Land erhalten, um ihren Lebensunterhalt bestreiten zu können.

Auf die gleiche Weise verfahren auch die Heerführer nach ihm. Das System erweist sich als effizient, ist jedoch nicht unproblematisch: Die betreffenden Soldaten sind in besonderer Weise an ihren Feldherren gebunden. Es entsteht ein Verhältnis, welches dem zwischen Patron und Klienten ähnelt. Man spricht daher auch von der ‚Heeresklientel'. Diese kann für die politische Ordnung bedrohlich werden, wenn der betreffende Heerführer sie innenpolitisch funktionalisiert.

4.5 Popularen und Optimaten

Der innere Konflikt spitzt sich unter Marius erheblich zu. Es bilden sich allmählich zwei Gruppierungen heraus, die Popularen (von lat. *popularis* = das Volk betreffend) und die Optimaten (von lat. *optimus* = der Beste). Die politischen Akteure schließen sich jeweils einer

Sklavenaufstände Ziel der Sklaven ist es, ihre persönliche Freiheit zu erlangen oder sogar selbst zu Sklavenhaltern zu werden. Anders als die marxistische Forschung angenommen hat, erstreben sie keine Veränderung der Gesellschaftsstruktur. Nach den beiden Sklavenaufständen gegen Ende des 2. Jhs. kommt es in den 80er Jahren des 1. Jhs. zu einem dritten Aufstand unter Führung des Gladiators Spartacus. Später gibt es keine groß angelegten Sklavenaufstände mehr.

Quelle: Marius

Marius war, wie oben gesagt, auf dringendes Verlangen der Plebs hin Konsul geworden. Nachdem ihm das Volk die Provinz Numidien übertragen hat, greift er die Nobilität, mit der er vorher schon in Fehde lag, besonders oft und heftig an, verletzt bald einzelne, bald alle miteinander, sagt immer wieder, er habe sich das Konsulat von ihnen nach ihrer Schlappe als Siegesbeute genommen, und außerdem noch anderes, was ihn groß herausbringt und für jene kränkend klingt. Inzwischen tut er vorrangig das, was für den Krieg nötig ist: Er verlangt Verstärkung für die Legionen, holt Hilfstruppen von befreundeten Völkern und Königen herbei, ruft außerdem von Latium und den Bundesgenossen gerade die Tapfersten auf – die meisten waren vom Krieg her, einige wegen ihres guten Rufs bekannt –, wirbt Leute an und nötigt sie, trotz beendeter Dienstzeit mit ihm ins Feld zu ziehen. Und obwohl der Senat dagegen war, wagte er es nicht, ihm irgendetwas abzulehnen, ja, die Verstärkung hatte er sogar gern bewilligt, weil man meinte, der Masse sei der Kriegsdienst nicht erwünscht und daher werde Marius entweder die Mittel für den Krieg oder die Zuneigung des Volkes wieder verlieren. Doch darauf hoffte man umsonst; solche Begeisterung, mit Marius zu ziehen, war in den meisten aufgekommen. Dass jeder an Beute reich sein, dass er als Sieger nach Hause zurückkehren werde, und andere solche Vorstellungen gingen ihnen durch den Kopf, und nicht wenig hatte sie Marius durch die Rede aufgeputscht. Denn als ihm alle Forderungen bewilligt waren und er die Soldaten ausheben wollte, berief er eine Volksversammlung ein, um ihnen Mut zu machen und zugleich die Nobilität aufzubringen, wie er es gewohnt war. (...) (86) Als Marius seine Rede in dieser Art gehalten hat und die Zuversicht der Plebs gehoben sieht, lässt er beschleunigt Transportschiffe mit Verpflegung, Löhnung, Waffen und anderen erforderlichen Dingen beladen und mit ihnen den Legaten Aulus Manlius losfahren. Er selbst hebt inzwischen Soldaten aus, nicht auf herkömmliche Art und nicht aufgrund der Vermögensklassen, sondern wie jeder Lust hatte, meist nach der Kopfzahl besteuerte (besitzlose) Leute. Die einen sagen, er habe das gemacht wegen des Mangels an guten Leuten, andere, wegen der Konsulatsbewerbung, weil er von dieser Gruppe bejubelt und gefördert worden war und weil für einen Menschen, der die Macht sucht, gerade die Ärmsten die geeignetsten sind, denen ihr Eigentum nichts wert ist, da sie ja keines haben, und denen alles, was mit Geld zusammenhängt, schon als gut erscheint.
(Sallust, Der Krieg mit Jugurtha 84. 86,1–3)

der beiden Richtungen an. Die Popularen unterstützen Marius und den Volkstribunen, mit dem er kooperiert, um seine Ziele durchzusetzen, die Optimaten vertreten die Anliegen der Senatoren. Die beiden Gruppen prägen die gesamte folgende innenpolitische Auseinandersetzung in der späten Republik. Es handelt sich nicht um feste Vereinigungen mit ausgebildeter Organisationsstruktur und einer spezifischen Programmatik; man sollte also nicht von Parteien sprechen. Sie stellen eher lose Gruppierungen dar, die sich im Hinblick auf ihre Methoden, Politik zu machen, unterscheiden: Die Popularen tun dies, indem sie sich der Volkstribunen und der Volksversammlung bedienen, die Optimaten nutzen den Senat sowie die Magistrate. Zur Zeit des Marius lässt sich überdies noch eine inhaltliche Divergenz zwischen den beiden Gruppen ausmachen: Die Popularen treten speziell für Landverteilungen und Ackergesetzgebungen ein, die Optimaten tun sich damit schwer. Diese programmatischen Differenzen aber verlieren mit der Zeit an Bedeutung.

4.6 Der Bundesgenossenkrieg (91–89 v. Chr.)

Die zahlreichen langen Kriege bedeuten nicht zuletzt für die Bundesgenossen eine schwere Herausforderung. Sie müssen eigene Militärkontingente stellen, die sogar die Mehrzahl der Einheiten im römischen Heer darstellen. Bei der Verteilung der Beute sind sie allerdings benachteiligt. Außerdem beklagen sie, dass die Römer zunehmend in ihre inneren Angelegenheiten eingreifen.

Zum Hauptstreitpunkt aber entwickelt sich die Frage nach der Verleihung des römischen Bürgerrechts an die Bundesgenossen. Auf römischer Seite gibt es teilweise Bestrebungen, eine solche durchzuführen, um in Italien eine einheitliche politische Struktur unter römischer Führung zu schaffen. Allerdings herrscht hierin kein Konsens. Die Bundesgenossen selbst bevorzugen zwar grundsätzlich die innere Autonomie, begehren angesichts der aktuellen Lage doch mehrheitlich das römische Bürgerrecht, da ihnen die volle Integration in den römischen Bürgerverband offenbar attraktiver erscheint als der Status quo.

Quelle: Der Konflikt zwischen Optimaten und Popularen

Übrigens ist das Unwesen der Parteiungen und Cliquenbildungen und aller weiteren üblen Machenschaften erst vor wenigen Jahren in Rom entstanden infolge der Friedensruhe und des Überflusses an allen Gütern, die die Menschen für die wichtigsten halten. Denn vor der Zerstörung Karthagos trieben das römische Volk und der Senat friedlich und besonnen miteinander Politik; es gab unter den Bürgern keinen Streit, weder um Geltung noch um Herrschaft: Furcht vor dem Feind hielt die Bürgerschaft bei ihren guten Eigenschaften. Sobald diese Angst aber aus dem Bewusstsein geschwunden war, drang verständlicherweise das ein, was der Wohlstand gerne mit sich bringt: Zügellosigkeit und Überheblichkeit. So war die in bedrängter Lage ersehnte Friedensruhe, als man sie erlangt hatte, recht hart und herb. Denn es begann nun die Nobilität ihr Prestige, das Volk seine Freiheit in Willkür zu verkehren: Jeder erbeutete, plünderte, raubte zu seinem Vorteil. So wurde alles in zwei Parteien auseinandergerissen, wurde der Staat, der in der Mitte war, zerstückelt. Die Nobilität richtete durch ihre Cliquenbildung aber mehr aus, die Kraft der Plebs, auf die Masse verteilt und zersplittert, vermochte weniger.
(Sallust, Der Krieg mit Jugurtha 41,1–6)

Abb. 32: **Münze der Föderation der Bundesgenossen: Der italische Stier tötet die römische Wölfin**

Als es in Rom in der Frage zu keiner Entscheidung kommt, schreiten die Bundesgenossen zum Aufstand. Sie organisieren sich, gründen mit ‚Italia', der Stadt Corfinium in Mittelitalien, eine eigene Hauptstadt und schaffen sich eine politische Organisation. Dies führt zu schweren militärischen Auseinandersetzungen. Die Römer versuchen, die Reihen der Bundesgenossen zu spalten, indem sie einigen von ihnen, die sich an dem Aufstand nicht beteiligt haben, das Bürgerrecht zusagen. Viele gehen darauf ein, die übrigen werden militärisch besiegt.

Im Anschluss an den Krieg wird allen Bundesgenossen sukzessive das Bürgerrecht verliehen. Allerdings geschieht das in der Weise, dass sie in nur 8 der 35 Tribus eingeschrieben werden. Sie sind damit in der Zenturienversammlung deutlich unterrepräsentiert.

4.7 Der Restaurationsversuch Sullas

4.7.1 Der Aufstieg Sullas

Die folgenden Jahre sind geprägt vom Konflikt zwischen Marius und dem Optimaten P. Cornelius Sulla. Marius fordert für sich den Oberbefehl für den Krieg gegen König Mithridates VI. von Pontos, der in Kleinasien eingefallen ist und mittlerweile auch große Teile Griechenlands eingenommen hat. Marius erhofft sich dabei Unterstützung durch einen der Volkstribune. Der Senat hat jedoch bereits beschlossen, den Oberbefehl Sulla zu übertragen. Der Volkstribun bringt 88 v. Chr. in der Volksversammlung ein Gesetz zur Abstimmung, welches Sulla den Oberbefehl abspricht und ihn Marius zuerkennt.

Sulla zeigt sich entschlossen, mit allen Mitteln um den Oberbefehl zu kämpfen. Er initiiert einen Bürgerkrieg, indem er zunächst die einfachen Soldaten auf seine Seite bringt, die darauf angewiesen sind, mit Land versorgt zu werden. Sulla stellt ihnen Beute und Land in Aussicht und motiviert sie auf diese Weise, mit ihm in Rom einzumarschieren. Dies ist ein außerordentliches Vorgehen und ein grundsätzlicher Verstoß gegen die staatliche Ordnung sowie die politische Kultur. Marius kann sein Leben retten, indem er rechtzeitig flieht. Sulla bewirkt, dass das Gesetz, mit dem der

Quelle: Sullas ‚Marsch auf Rom'

Als Sulla von den Vorgängen hörte, entschloss er sich, auf kriegerischem Wege eine Entscheidung herbeizuführen. Er berief deshalb sein Heer, das, seinerseits auf den Feldzug gegen Mithridates als ein gewinnbringendes Unternehmen begierig, die Befürchtung hegte, Marius könnte an ihrer Stelle andere Soldaten dafür auswählen, zu einer Versammlung zusammen (251) und sprach von der ihm durch Sulpicius und Marius erlittenen Schmach. Im Übrigen gab er sonst keinen deutlichen Hinweis – wagte er doch noch nicht über einen derartigen Krieg zu sprechen –, sondern forderte seine Leute nur auf, sich für seine Anordnungen bereit zu halten. (252) Diese aber verstanden den Sinn seiner Worte, und aus Sorge für sich, sie möchten des Feldzugs verlustig gehen, enthüllten sie selbst Sullas Absicht und forderten ihn auf, nur guten Muts zu sein und sie nach Rom zu führen. (...) (257) Sulla besetzte nun das Esquilinische Tor und den anschließenden Mauerabschnitt mit einer Legion Soldaten, während Pompeius das Gleiche am Collinischen Tor mit einer zweiten tat; eine dritte Legion rückte gegen die Hölzerne Brücke heran, eine vierte nahm zur Ablösung vor den Mauern Aufstellung. (258) Mit dem Rest seiner Truppen zog Sulla in die Stadt ein, in seiner Erscheinung und in der Tat als Landesfeind. Deshalb suchten ihn die Einwohner ringsum von den Dächern aus mit Wurfgeschossen abzuwehren, bis dass er mit der Niederbrennung der Häuser drohte. Darauf gaben die einen den Widerstand auf, Marius und Sulpicius aber traten beim Forum Esquilinum den Angreifern mit einer rasch bewaffneten Streitmacht entgegen, (259) und so kam es hier zu einem Kampf zwischen den verfeindeten Parteien. Dies war das erste Gefecht in Rom, nicht mehr das Abbild eines bloßen Parteienstreits, sondern ein regelrechter, wie im Krieg unter Einsatz von Trompeten und Feldzeichen durchgeführter Kampf. Zu einem solch maßlosen Übel hatte sich der rücksichtslose Parteienhader entwickelt.
(Appian, Bürgerkriege 1,57 f. [250–252. 257–259])

Abb. 33: **Sulla**

Oberbefehl Marius zugesprochen wurde, zurückgenommen wird. Danach zieht er in den Krieg gegen Mithridates nach Osten. Während seiner Abwesenheit lässt sich Marius noch einmal zum Konsul wählen; er stirbt jedoch kurze Zeit nach der Wahl.

Das populare Regime währt bis zur Rückkehr Sullas im Jahre 83 v. Chr. Den Krieg gegen Mithridates hat er erfolgreich beendet und begibt sich daraufhin wieder nach Rom. Es kommt erneut zum Bürgerkrieg, in dem beide Konsuln sterben. Sulla setzt daraufhin durch, dass ihm eine außerordentliche Stellung verliehen wird: die eines **Diktators**.

4.7.2 Die Diktatur Sullas

Sulla nimmt im Jahre 81 v. Chr. eine ganze Reihe von **Reformmaßnahmen** vor, mit denen er die politische Ordnung in optimatischem Sinne gestaltet, d. h. den Einfluss von Senat und Magistraturen erhöht und zugleich den von Volkstribunen und Volksversammlung reduziert. Er geht jedoch noch weiter: Sulla unternimmt erstmals den Versuch, die politische Ordnung Roms systematisch mittels Gesetzen zu formen und sie dadurch zu stärken. Dazu betont er die Rolle der Institutionen und sucht persönlicher Machtausübung Einzelner entgegenzuwirken. Sein Ziel ist, auf diese Weise die traditionelle Ordnung der *res publica* wiederherzustellen und den althergebrachten Normen, dem *mos maiorum*, zu neuer Geltung zu verhelfen. Sulla legt sein Gesetzeswerk der Volksversammlung vor, die es verabschiedet.

4.7.3 Proskriptionen

Die Mittel, die Sulla anwendet, sind jedoch weiterhin problematisch. Er beschränkt sich auch jetzt nicht auf die Gesetzgebung, sondern greift besonders in der Anfangszeit seiner Diktatur zusätzlich zur Gewalt, um gegen die Popularen vorzugehen. Dazu setzt er sog. Proskriptionslisten ein, auf denen die Namen sämtlicher Bürger notiert werden dürfen, die als Staatsfeinde zu betrachten seien. Die meisten von ihnen werden getötet, ihr Besitz fällt

Diktator Sulla ist kein *dictator* herkömmlichen Typs, wie er in einer schwierigen militärischen Lage für einen Sommerfeldzug ernannt werden kann, sondern nutzt das Amt, um die innere Ordnung in optimatischer Manier zu stabilisieren. Dies macht er auch in dem Titel deutlich, den er beansprucht: *Dictator legibus scribundis et rei publicae constituendae* (‚Diktator zur Gesetzgebung und zur Ordnung des Staates').

Reformmaßnahmen Sullas Die Maßnahmen betreffen den Senat, die Volkstribune, die Gerichte sowie die Magistrate. Betrachten wir die wichtigsten:
Senat: Die Senatoren erhalten ihre richterliche Macht in den Repetundengerichtshöfen zurück. Den Senat vergrößert Sulla von 300 auf 600 Mitglieder. Jeder, der die Quästur bekleidet hat, wird Senator. Damit schränkt Sulla das Recht der Zensoren auf die Bestimmung der Senatoren ein. Hintergrund ist wohl das Bestreben, die Auswahl der Senatoren zu versachlichen.
Volkstribunat: Die Tribunen dürfen nur noch mit Zustimmung des Senats Anträge in die Volksversammlung einbringen. Außerdem ist ihnen untersagt, nach dem Tribunat für eines der kurulischen Ämter zu kandidieren. Damit versperrt Sulla einen typisch popularen Weg politischer Karrieren.
Gerichte: Sulla bemüht sich, die Gerichte als Institutionen zu stärken und zu verhindern, dass sie für politische Konflikte missbraucht werden. Dazu führt er mehrere neue ständige Gerichtshöfe für die Strafrechtspflege ein.
Magistrate: Weitere Bestimmungen schränken die Kompetenzen der Promagistrate in den Provinzen ein. So wird etwa festgelegt, dass die Statthalter nicht mehr über die Grenzen ihrer Provinz hinaus agieren dürfen (es sei denn, mit besonderem Beschluss von Senat oder Volksversammlung). Die Promagistrate sind allein für die Kriegführung und die Verwaltung der Provinzen zuständig. Sie wirken außerhalb Italiens und haben ihre Heere vor der Rückkehr nach Italien zu entlassen. Damit ist Italien entmilitarisiert. ‚Machtergreifungen', wie Sulla selbst sie praktiziert hat, dürften damit nicht mehr vorkommen. Die Magistrate, die in Rom tätig sind, üben demgegenüber keine militärischen Funktionen mehr aus. Um politische Vergehen von Magistraten und Promagistraten zu ahnden, wird ein spezieller Gerichtshof konstituiert. Die Zahl der Prätoren wird von sechs auf acht erhöht. Sie fungieren als Vorsitzende der Gerichtshöfe. Die Zahl der Quästoren wird ebenfalls gesteigert, um die Vergrößerung des Senats zu realisieren.

dem Staat zu. Durch diese Politik spaltet er die Führungsschicht, statt sie zu einen, und handelt so in massiver Form den traditionellen Normen, die er eigentlich stärken will, zuwider. Sulla legt die Diktatur 79 v. Chr. nieder und zieht sich ins Privatleben zurück.

4.8 Der Erste Triumvirat

In der Phase nach Sulla dominieren wiederum einzelne Angehörige der Nobilität die politische Szenerie. Der wichtigste von ihnen ist zunächst Gnaeus Pompeius. Er ist wie Sulla Anhänger der Optimaten, stammt aus einer einflussreichen Familie, wird von seinem Vater militärisch ausgebildet und erbt dessen große Klientelen. Er unterstützt Sulla militärisch, indem er aus eigenen Mitteln Soldaten aushebt und für ihn erfolgreich Krieg führt. An Sullas innenpolitischen Maßnahmen scheint er gleichwohl wenig interessiert; er ist primär bestrebt, militärische Erfolge zu erringen. Es gelingt ihm im Jahre 74 v. Chr., einen außerordentlichen Oberbefehl zu erlangen, bevor er überhaupt eine der höheren Magistraturen bekleidet hat. Auch feiert er zwei Triumphe, die ebenfalls im Widerspruch zur Tradition stehen.

Den Konsulat strebt er an, ohne zuvor eines der anderen Ämter des *cursus honorum* innegehabt zu haben. Zu dem Zweck verbündet er sich mit M. Licinius Crassus, der ebenfalls den Konsulat zu erlangen sucht. Sie entwickeln eine gemeinsame Programmatik popularer Prägung, die wesentliche Elemente der sullanischen Ordnung wieder rückgängig macht. Beide haben Erfolg und werden für das Jahr 70 v. Chr. zu Konsuln gewählt.

Pompeius ist in der Folgezeit vor allem bemüht, neuerliche außerordentliche Kommanden zu erlangen, um sich wieder militärisch betätigen und auszeichnen zu können. Dies gelingt ihm 67 und 66 v. Chr., als er derartige Oberbefehle für den Krieg gegen die Seeräuber erhält, welche das Mittelmeer unsicher machen, sowie gegen Mithridates VI., der neuerlich das römische Reich bedroht. Pompeius ist in beiden Konflikten erfolgreich. Er zieht 64 v. Chr. weiter nach Syrien und belagert im Folgejahr Jerusalem. Als Konsequenz der Siege, die er hier erringt, gestaltet er die Verhältnisse

Abb. 34: **Pompeius**

Abb. 35: **Crassus**

im Osten neu, bildet u.a. neue Provinzen bzw. gibt bestehenden einen neuen Zuschnitt und errichtet eine Reihe von **Klientelkönigtümern**, deren Regenten ihm persönlich verbunden sind. Auf diese Weise vermehrt er die Einkünfte Roms außerordentlich und profitiert auch persönlich in erheblichem Maße.

Als er 62 v.Chr. nach Rom zurückkehrt, erlebt er eine große Enttäuschung: Er kann den Senat weder veranlassen, die Neugestaltung im Osten formal festzuschreiben, noch vermag er es, Landzuweisungen für seine Soldaten durchzusetzen. Der Senat zögert hier insbesondere deshalb, weil er Pompeius nicht allzu sehr exponieren möchte.

Pompeius trifft daraufhin im Jahre 60 v.Chr. eine informelle Absprache mit M. Licinius Crassus und C. Iulius Caesar. Caesar ist inzwischen der dominierende populare Politiker. Crassus ist der vermögendste Römer der Zeit und aufgrund seiner materiellen Ressourcen besonders einflussreich; politisch hat er sich dadurch hervorgetan, dass er Ende der 80er Jahre den vom Gladiator Spartacus angeführten Sklavenaufstand niedergeschlagen hat. Die moderne Forschung bezeichnet die Verbindung der drei als Triumvirat (lat. *tres* = drei, lat. *viri* = Männer). Alle drei haben spezifische politische Interessen, die sie auf reguläre Weise nur schwer durchsetzen können. Sie erwarten sich deren Realisierung mit Hilfe der beiden anderen. Dazu wollen sie sich durchaus legaler Mittel bedienen. Caesar soll im folgenden Jahr Konsul werden und in dieser Funktion für Pompeius' Neugestaltung des Ostens und für dessen Veteranenversorgung eintreten. Pompeius unterstützt Caesar in seinem Bestreben, nach Ablauf des Konsulates ein außerordentliches Kommando zu erhalten. Caesar wird die Statthalterschaft u.a. über die Provinzen Gallia Cisalpina und Gallia Transalpina übertragen, die er als Basis nutzt, um das noch freie Gallien zu erobern, seine persönlichen Finanzen zu sanieren und seinen Ruhm zu erhöhen. Er ist auf die Unterstützung angewiesen, weil er den Optimaten und damit einem Großteil der Senatoren wegen seiner popularen Haltung suspekt ist.

Die drei sind zunächst sehr erfolgreich in der Durchsetzung ihrer Ziele. Im Jahre 56 v.Chr. erneuern sie den Triumvirat. Man einigt sich, dass Pompeius und Crassus im Folgejahr zum zweiten Mal zu Konsuln gewählt werden sollen und man für die Verlängerung von Caesars außerordentlichem Kommando in Gallien eintreten

Klientelkönigtümer Bei Klientelkönigtümern handelt es sich um Monarchien, die ihre innere Autonomie bewahren, außenpolitisch aber von Rom abhängig sind. Sie haben offiziell den Status von Freunden (*amici*) des römischen Volkes. Die Klientelkönigtümer stellen eine Form der indirekten Herrschaftsausübung der Römer dar.

Quelle: Caesar in Gallien

Während dieser Zeit hoben die Gallischen Kriege Caesar hoch empor, und während er dem Anschein nach sehr weit von Rom entfernt war und mit Belgiern, Sueben und Britanniern im Kampfe lag, wusste er dank seiner überlegenen Klugheit unbemerkt inmitten des Volkes und der bedeutendsten Geschäfte Pompeius zu überspielen. Von seiner Kriegsmacht wie von einem lebendigen Körper rings umgeben, brauchte er sie nicht so sehr gegen die Barbaren, als dass er sie in den Kämpfen gegen diese wie auf Jagden und Tierhetzen übte, abhärtete und zu einem furchtbaren, unwiderstehlichen Werkzeug umschuf.
(Plutarch, Pompeius 51)

Quelle: Reaktionen auf die Erneuerung des Triumvirats

Als nach diesen Abmachungen (der drei über die Erneuerung des Triumvirats in Luca) Pompeius und Crassus nach Rom zurückkamen, waren sie sogleich in Verdacht, und allgemein hieß es, diese Zusammenkunft sei nicht zum Guten gewesen. (...) Als aber jene beiden (Pompeius und Crassus) offen als Bewerber (um den Konsulat) auftraten, zogen sich die anderen angsterfüllt zurück, doch den Domitius, seinen Verwandten und Freund, ermutigte Cato, ermahnte und drängte ihn, seine Chance nicht fahren zu lassen, da er ja für die allgemeine Freiheit kämpfe. Denn nicht den Konsulat erstrebten Pompeius und Crassus, sondern die Gewaltherrschaft, nicht Bewerbung um ein Amt sei, was da vor sich gehe, sondern räuberisches Greifen nach Provinzen und Armeen.
(Plutarch, Crassus 15)

möchte. Außerdem wird verabredet, dass auch Pompeius und Crassus ein außerordentliches Kommando erhalten sollen, wenn sie den Konsulat absolviert haben. Pompeius und Crassus gelingt es, Caesars Kommando in Gallien für fünf Jahre zu sichern.

Das Bündnis zerbricht jedoch bald: Crassus fällt 53 v. Chr. im Krieg gegen die Parther, Caesar und Pompeius geraten in Konflikt miteinander: Caesar wünscht für sich eine außerordentliche Position, Pompeius sucht das zu verhindern. Die Senatoren schließen sich jeweils einer der beiden Seiten an. Diejenigen, die bestrebt sind, die *res publica* zu erhalten, wenden sich mehrheitlich Pompeius zu. Die Lage in Rom spitzt sich zu, politische Banden beherrschen die Szenerie – eine zentrale Rolle spielt dabei der ehemalige Volkstribun P. Clodius Pulcher –, Straßenschlachten sind an der Tagesordnung. Nach Ablauf der fünf Jahre lehnt der Senat eine weitere Verlängerung von Caesars Kommando ab. Caesar weigert sich jedoch, sein Heer zu entlassen. Der Senat ruft daraufhin im Januar 49 v. Chr. den Staatsnotstand aus und erklärt Caesar zum Staatsfeind. Caesar überschreitet als Reaktion darauf mit seinen Soldaten den Rubikon, den Grenzfluss zwischen der Provinz Gallia Cisalpina und Italien, und eröffnet damit den Bürgerkrieg.

4.9 Der Bürgerkrieg und die Herrschaft Caesars

Caesar zielt darauf ab, seine Gegner möglichst schnell mit militärischen Mitteln auszuschalten. Zunächst widmet er sich seinem Hauptkontrahenten Pompeius. In der Schlacht bei Ilerda in Spanien siegt er 49 v. Chr. über eine große Armee des Pompeius, in der Schlacht bei Pharsalos in Griechenland schlägt er ihn 48 v. Chr. auch persönlich. Pompeius flieht nach Ägypten und wird dort auf Betreiben des ptolemäischen Königshauses im gleichen Jahr ermordet. Caesar zieht selbst nach Ägypten und setzt dort Kleopatra VII. und ihren Bruder Ptolemaios XIV. gemeinsam als Regenten ein, um die Verhältnisse zu ordnen. Die weiteren Gegner, die für die Erhaltung der Republik eintreten, überwindet er in den Jahren 46 und 45 v. Chr. in Nordafrika (Thapsus) sowie in Spanien (Munda).

Nach seinem Sieg behandelt Caesar die überlebenden Gegner mit Milde (*clementia*); er strebt nicht ihre Vernichtung an, wie Sulla es

Quelle: Motivation Caesars für den Bürgerkrieg

Das Verhalten seiner Gegner diente ihm zwar als Anlass zum Bürgerkrieg, aber seine eigentlichen Beweggründe waren nach allgemeiner Ansicht ganz anderer Natur. Gnaeus Pompeius wenigstens pflegte oft sich dahin zu äußern: Caesars Entschluss, alles durcheinander zu bringen, sei darauf zurückzuführen, dass er weder die einmal von ihm begonnenen Bauwerke hätte zu Ende führen, noch die Erwartungen des Volkes, die er an seine Rückkehr zu knüpfen verstanden hatte, aus seinen Privatmitteln hätte befriedigen können. Andere wieder sagen, er habe gefürchtet, Rechenschaft ablegen zu müssen über alle von ihm in seinem ersten Konsulat gegen die Auspizipien, die Gesetze und gegen den Einspruch der Tribunen durchgeführten Amtshandlungen; denn Marcus Cato hätte wiederholt unter Eid erklärt, er werde Caesar anklagen, sobald er nur erst sein Heer entlassen hätte.
(Sueton [1. Hälfte 2. Jh. n. Chr.], Caesar 30)

Abb. 36: **Caesar**

getan hat, sondern versucht, sie für eine Kooperation zu gewinnen. Dies mag darauf zurückzuführen sein, dass Caesar seine Hauptkontrahenten sehr viel effizienter ausgeschaltet hat als Sulla und sich seiner Sache entsprechend sicher ist. Hinzu kommt, dass Caesar durchaus Interesse zeigt, die Anerkennung seitens der Nobilität zu erlangen. Viele seiner bisherigen Gegner nehmen das Angebot an, einige lehnen ab. Der berühmteste derer, die sich Caesar verweigern, ist der jüngere Cato, ein Anhänger der stoischen Philosophie, der in Nordafrika nach der Schlacht bei Thapsus Selbstmord begeht, weil er Republik und Freiheit verloren sieht.

Caesar lässt sich 49 v. Chr. zum Diktator erheben, um in Abwesenheit der Konsuln Wahlen veranstalten zu können. In den Folgejahren lässt er sich mehrfach zum Konsul wählen bzw. vom Senat zum Diktator ernennen, schließlich sogar zum Diktator auf Lebenszeit.

Im Jahre 46 v. Chr. führt Caesar mehrere **Reformen** durch, um die Verhältnisse zu befrieden und möglicher Konkurrenz entgegenzuwirken. Sein Ziel ist nicht, die politische Ordnung formal grundsätzlich zu verändern, er höhlt sie aber dennoch durch seine Maßnahmen aus, die zum Ziel haben, seine faktische Alleinherrschaft zu befestigen.

Die meisten Entscheidungen trifft Caesar im Kreis seines Helferstabes. Dabei handelt es sich um Personen, die ihm persönlich vertraut sind. Die Kommunikation mit ihnen ist jedoch eine andere als die, welche die Magistrate traditionell miteinander und mit dem Senat pflegen: Zwischen Caesar und seinen Helfern herrscht keine Gleichheit. Sie stammen mehrheitlich aus dem Ritterstand, gehören also nicht den Senatoren und damit der politischen Führungsschicht an. Sie beziehen ihren Status allein aus ihrem Nahverhältnis zu Caesar.

Caesar lässt sich vom Senat mit Ehrungen überhäufen und seine Verehrung als Gottheit konstituieren. In verschiedenen Tempeln werden Statuen Caesars aufgestellt. Die göttliche Verehrung eines Herrschers ist weniger skandalös, als sie uns erscheinen mag. Im hellenistischen Osten des Reiches ist sie seit langem bekannt. Im Westen tut man sich jedoch schwer mit der Vergöttlichung lebender Personen. Inakzeptabel wird es für die Senatoren, als Caesar beim Luperkalienfest im Ornat eines Königs, d. h. mit Purpurgewand und goldenem Kranz, auftritt. Er möchte damit auf das altrömische Königtum rekurrieren. Als der Konsul Marcus Antonius ihm ein

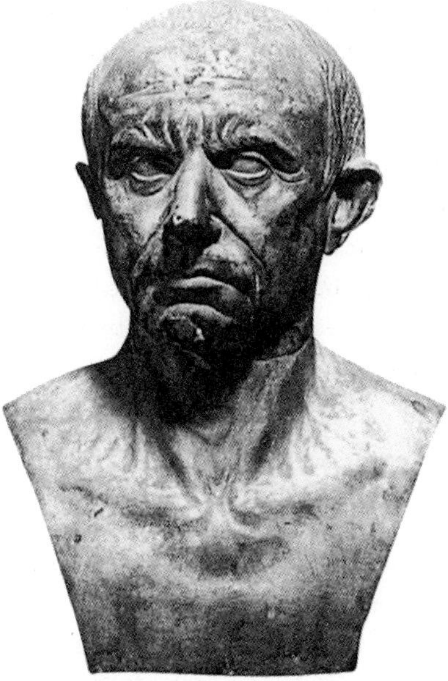

Abb. 37: **Der jüngere Cato**

Reformen Caesars Caesar vermehrt u.a. die Zahl der Magistrate, reduziert dadurch den Einfluss des einzelnen Amtsträgers und steigert zugleich seinen eigenen. Außerordentliche Kommanden, wie er sie mehrfach innehatte, untersagt er. Die Wahlen der Magistrate schafft er nicht ab, übernimmt aber persönlich die Funktion des Wahlleiters und schlägt die Kandidaten für den Konsulat selbst vor. Die Zahl der Senatoren erhöht er von 600 auf 900, die neuen Senatoren benennt er selbst. Damit schwächt er faktisch den Senat, auch wenn er ihn durch die Vergrößerung zu stärken scheint. Außerdem trifft er verschiedene Maßnahmen, um Zusammenrottungen der Plebs und Unruhen auf den Straßen zu verhindern.

Diadem, ein Symbol des hellenistischen Königtums, anbietet, lehnt er dies ab – möglicherweise weil das Volk ihm in der Situation nicht zujubelt. Seine Gegner werfen ihm später vor, tatsächlich die Königsstellung angestrebt zu haben. Ob dieser Vorwurf berechtigt ist, wissen wir nicht sicher.

Es kommt zu einer Verschwörung von Senatoren gegen Caesar. Etwa sechzig Senatsmitglieder sollen daran beteiligt gewesen sein. An den Iden des März des Jahres 44 v. Chr. (15. März) wird er von Personen aus diesem Kreis getötet. Die bekanntesten von ihnen sind M. Iunius Brutus und C. Cassius Longinus.

4.10 Der Zweite Triumvirat

Nach der Ermordung Caesars kann von einer Wiederherstellung der *res publica* keine Rede sein; vielmehr herrscht zunächst ein Machtvakuum. Die Senatoren zeigen sich nicht in der Lage, die Geschicke wieder in die Hand zu nehmen. Die Anhänger Caesars dominieren die politische Szenerie. Die führenden Persönlichkeiten sind Octavian, der Großneffe und Adoptivsohn Caesars, Marcus Antonius, Mitkonsul Caesars im Jahre 44 v. Chr., und M. Aemilius Lepidus, ***magister equitum*** Caesars. Die besten Aussichten hat Octavian. Die Soldaten strömen ihm zu; er erbt die Heeresklientel Caesars.

Octavian, Marcus Antonius und Lepidus kooperieren anfänglich: Sie errichten im November 43 v. Chr. einen zweiten Triumvirat, der aber anders beschaffen ist als der erste: Es handelt sich um eine offizielle gemeinsame Militärdiktatur, die auf fünf Jahre festgeschrieben wird. Die drei bezeichnen sich als *tresviri rei publicae constituendae* (‚drei Männer zur Einrichtung des Staates'). Tatsächlich bemühen sie sich nicht um die Restituierung der *res publica*, sondern zunächst vorrangig um die Verfolgung der Caesarmörder und ihrer Anhänger. Zur Vernichtung der Caesargegner in Rom bedienen sie sich des Mittels der Proskription. Die Caesarmörder selbst überwinden sie militärisch im Jahre 42 v. Chr. in der Schlacht bei Philippi in Nordgriechenland. Danach teilen sie das Reich unter sich auf. Als Lepidus auf den Einflussbereich Octavians übergreift, stellt letzterer ihn kalt und verleibt sich seine Provinzen ein. Nachdem Antonius bei einem Partherfeldzug scheitert und insgesamt eine hellenistisch-

Quelle: Gründe für Caesars Ermordung

Er (Caesar) wies ferner am Luperkalienfest auf dem Forum das vom Konsul Antonius mehrmals seinem Haupt genäherte Diadem zurück, ließ es auf das Kapitol bringen und Jupiter Optimus Maximus weihen. Ja, es ging stark das Gerücht, er werde nach Alexandria oder nach Ilium übersiedeln, den Schwerpunkt des Reichs aus dem durch Aushebungen erschöpften Italien dorthin verlegen und die Staatsgeschäfte in Rom seinen Freunden überlassen. Schon in der nächsten Senatssitzung werde Lucius Cotta, ein Mitglied des Fünfzehnmänner-Kollegiums zur Aufsicht über die Sibyllinischen Bücher, den Antrag stellen, Caesar zum König zu ernennen; denn in den Schicksalsbüchern stehe bekanntlich, die Parther könnte nur ein König besiegen. (80) Deshalb beeilten sich die Verschwörer, das von ihnen geplante Vorhaben zu verwirklichen, um nicht in die Zwangslage zu kommen, jenem Antrage ihre Zustimmung zu geben.
(Sueton, Caesar 79 f.)

magister equitum Der *magister equitum* ist anfänglich der Befehlshaber der Reiterei. In unserer Zeit handelt es sich um den Gehilfen eines Diktators und dessen Stellvertreter im Krieg.

Quelle: Die Einrichtung des Zweiten Triumvirats

Sie (Octavian, Antonius und Lepidus) kamen zwei Tage lang vom Morgen bis zum Abend zusammen und trafen folgende Entscheidungen: Octavian solle das Konsulat niederlegen und P. Ventidius dasselbe für den Rest des Jahres übernehmen. Durch Gesetz müsse ferner zur Beilegung der inneren Unruhen für Lepidus, Antonius und Octavian ein neues Amt geschaffen werden, das, fünf Jahre lang von ihnen bekleidet, gleiche Machtfülle wie das Konsulat besitzen solle. Sie glaubten nämlich, auf diese Weise den Titel eines Diktators zu vermeiden, vielleicht weil das Dekret des Antonius diesen abgeschafft hatte. (7) Weiterhin sollten die drei Machthaber sogleich die Jahresämter in der Stadt auf einen Zeitraum von fünf Jahren bestimmen. Schließlich war eine Aufteilung der Provinzen vorgesehen, wonach Antonius ganz Gallien ohne den an die Pyrenäen angrenzenden Teil, Altgallien genannt, erhielt; letzteres Gebiet zusammen mit Spanien wurde Lepidus als Herrschaftsbereich zugewiesen, während Octavian Africa, Sardinien, Sizilien und die sonst noch dort gelegenen Inseln bekommen sollte. (8) So teilten die drei Männer die Herrschaft über die Römer unter sich.
(Appian, Bürgerkriege 4,2 [6–8])

orientalisch geprägte Herrschaft zu errichten trachtet, die Octavian als unrömisch brandmarkt, zieht dieser gegen Antonius zu Felde und besiegt ihn schließlich 31 v. Chr. in der Seeschlacht bei Actium vor der Küste von Epirus. Damit ist Octavian faktisch Alleinherrscher.

4.11 Der Untergang der Republik

Der Untergang der Republik ist ein langer Prozess. Erste Verfallserscheinungen zeigen sich schon gegen Ende der mittleren Republik. Die römische Republik ist eine gesellschaftliche und politische Ordnung, die auf den Stadtstaat ausgerichtet ist. Sie lässt sich zwar stärker ausweiten als die griechische Polis, ist aber nicht beliebig dehnbar. Sie lebt von der unmittelbaren Kommunikation der Angehörigen der Senatsaristokratie, von ihrem Konsens und vor allem ihrer Bereitschaft, sich in ihrem Handeln und Streben auf die *res publica* zu beziehen.

All das geht mit der Zeit verloren aufgrund der neuen Herausforderungen, die sich im Zusammenhang mit der römischen Expansion stellen, und den neuartigen Chancen, die sich für die Einzelnen ergeben. Infolgedessen kommt es zur Stärkung der Magistratur und ihrer Emanzipation von der Kontrolle durch den Senat. Der neuralgische Punkt ist dabei die Einführung außerordentlicher Kommanden, die militärisch notwendig scheinen, sich aber für die *res publica* als fatal erweisen.

Ob die Republik hätte gerettet werden können, ist eine vieldiskutierte Frage. Wenn sich der Niedergang auch seit langem abzeichnete, sollte man nicht so weit gehen, von einem autonomen Prozess zu sprechen, der sich jeglicher Einflussnahme und Gestaltung entzogen hätte. Es gibt sogar Reformüberlegungen von Zeitgenossen, die den Kern des Problems erfassen: So schlägt **M. Tullius Cicero** in seiner Schrift ‚Über die Gesetze' (‚*De legibus*') vor, den Senat zu stärken, ihn zu einem wirklichen politischen Zentrum auszubauen und ihm die Magistrate konsequent zu unterstellen. Die tatsächliche Entwicklung ist eine andere: Es gelingt zwar, dem Zentrum der politischen Ordnung mehr Gewicht zu verleihen, gleichwohl handelt es sich dabei nicht um den Senat, sondern um eine neuartige Größe: den *princeps*.

M. Tullius Cicero (106–43 v. Chr.) Cicero, selbst ein *homo novus*, ist einer der entschiedensten Verfechter der republikanischen Ordnung und der traditionellen römischen Werte, des *mos maiorum*. Dabei steht er auf Seiten der Optimaten und betont die zentrale Stellung des Senats in der *res publica*. Cicero wird selbst im Jahre 63 v. Chr. zum Konsul gewählt. Als besondere Leistung seines Konsulats streicht er die Aufdeckung der sog. Catilinarischen Verschwörung heraus. Er wird im Zuge der Proskriptionen des Zweiten Triumvirats getötet. Cicero ist nicht zuletzt einer unserer wichtigsten Gewährsmänner für die ausgehende Republik. Er hat eine große Zahl von Reden hinterlassen (Gerichtsreden, die er als Anwalt gehalten hat, wie politische Reden, die er vor einer der Volksversammlungen oder vor dem Senat vorgetragen hat), außerdem eine große Zahl von Briefen sowie monographische Schriften (meist in Dialogform) besonders zur Rhetorik und zur Philosophie. Dabei rezipiert er nicht bloß die griechische Philosophie, wie es viele Römer vor ihm getan haben, sondern sucht sie mit römischem Gedankengut zu einer neuen Einheit zu verbinden. In der Schrift ‚Über den Staat' (‚*De re publica*') etwa greift er die griechische Konzeption der ‚Mischverfassung' auf und stellt die römische Ordnung als eine ebensolche dar. Er steht hier in der Tradition des griechischen Historikers Polybios, der bereits im 2. Jh. das Modell der Mischverfassung auf Rom angewandt hat, geht aber in der philosophischen Reflexion über Polybios hinaus. Dem Modell zufolge weist der römische Staat ein monarchisches Element auf, den Konsulat, ein aristokratisches, den Senat, und ein demokratisches, die Volksversammlung. Er beteiligt alle Gruppen der Bürgerschaft in – so die Vorstellung – angemessenem Umfange, so dass sich alle mit der Ordnung zufrieden zeigen und nicht gegen sie opponieren. Entsprechend gibt es in Rom – anders als in vielen griechischen Städten – praktisch keine *stásis*. Im engen Zusammenspiel der verschiedenen Elemente sieht Cicero den Erfolg der römischen *res publica* begründet.

5 Der Prinzipat

5.1 Die Errichtung des Prinzipats

Octavian ist bestrebt, die Fehler seines Großonkels zu vermeiden. Er bemüht sich um einen Ausgleich mit dem Senatorenstand und verzichtet darauf, seine Person allzu prononciert herauszustellen. Er erhebt zwar einen ähnlich persönlichen Herrschaftsanspruch wie Caesar, versucht jedoch, diesen besser in die bestehende Ordnung einzubinden, um so eine höhere Akzeptanz zu erlangen.

Octavian beendet den Bürgerkrieg, indem er in der Senatssitzung vom 13. Januar 27 v. Chr. die im Rahmen der vorausgehenden Militärdiktatur usurpierte Gewalt offiziell dem Senat und dem Volk zurückgibt. Er erhält daraufhin als Ehrentitel das *cognomen* (den Beinamen) Augustus (der ‚Erhabene'). Von nun an nennt er sich ***Imperator Caesar Augustus***.

Augustus beansprucht für sich keine umfassende Gewalt, wie Caesar sie im Rahmen seiner Diktaturen innehatte, sondern begnügt sich formal mit dem Konsulat. Diesen bekleidet er bis 23 v. Chr. jährlich. Darüber hinaus erhält er ein außerordentliches Kommando (*imperium proconsulare*) für all die Provinzen, die noch nicht befriedet sind, d. h. besonders für die Grenzprovinzen, in denen Truppen stehen. Im Jahre 23 v. Chr. wird ihm – nachdem es in Senatorenkreisen zu Widerstand gekommen ist – die ***tribunicia potestas*** verliehen, so dass er, auch ohne Konsul zu sein, mit dem Senat verhandeln und Gesetze einbringen kann. Senat und Volksversammlung stimmen diesen Regelungen zu. Augustus schafft für sich kein spezielles Amt, sondern lässt sich formal betrachtet lediglich verschiedene herkömmliche Gewalten übertragen. Er bezeichnet sich als ‚der Erste' (*princeps*) unter den Senatoren.

Die Volksversammlung übernimmt wieder ihre traditionellen Aufgaben: Sie wählt die Amtsträger und beschließt Gesetze. Gleichwohl behält sich Augustus das Recht vor, die Amtsbewerber zu prüfen und Empfehlungen auszusprechen. Der Senat entscheidet in herkömmlicher Manier über die Vergabe der Promagistraturen – jedoch nur über diejenigen, in denen keine Truppen stationiert sind und die damit nicht in die Zuständigkeit des *princeps*, in der Geschichtsschreibung auch ‚Kaiser' genannt, fallen.

Imperator Caesar Augustus Den Namen Caesar, aus dem sich die Bezeichnung ‚Kaiser' herleitet, hat er durch die Adoption durch den Großonkel erhalten. Den Titel *imperator* hat er sich während der Militärdiktatur selbst gegeben und zum Vornamen erhoben. Der Senat hat diesen Schritt nach der Schlacht von Actium legalisiert.

tribunicia potestas Er erhält die Kompetenzen des Volkstribunen, nicht jedoch das Amt.

*Quelle: Aus dem Tatenbericht (*res gestae*) des Augustus*

In meinem sechsten und siebten Konsulat habe ich, nachdem ich die Flammen der Bürgerkriege gelöscht hatte und mit der einmütigen Zustimmung der gesamten Bevölkerung in den Besitz der staatlichen Allgewalt gelangt war, das Gemeinwesen aus meiner Machtbefugnis wieder der Ermessensfreiheit des Senats und des römischen Volkes überantwortet. Für dieses mein Verdienst wurde mir auf Beschluss des Senats der Name Augustus gegeben. (...) Seit dieser Zeit überragte ich alle an Ansehen (*auctoritas*), an Amtsgewalt (*potestas*) aber besaß ich nicht mehr als die anderen, die auch ich im Amt zu Kollegen hatte.
(Augustus, Tatenbericht 34)

Abb. 38: **Augustus von Prima Porta**

Augustus propagiert das Regime nicht als neue Ordnung, sondern als Wiederherstellung der alten: *res publica restituta*. Dabei hebt er vor allem hervor, dass die inneren Konflikte überwunden und die Eintracht (*concordia*), ein Grundelement des *mos maiorum*, wiederhergestellt sei.

Zentral ist in dem Zusammenhang auch, dass der Kaiser betont, sich den Gesetzen unterzuordnen, und auf diese Weise seine Integration in die herkömmliche politische Ordnung zum Ausdruck bringt. Damit respektiert er – so sein Anspruch – zugleich die traditionellen Rechte von Senat und Volksversammlungen.

Der Kaiser präsentiert sich überdies als derjenige, der den Frieden im römischen Reich (*pax Romana*) wiederhergestellt hat. Dies versteht sich sowohl innenpolitisch, indem der *princeps* die Bürgerkriege beendet, wie auch außenpolitisch, indem er die Expansion des Reiches fortsetzt. Auf diese Weise treibt er die Ausbreitung der römischen Ordnung voran und wirkt so – in der Wahrnehmung der Römer – nicht zuletzt im Interesse des Friedens, da er Angriffen durch Feinde vorzubeugen sucht. Das Ideal, das seinen Bestrebungen zugrunde liegt, ist die Errichtung einer Herrschaft über den Erdkreis (*orbis terrarum*), zu der sich die Römer von den Göttern bestimmt sehen. Augustus unterwirft mit seinen Truppen das nordwestliche Spanien, das bislang noch nicht unter römischer Herrschaft stand, außerdem den Alpen- und Voralpenraum sowie den Balkan bis zur Donaugrenze. Den Plan zur Beherrschung Germaniens freilich gibt er nach der Niederlage des Varus im Teutoburger Wald (tatsächlich wohl weiter nördlich) im Jahre 9 n. Chr. auf. Schon vor den Germanenkriegen verzichtet er im Osten auf die Eroberung Mesopotamiens und erwirkt einen Ausgleich mit den Parthern. Der Effekt seiner Außenpolitik ist, dass Italien gegen Einfälle von Norden gesichert ist. Man spricht aufgrund all dessen von der *pax Augusta* (‚augusteischer Frieden'). Der Kaiser fördert dies nicht zuletzt persönlich durch seine Selbstdarstellung.

Im Osten, wo die Verehrung siegreicher Herrscher seit langem Usus ist, wird Augustus bereits zu Lebzeiten als Gott betrachtet. Der Kaiser gestattet dies, fordert aber, dass er nur gemeinsam mit der Göttin Roma verehrt wird. Im Westen wird der Kaiserkult in jenen Provinzen, in denen noch Unruhe herrscht, sogar staatlicherseits

Quelle: Auswärtige Kriege des Augustus

Unterworfen hat Augustus teils unter seiner eigenen Führung, teils durch seine Feldherren, Kantabrien und Aquitanien, Pannonien, Dalmatien, und überhaupt das ganze Illyricum, ebenso Rätien und zwei Alpenvölker, die Vindelizier und Salasser. Ferner wehrte er die Einfälle der Daker ab, deren Mannschaften haufenweise niedergemacht wurden. Selbst drei Führer waren gefallen. Die Germanen drängte er über die Elbe zurück. (...) Kein Volk bekriegte er ohne gerechten Grund und ohne Not. Überhaupt lag ihm der Wunsch nach jeglicher Erweiterung des Reichsgebietes wie nach Vermehrung seines Kriegsruhmes so vollständig fern, dass er vielmehr einige Barbarenfürsten im Tempel des Mars Ultor schwören ließ, Frieden und Freundschaft, worum sie baten, auch ihrerseits zu halten. (...) Der Ruf seiner Tapferkeit und seines Maßhaltens bewog selbst die Inder und Skythen, Völker, die man bis dahin nur vom Hörensagen kannte, freiwillig durch Gesandte um seine und des römischen Volkes Freundschaft nachzusuchen. Auch die Parther verzichteten freiwillig auf ihren Anspruch auf Armenien, sie gaben ihm ferner die Feldzeichen wieder heraus, die sie Marcus Crassus und Marcus Antonius abgenommen, und die Augustus von ihnen zurückgefordert hatte. Obendrein boten sie ihm Geiseln an; ja sie gingen so weit, dass sie unter einer Anzahl von Bewerbern um den parthischen Thron nur dem von ihm Erkorenen huldigten. (22) Den Tempel des Janus Quirinus, der seit Gründung der Stadt vor seiner Zeit nur zweimal geschlossen war, schloss Augustus während einer viel kürzeren Spanne dreimal, nachdem er zu Land und Wasser den Frieden gefestigt hatte.
(Sueton, Augustus 21 f.)

Quelle: Pax Augusta

Was Italien selber (...) und Rom selber angeht, so hat die Trefflichkeit der Staatsordnung und der Herrscher verhütet, dass man weitergegangen ist mit Freveln und Morden. Es ist aber schwer, eine Herrschaft von diesem Ausmaß anders zu verwalten, als indem man sie einem wie einem Vater überlässt. Niemals jedenfalls haben die Römer und ihre Verbündeten den Genuss eines so langen Friedens und einer solchen Fülle von Gütern gehabt, wie Caesar Augustus sie ihnen verschafft hat, seitdem er die absolute Macht übernommen hatte, und wie sie ihnen jetzt sein ihm nachgefolgter Sohn Tiberius verschafft.
(Strabo [64/63 v. Chr.–ca. 26 n. Chr.] 6,4,2)

Quelle: Haltung des Augustus zum Kaiserkult

Tempel ließ sich Augustus in den Provinzen nur dann erbauen, wenn sie außer ihm auch noch der Göttin Roma geweiht waren, obwohl er wusste, dass diese Ehre auch den Prokonsuln erwiesen wurde. In Rom dagegen wies er solche Ehrung ganz entschieden zurück; er ließ selbst die silbernen Statuen, die man ihm früher gesetzt hatte, einschmelzen und weihte aus ihrem Erlös dem Palatinischen Apollo goldene Dreifüße.
(Sueton, Augustus 52)

gefördert, um die betreffenden Regionen zu stabilisieren und die Loyalität ihrer Bevölkerung gegenüber Kaiser und Staat zu gewinnen. In Rom wird nur der *genius* des Augustus verehrt, d. h. die in ihm wirkende göttliche Kraft, nicht aber seine Person. Augustus fordert diese Zurückhaltung explizit, um die Senatoren nicht zu provozieren. Eine ausdrückliche Vergöttlichung des Augustus erfolgt erst nach seinem Tod.

5.2 Der Charakter des Kaisertums

Wollen die Römer den Kaiser unabhängig von der individuellen Person bezeichnen, so tun sie das meist mit dem Begriff *princeps* (der Erste), mit dem zum Ausdruck gebracht wird, dass der Kaiser der Erste unter den Senatoren ist und nicht beansprucht, ihnen prinzipiell überlegen zu sein und sich von ihnen abzugrenzen.

Ein spezielles Amt erhält der Kaiser auch nach Augustus nicht. Es verhält sich weiterhin so, dass der *princeps* vom Senat und vom Volk mit den ehemals republikanischen Gewalten ausgestattet wird: dem *imperium proconsulare* und der *tribunicia potestas*. Seine Funktion formal zu fassen und institutionell zu konzipieren, wäre mit dem Anspruch, die *res publica* wiederherzustellen, nicht zu vereinbaren gewesen. Aus dem gleichen Grunde gibt es auch keine explizite Nachfolgeregelung. Hinzu kommt, dass man die Vorstellung entwickelt, dass der Beste Kaiser sein solle. Die Entscheidung darüber, wer dies ist, trifft formal der Senat.

Wichtiger als das Votum des Senats ist in der Praxis aber die Akklamation (‚Ausrufung') durch das Heer. Besonders in Situationen, in denen Senat und Heer unterschiedlicher Auffassung sind, gibt das Heer den Ausschlag. Im 3. Jh., bei den sog. Soldatenkaisern, die keiner Herrscherfamilie mehr entstammen, liegt die Entscheidung regelmäßig bei den Legionen. Das Heer bevorzugt in aller Regel einen Kaiser aus der Familie des Vorgängers, d. h. einen Sohn oder Adoptivsohn. Zudem kann der alte Kaiser Einfluss auf die Wahl seines Nachfolgers ausüben. Er veranlasst den Senat dann, seinem Sohn oder Adoptivsohn noch zu seinen Lebzeiten die entsprechenden Gewalten zu übertragen. Auch die Akklamation durch das Heer kann bereits zu dieser Zeit stattfinden. Auf die

Quelle: Vergöttlichung des Kaisers nach seinem Tode

Damals erklärten sie (die Senatoren) Augustus für unsterblich, erkannten ihm eigene Priester und Riten zu und bestellten Livia, die schon die Bezeichnung Iulia und Augusta trug, zu seiner Priesterin; (2) auch wurde ihr gestattet, sich bei Ausübungen ihres heiligen Amtes eines Liktors zu bedienen. Ihrerseits schenkte sie eine Million Sesterzen einem gewissen Numerius Atticus, einem Senator und ehemaligen Praetor, der unter Eid aussagte, er habe den Augustus, so wie man es sich auch von Proculus und Romulus erzählte, in den Himmel auffahren sehen. (3) Ein Tempel, vom Senat gelobt und von Livia und Tiberius erbaut, wurde ihm zu Ehren in Rom errichtet, und so geschah es auch an vielen anderen Orten, wobei die einen Gemeinden freiwillig, die anderen nur mit Widerstreben dieser Verpflichtung nachkamen.
(Cassius Dio [um 200 n. Chr.] 56,46,1 f.)

Quelle: Der Einfluss der Soldaten auf die Kaiserbestellung (3. Jh. n. Chr.)

Von nun an erstarkte die Macht der Truppen, und dem Senat blieb die Regierung sowie das Recht der Kaiserwahl bis auf unsere Zeit entzogen, wobei ungewiss ist, ob er (der Senat) es selbst aus Schlaffheit so wünschte oder aus Furcht oder Abscheu vor Streitigkeiten. (6) Zwar hätte er das Recht zum Kriegsdienst, das ihm der Erlass des Gallienus entzogen hatte, wieder wahrnehmen können, dank des Zugeständnisses, das die Legionen unter der maßvollen Herrschaft des Tacitus machten; auch hätte sich nicht Florianus blindlings erhoben, noch würde auf Grund des Urteils der gemeinen Soldaten irgendwem, und sei er auch tüchtig, die Herrschaft anvertraut, wenn der erlauchteste, so bedeutende Stand (der Senatorenstand) sich nicht vom Lager fernhielte. (7) Doch während sich die Senatoren ihrer Muße erfreuten und zugleich um ihren Reichtum bangten, dessen Genuss und Überfluss sie für wichtiger halten als die Ewigkeit, bahnten sie den Soldaten, die fast noch Barbaren waren, den Weg, über sie selbst und ihre Nachfahren zu herrschen.
(Aurelius Victor [spätes 4. Jh. n. Chr.], Über die Kaiser 37,5–7)

Weise kommt es faktisch doch mehrfach zur Herausbildung von Dynastien (s. u. Abschnitt 5.8).

5.3 Der Kaiser und das Recht

Vom Kaiser wird seitens des Senats erwartet, dass er sich dem Recht unterstellt. Der jüngere Plinius formuliert dazu in seinem ‚*Panegyricus*': „*Non est princeps supra leges, sed leges supra principem*" („Der Kaiser steht nicht über den Gesetzen, sondern die Gesetze über dem Kaiser"). Zugleich aber hat der Kaiser entscheidenden Einfluss auf das Recht: Er setzt selbst Recht, indem er u. a. durch Edikte allgemeine Regelungen trifft oder mit Hilfe sog. **Reskripte** spezielle Entscheidungen in Einzelfällen herbeiführt. Kaiserliche Erlasse (*constitutiones*) werden seit dem 2. Jh. faktisch als Gesetze betrachtet. Dennoch scheut man sich zunächst zuweilen noch, hierfür den eigentlichen Terminus für Gesetz, nämlich *lex*, zu verwenden. Das Recht der Gesetzgebung liegt anfänglich noch bei der Volksversammlung, geht aber bald – als die Volksversammlung kaum mehr einberufen wird, was schon unter Tiberius, dem Nachfolger des Augustus, nicht mehr der Fall ist – an den Senat über. Gleichwohl verabschiedet der Senat Gesetze nun auf der Grundlage eines kaiserlichen Antrags.

Der Kaiser ist außerdem oberster Gerichtsherr und fungiert als Appellationsinstanz. Seit der Zeit des Claudius existiert ein eigenes Kaisergericht, vor dem solche Appellationsfälle verhandelt werden. Auf diese Weise übt der Kaiser die Kontrolle über Gerichte und Recht sprechende Magistrate aus. Hinzu kommt, dass der *princeps* den Anspruch erhebt, der gesamten Bevölkerung – römischen Bürgern wie Provinzialen – Schutz zu gewähren und für ihr Wohl zu sorgen. Dies leistet er – so die römische Vorstellung – u. a. durch seine Rechtsprechung.

5.4 Die Aufgaben des Kaisers

Der Kaiser hat eine ganze Reihe von Aufgaben zu erfüllen, die aber nirgendwo explizit formuliert sind. Ebenso wenig wie das Kaiser-

Reskripte Reskripte sind kaiserliche ‚Rückschreiben' auf Rechtsanfragen, die meist von der Verwaltung an den Kaiser gerichtet werden. Es geht dabei um strittige Einzelfälle, die der Kaiser begutachtet. Die Entscheidungen, die er hier trifft, sind auch für die Zukunft rechtsverbindlich.

Quelle: Ehegesetze des Augustus

Keiner, der selbst Senator ist bzw. Sohn, Enkel oder Urenkel eines Senators ist oder sein wird, soll wissentlich in trügerischer Absicht eine Freigelassene zur Braut oder Ehefrau haben oder eine Frau, die selbst oder deren Vater bzw. Mutter in Schauspielen auftritt oder aufgetreten ist; noch soll eine Tochter, Enkelin oder Urenkelin eines Senators in trügerischer Absicht Braut oder Ehefrau eines Freigelassenen oder jemandes sein, der selbst oder dessen Vater bzw. Mutter in Schauspielen auftritt oder aufgetreten ist.
(Aus der *Lex Iulia de maritandis ordinibus* [18 v. Chr.])

Berichtet wurde dann über die Milderung der *Lex Papia Poppaea*, die der alternde Augustus nach den Julischen Gesetzesanträgen zur Verschärfung der Strafen für Ehelosigkeit und zur Bereicherung des Staatsschatzes erlassen hatte. Doch wurden deswegen nicht mehr Ehen geschlossen und mehr Kinder aufgezogen, da der Hang zur Kinderlosigkeit stärker war; dagegen nahm die Zahl derer zu, die in einen Prozess verwickelt waren, da alle Familien durch die Verdächtigungen der Angeber ins Unglück gebracht werden konnten, und wie vorher mit den Gesetzesübertretungen, so hatte man jetzt seine Not mit den Gesetzen.
(Tacitus [2. Hälfte 1. Jh. n. Chr.], Annalen 3,25,1)

Quelle: Übertragung der Wahlen von den Zenturiatskomitien auf den Senat (14 n. Chr.)

Damals wurden zum ersten Mal die Wahlen der Magistrate vom Marsfeld in den Senat verlegt; denn bis zu diesem Tag geschah zwar das Wichtigste nach der Entscheidung des Princeps, manches aber noch nach den Empfehlungen der Tribus. Doch beklagte sich das Volk über die Entrechtung nur in bedeutungslosem Gerede, und der Senat, vom Zwang zu Spenden und schimpflichen Bitten befreit, hielt gern daran fest, zumal Tiberius sich darauf beschränkte, nicht mehr als vier Kandidaten zu empfehlen, die ohne Ablehnung und Bewerbung gewählt werden mussten.
(Tacitus, Annalen 1,15,1)

tum insgesamt rechtlich umrissen ist, werden die Kompetenzen des Kaisers in Rechtsform gebracht. Faktisch entscheidet der Kaiser über Krieg und Frieden. Dem Senat kommt dabei lediglich beratende Funktion zu. Der Kaiser verhandelt mit auswärtigen Mächten und schließt mit ihnen Verträge. Er ist oberster Heerführer und höchster Richter. Der *princeps* hat überdies die Stellung eines ‚obersten Priesters' (*pontifex maximus*) inne, d. h. er trägt die Verantwortung dafür, dass alle Kulte, die seitens des Staates anerkannt sind und Förderung erfahren, ihre Funktionen ordnungsgemäß erfüllen. Dahinter steht der Gedanke, dass der Kaiser für den ‚Frieden seitens der Götter' (*pax deorum*) Sorge zu tragen hat.

Der Kaiser hat einer Vielzahl von Erwartungen zu genügen, die nicht zuletzt in den **Herrschertugenden** zum Ausdruck gebracht werden, mit denen er sich selbst charakterisiert, die ihm aber auch von anderen zugeschrieben werden und an denen er gemessen wird. Er ist für das Wohl des Reiches in einem umfassenden Sinne verantwortlich. Die Bevölkerung geht zuweilen so weit, ihm magische Wirkung zu attestieren und ihn als charismatischen ‚Heilbringer' (*sōtér*) zu kennzeichnen. Dazu schreibt sie ihm göttliche oder gottähnliche Qualitäten zu.

5.5 Die Verwaltung des Reiches

5.5.1 Die Zentralverwaltung

Im Prinzipat wird eine Zentralverwaltung aufgebaut, die besser als die republikanischen Magistrate, welche auf den Stadtstaat zugeschnitten waren, in der Lage ist, die Verwaltung des Reiches zu leisten. Die neu geschaffenen Ämter werden aber zunächst noch nicht als öffentliche Institutionen begriffen, sondern dem Haus des Kaisers zugeordnet. Die Amtsträger gehören damit zum persönlichen Helferstab des Kaisers. Dennoch bildet sich mit der Zeit ein gewisses Maß an Formalisierung und Versachlichung bei der Ausgestaltung der Verwaltung heraus. So werden verschiedene **Büros** (***officia***) mit spezifischen Zuständigkeiten eingerichtet, die sich sukzessive entwickeln. Die Leiter dieser Büros sind anfänglich Freigelassene des Kaisers, also seine ehemaligen Sklaven,

Herrschertugenden Der Kaiser hat Milde (*clementia*) walten zu lassen. Er soll sich durch Freigebigkeit (*liberalitas*) auszeichnen und der Bevölkerung Wohltaten (*beneficia*) zukommen lassen. Dazu gehört, dass er den Soldaten über ihren Sold hinaus Geschenke (Donative) gewährt und die Verantwortung für die Getreideversorgung übernimmt. Letzteres gilt zunächst nur für die Stadt Rom und für Italien; später wird es auf das ganze Reich ausgedehnt. Arme Bürger erhalten kostenlos oder zu sehr geringem Preis Getreide. Der Kaiser hat sich außerdem durch Gerechtigkeit (*iustitia*) hervorzutun. Weiterhin soll er für den Frieden (*pax*) sorgen. Dazu gehört auch, dass er Tapferkeit (*virtus*) zeigt und sich als Sieger (*victor*) erweist. Schließlich hat er sich durch ‚Frömmigkeit' (*pietas*) auszuzeichnen, d. h. durch Pflichtgefühl gegenüber den Göttern, dem Gemeinwesen und der eigenen Familie.

Quelle: Über die Freigebigkeit des Kaisers Trajan

Wahrhaftig, wie großzügig geschah die Verteilung, wie sehr lag dir (Trajan) daran, dass deine Freigebigkeit allen zugute komme! Auch diejenigen bekamen ihren Teil, die erst nach deinem Erlass auf den Listen nachgerückt waren als Ersatz für Ausgestrichene, und sogar jene sind wie die anderen behandelt worden, auf die sich das Versprechen gar nicht bezogen hatte. (...) (5) Es ist deine großartige, ganz persönliche Leistung, Caesar, dass du die entferntesten Gegenden durch deine erfinderische Freigebigkeit gleichsam näher heranholst, dass du riesige Entfernungen schrumpfen lässt durch deine Großzügigkeit, dass du dem Unglück Einhalt gebietest und dem Missgeschick entgegenwirkst, dass du dich überhaupt mit aller Kraft dafür einsetzest, dass bei der Verteilung deiner Geldspende jeder einfache Römer spüren kann, er sei mehr gewesen als nur ein Mensch, er sei ein Bürger.
(Plinius d. J. [61/62–ca. 113 n. Chr.], Panegyricus 25,3. 5)

Büros (*officia*) In den vierziger Jahren des 1. Jhs. lassen sich drei *officia* nachweisen: Das Büro *a rationibus* ist zuständig für Finanzangelegenheiten. Es verwaltet die Einkünfte aus Steuern sowie die Einnahmen aus den Besitzungen des Kaisers. Das Büro *ab epistulis* kümmert sich um die kaiserliche Korrespondenz. Es beantwortet Anfragen, die von den Statthaltern und sonstigen Funktionsträgern des Reiches an den Kaiser gerichtet werden, und hat damit großen Einfluss auf die Reichsverwaltung. Für Eingaben von Privatpersonen und Rechtsanfragen ist ein anderes Büro (*a libellis*) zuständig. Später kommen weitere Büros hinzu.

später auch Ritter. Den Senatoren erscheinen diese Tätigkeiten, die weniger mit direkten Herrschaftsfunktionen als mit Diensten für den *princeps* zu tun haben, nicht attraktiv. Auch der Kaiser selbst bevorzugt Personen, die von ihrer Geburt her ein geringeres Sozialprestige haben, da sie ihre Position allein ihm verdanken, und sich daher stärker als die Senatoren auf ihn beziehen, was vielfach dazu führt, dass sie zuverlässiger in seinem Sinne agieren.

5.5.2 Die Provinzen

Die Verwaltung der Provinzen erfolgt weitgehend unabhängig von der Zentralverwaltung. Es wird unterschieden zwischen kaiserlichen und senatorischen Provinzen. Die kaiserlichen sind Grenzprovinzen, in denen Truppen stationiert sind. Sie werden von kaiserlichen Legaten geleitet, die in der Provinz ähnliche Funktionen wahrnehmen wie die Proprätoren und Prokonsuln in der Republik und wie diese dem Senatorenstand entstammen, jedoch im kaiserlichen Auftrag (*legati Augusti propraetore*) handeln. Eine Ausnahme stellt Ägypten dar, das dem privaten Besitz des Kaisers zugeschrieben und von einem Ritter verwaltet wird. Die übrigen Provinzen unterstehen in herkömmlicher Manier senatorischen Statthaltern. Diese üben ihrem Selbstverständnis nach die traditionellen senatorischen Herrschaftsrechte aus. Die senatorischen Statthalter sind hauptsächlich für die Rechtsprechung in ihren Provinzen zuständig. Militärische Kommanden dürfen sie hingegen nur noch in Ausnahmefällen übernehmen. Auch die Kompetenzen in der Finanzverwaltung werden ihnen teilweise entzogen; so werden für die Organisation der Besteuerung nun kaiserliche *procuratores*, die aus dem Ritterstand stammen, eingesetzt. Den Senatoren wird es untersagt, Provinzialen in ihre Klientelen aufzunehmen. Sämtliche Angehörige der Provinzen gehören jetzt zur Klientel des Kaisers. Auch Ehrungen dürfen seitens der Städte und der Provinzen nur an den *princeps* vergeben werden.

Im Unterschied zu den römischen Bürgern zahlen die Provinzialen, d. h. die Personen, die in einer Provinz leben und kein römisches Bürgerrecht besitzen, eine Kopf- und ggf. eine Grundsteuer; außer-

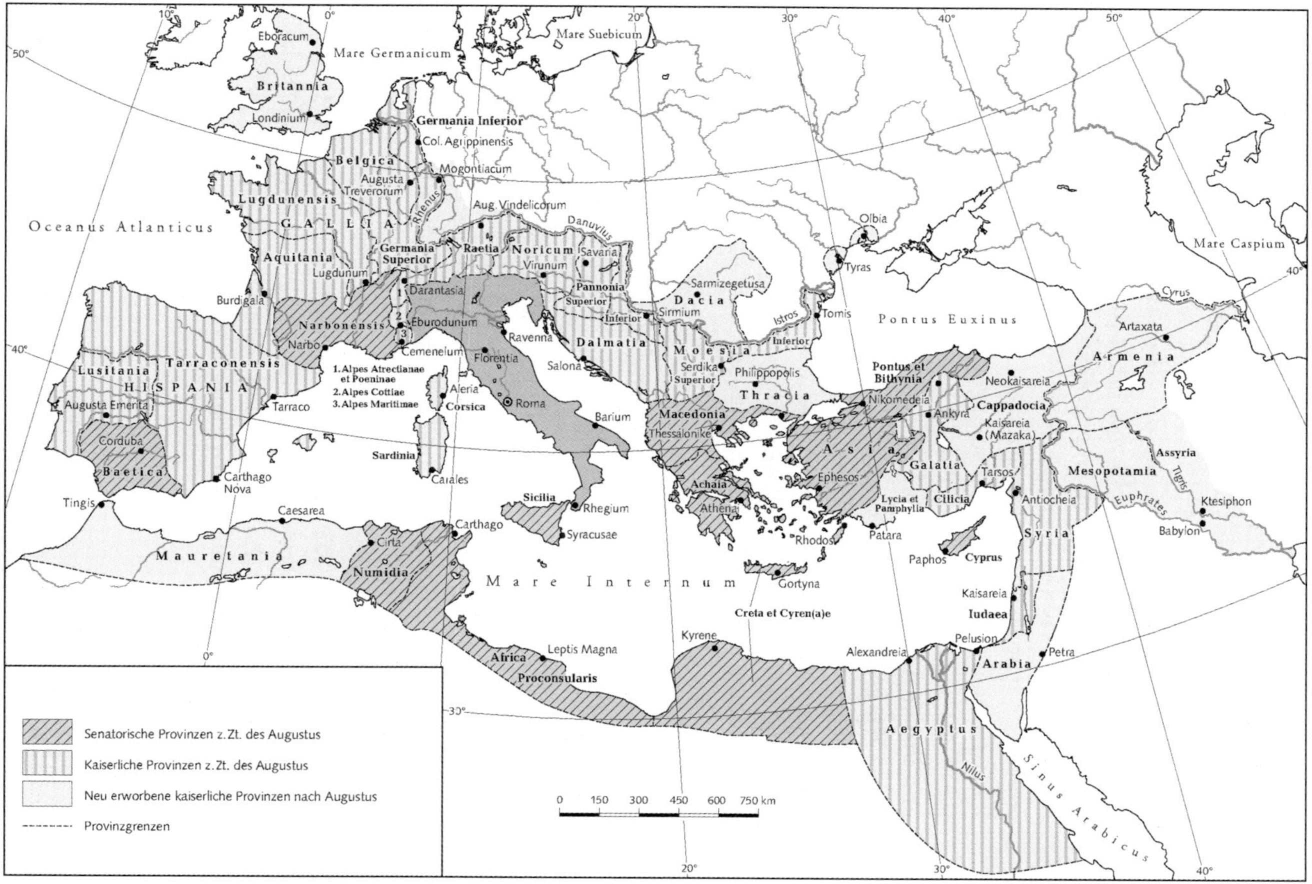

Karte 21: **Die Provinzen des römischen Reiches im 1. und 2. Jh. n. Chr.**

dem übernehmen sie Dienstleistungen (*munera*) für den Staat. Sie sind etwa zuständig für den Straßenbau in ihrer Region und leisten Transportdienste für das Heer. Die Besteuerung des Reiches ist nicht einheitlich geregelt; die Römer knüpfen hier vielfach an vorrömische Traditionen an, um die Akzeptanz ihrer Herrschaft zu sichern. Anders als in republikanischer Zeit sucht man der bloßen Ausbeutung von Provinzen entgegenzuwirken. Entsprechend gibt es auch keine privaten Steuerpächter mehr. Die Römer zeigen sich außerdem bestrebt, die Provinzen zu romanisieren. Ziel ist, die Identifikation der indigenen Provinzbewohner mit dem römischen Reich zu fördern und somit die Unterschiede zwischen Römern und Provinzialen allmählich zu nivellieren. Das geschieht besonders durch Bürgerrechtsverleihungen an Provinzialen, die im römischen Heer gedient haben. Außerdem siedeln zunehmend Römer in den Provinzen. Anfänglich gründen sie wie in Italien römische Bürgerstädte (*municipia*); schnell kommt es aber zur Vermischung der Bevölkerung der römischen Siedlungen mit den Bewohnern der provinzialen Städte.

5.5.3 Die Städte

Die kleinste Verwaltungsebene sind die Städte. Sie stellen weitgehend eigenständige Selbstverwaltungseinheiten dar. Jede Stadt hat einen Stadtrat (*ordo* oder *senatus*) und verschiedene Ämter. Die Stadträte ergänzen sich durch Kooptation von Personen aus dem Dekurionenstand, der städtischen Elite, und entscheiden auch über die Vergabe der Ämter. Der Rat hat ebenso wie der Senat in Rom vor allem beratende Funktion. Die Magistrate werden jährlich gewählt. Sie sind für die niedere Rechtsprechung zuständig, verwalten die Stadtkasse und sorgen für die Kulte. Die Dekurionen kümmern sich in den Städten um die Steuereintreibung.

5.6 Das Heer

Im Heer kommt es in der frühen Kaiserzeit zu wesentlichen Veränderungen. Im Unterschied zur Republik wird nun ein stehendes

Quelle: Romanisierung des südlichen Spanien

Der Segen des Landes hat bei den Turdetanern auch Zivilisation und Gemeinsinn zur Folge gehabt; auch bei den Keltikern dank ihrer Nachbarschaft (...), aber bei ihnen weniger (sie leben ja meist in Dörfern); die Turdetaner dagegen, besonders die am Baetis, sind ganz zu dem Lebensstil der Römer übergegangen und bewahren nicht einmal mehr eine Erinnerung an ihre eigene Sprache. Ferner sind die meisten Latiner geworden und haben römische Siedler bekommen, so dass nur noch wenig daran fehlt, dass sie sämtlich Römer sind; auch die neuerdings zusammengesiedelten Städte, Pax Augusta bei den Keltikern, Augusta Emerita bei den Turdulern und Caesaraugusta im Gebiet der Keltiberer, und einige andere Siedlungen illustrieren den Umschwung besagter Gemeinwesen; so werden denn auch alle Iberer, die zu dieser Kategorie gehören, *togati* genannt (darunter sind auch die Keltiberer, die ehedem als die wildesten von allen galten).
(Strabo 3,2,15)

Quelle: Übersicht über die Truppen des Reiches im Jahre 23 n. Chr.

Italien schützte in beiden Meeren je eine Flotte, bei Misenum und bei Ravenna, die nächstgelegene Küste Galliens deckten die Kriegsschiffe, die Augustus bei seinem Sieg von Action erbeutet und mit einer tüchtigen Rudermannschaft nach Forum Iulium geschickt hatte. Aber die wichtigste Heeresmacht stand am Rhein in gemeinsamer Abwehrstellung gegen Germanen und Gallier mit acht Legionen. Die spanischen Provinzen, erst neulich unterworfen, waren von drei Legionen besetzt. Die Herrschaft über Mauretanien hatte König Iuba als Geschenk des römischen Volkes erhalten. Die übrigen Gebiete in Africa wurden von zwei Legionen, von der gleichen Zahl Ägypten, dann das Landgebiet, das sich von der Grenze Syriens bis zum Euphrat in einer gewaltigen Ausbuchtung erstreckt, von vier Legionen überwacht; Nachbarn waren die Hiberer-, Albaner- und andere Könige, die durch unsere Größe gegen auswärtige Reiche geschützt werden. In Thrakien behaupten sich Rhoimetalkes und die Söhne des Kotys, das Ufer der Donau beherrschten zwei Legionen in Pannonien, zwei in Moesia, während ebensoviele in Dalmatien standen, die nach der Lage dieses Gebietes jenen Rückendeckung boten und, wenn Italien plötzliche Hilfe verlangen sollte, ganz aus der Nähe herbeigeholt werden konnten; gleichwohl lag in der Hauptstadt eine eigene Besatzung, nämlich drei städtische und neun Prätorianerkohorten, die meist in Etrurien und Umbrien ausgehoben wurden oder im alten Latium und in den altrömischen Kolonien. Andererseits lagen an geeigneten Punkten der Provinzen bundesgenössische Dreiruderer, Reiterschwadronen und Hilfskohorten, und sie besaßen nicht wesentlich geringere Kampfkraft: Sie jedoch aufzählen zu wollen hätte zu einem unzuverlässigen Ergebnis geführt, da sie je nach Bedarf ihren Standort wechselten, zahlenmäßig zunahmen und dann irgendwann wieder vermindert wurden.
(Tacitus, Annalen 4,5)

Heer mit Berufssoldaten eingerichtet. Als Heerführer fungiert der Kaiser. Er ist damit der einzige Patron der Soldaten. Folglich regelt auch nur er die Versorgung der Veteranen. Allein dem Kaiser leisten die Senatoren einen Treueeid. Zudem darf einzig der *princeps* einen Triumph feiern. Die Kriegführung ist für den Kaiser essentiell, um unter Beweis zu stellen, dass er tatsächlich der Beste ist. Daher werden auch in Phasen, in denen keine explizite Expansionspolitik mehr betrieben wird, immer wieder Vorstöße über die Grenzen unternommen. Die Offiziere treten nach ihrem Dienst in den Dekurionenstand ein. Die höchsten militärischen Ränge vergibt der Kaiser in der Regel an Angehörige seiner eigenen Familie. Hinzu kommen Personen aus Familien, die dem Kaiser über lange Zeit treu gedient haben. Sie entstammen meist dem Ritterstand. Die Mehrzahl der Soldaten sind an den Grenzen stationiert. Die Grenzen werden durch Wachtürme, Wälle, Gräben, Palisaden und Kastelle gesichert. Der Begriff für die befestigte Grenze ist ‚Limes'.

Soldaten sind in der Kaiserzeit nicht allein Römer, sondern es werden verstärkt auch Provinzialen ins Heer einbezogen. Dies ist zum einen notwendig, weil die Zahl der römischen Soldaten nicht ausreicht; zum anderen ist die Einbindung der Provinzialen ein wichtiges Mittel, um ihre Identifikation mit dem römischen Reich zu fördern. Sie erlernen die lateinische Sprache, gewöhnen sich an römische Disziplin und Lebensart. Anfänglich dienen die Provinzialen vor allem in Verbänden der Hilfstruppen (Auxiliartruppen), nicht in den ordentlichen Legionen und sind meist in ihren Heimatprovinzen tätig; nach der Niederlage des Varus werden sie aus Sicherheitsgründen vornehmlich in anderen Provinzen eingesetzt. Einfache Soldaten provinzialer Herkunft erhalten nach dem Militärdienst, für gewöhnlich nach 25 Jahren, das römische Bürgerrecht. Eine spezielle Bedeutung kommt den Prätorianerkohorten zu. Sie dienen dem Schutz des Kaisers und sind daher nicht in einer Grenzregion, sondern im ansonsten entmilitarisierten Italien stationiert. Besonders wichtig werden sie bei der Wahl eines neuen Kaisers.

Abb. 39: **Der Limes in Obergermanien**

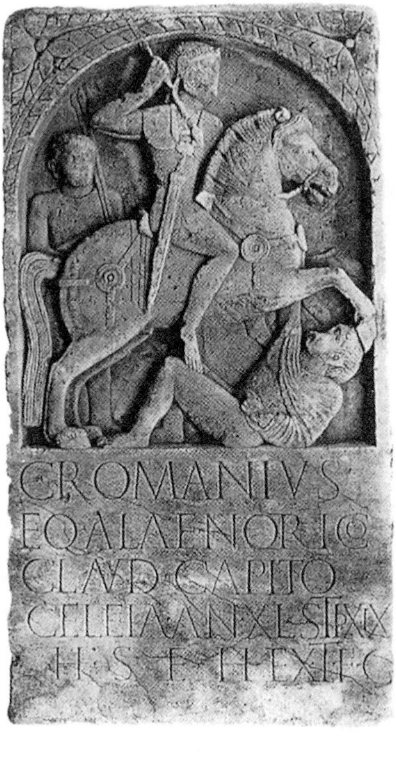

Abb. 40: **Soldatengrabstein aus Mainz**

5.7 Die Sozialstruktur

Die beiden oberen Stände sind nach wie vor der Senatoren- und der Ritterstand. Sie bilden die Führungsschicht auf Reichsebene. Der *ordo senatorius* ist der höchste Stand im römischen Reich. Ihm gehören all die Römer an, deren Familie schon einmal einen Senator gestellt hat. Voraussetzung ist überdies die Erfüllung eines Zensus von einer Million Sesterzen. In ihren Herrschaftskompetenzen sind die Senatoren gegenüber der Republik faktisch eingeschränkt. Gleichwohl streben sie noch immer danach, die Magistraturen zu bekleiden und in den Senat aufzusteigen. Innerhalb des Senatorenstandes bestehen Rangklassen; welche dieser Klassen ein Senator erreicht, hängt davon ab, bis zu welchem Amt des *cursus honorum* er gelangt ist. Um sich entsprechend zu betätigen, müssen sich die Senatoren in Rom aufhalten, was vom Kaiser auch explizit gefordert wird. So wird es ihnen untersagt, ohne seine Zustimmung in die Provinzen zu reisen, es sei denn, sie haben dort dienstliche Aufgaben zu erfüllen. Sie werden auch verpflichtet, einen Teil ihres Vermögens in Landbesitz in Italien anzulegen. Dies wird besonders mit Blick auf diejenigen Senatoren festgeschrieben, die aus den Provinzen stammen.

Die Zusammensetzung des *ordo senatorius* ändert sich gegenüber der Republik: Die alteingesessenen senatorischen Familien existieren kaum mehr. Sie sind in den Bürgerkriegen der ausgehenden Republik zu einem erheblichen Teil physisch vernichtet worden. Senatoren sind jetzt auch nicht nur Männer, die aus italischen Familien stammen, sondern zunehmend auch solche, die aus den provinzialen Oberschichten kommen. Über den Eintritt in den Senatorenstand entscheidet faktisch der Kaiser. Dass die Senatoren einen eigenen Stand mit spezifischen Rechten darstellen, zeigt sich etwa auch daran, dass sie eigene Gerichte haben, vor denen Strafprozesse gegen Standesgenossen durchgeführt werden. Als Standesabzeichen tragen sie eine Toga mit einem breiten Purpursaum.

Der Ritterstand (*ordo equester*) erlebt durch den Dienst für den Kaiser einen sozialen und politischen Aufstieg. Die Ritter sind sowohl am Hof tätig wie auch als Prokuratoren und Legaten mit unterschiedlichsten Zuständigkeiten im gesamten Reich. Die Zuge-

Quelle: Eine senatorische Villa

C. Plinius grüßt seinen Gallus.
Du wunderst Dich, warum mein Laurentinum (...) mir so viel Freude macht. Du wirst Dich nicht weiter wundern, wenn Du von der Anmut dieses Landsitzes hörst, von der günstigen Lage, von dem ausgedehnten Strande. (2) Es ist nur 17 Meilen von der Stadt entfernt, so dass man nach Erledigung seiner Obliegenheiten, wenn des Tages Mühe und Arbeit hinter einem liegt, dort übernachten kann. (...) (4) Das Landhaus ist für seinen Zweck ziemlich geräumig und in der Unterhaltung nicht kostspielig. Zunächst betritt man eine einfache, doch nicht ärmliche Halle, dann kommen in Form eines D gebogene Arkaden, die einen kleinen, hübschen Hofraum einfassen. Sie bilden einen vortrefflichen Zufluchtsort bei schlechtem Wetter, denn sie sind durch Glasfenster und mehr noch durch das vorspringende Dach geschützt. (5) Mitten gegenüber befindet sich ein freundliches Empfangszimmer, anschließend ein recht hübscher Speiseraum, der bis an den Strand vorspringt, und wenn der Südwest das Meer aufwühlt, wird er von den Ausläufern der bereits gebrochenen Wogen bespült. Ringsum hat er Flügeltüren und ebenso hohe Fenster und gewährt somit nach links und rechts und vorn Ausblick sozusagen auf drei Meere; nach hinten blickt er auf das Empfangszimmer, Arkaden, Hofraum, wieder Arkaden, dann auf die Vorhalle, auf Wälder und die Berge in der Ferne.
(Plinius d. J., Briefe 2,17,1. 4 f.)

Quelle: Kritik an senatorischem Luxus

Doch Kaiser Tiberius hatte schon oft bei sich überdacht, ob man solche Auswüchse der Genusssucht überhaupt in Schranken halten könne, ob nicht eine Einschränkung dem Gemeinwesen mehr Schaden zufüge, wie unrühmlich es schließlich sei, etwas in Angriff zu nehmen, was man nicht durchhalten könne oder dessen Durchführung die schmachvolle Entehrung erlauchter Männer erfordere. Endlich verfasste er ein Schreiben an den Senat, dessen Gedankengang etwa folgender war: „In den übrigen Fällen, Senatoren, ist es vielleicht zweckmäßiger, wenn ich persönlich gefragt werden und sagen kann, was nach meiner Ansicht im Interesse des Staates liegt: Bei diesem Beratungsgegenstand hier wäre es besser gewesen, ihn meinen Augen ganz zu entziehen, um zu verhindern, dass auch ich, wenn ihr durch eure Blicke die angsterfüllten Gesichter der einzelnen Männer bezeichnet, die schändlicher Ausschweifung bezichtigt wurden, sie persönlich ansehen und gleichsam auf frischer Tat ertappen muss. (...) (4) Was soll ich denn als erstes zu verhindern oder auf das in der alten Zeit übliche Maß zurückzuführen versuchen? Die grenzenlose Ausdehnung der Landgüter? Die Unzahl und das völkische Gemenge der Dienerschaften? Die Masse des Silber- und Goldgeschirrs? Die Wunderwerke aus Erz und die Tafelbilder? Die von Männern und Frauen ohne Unterschiede getragene Kleidung und jene besonderen Wünsche der Frauen, die dazu führen, dass um der Edelsteine willen unser Geld zu fremden oder gar feindlichen Völkern abwandert?
(Tacitus, Annalen 3,52,3–53,4)

hörigkeit zum Ritterstand ist an den Ritterzensus gebunden, der 400000 Sesterzen beträgt. Die meisten Ritter sind Großgrundbesitzer oder Großkaufleute. Die Erhebung in den Ritterstand erfolgt durch den Kaiser. Wie in republikanischer Zeit erhalten die Ritter als Standesabzeichen ein Staatspferd und einen Goldring. Ihre Toga hat einen schmaleren Purpursaum als die der Senatoren. Das Hauptziel eines Ritters ist es, in den Senatorenstand aufzusteigen.

Unterhalb des *ordo equester* ist der *ordo decurionum* angesiedelt. Die Dekurionen sind die Eliten der Provinzstädte. Sie stellen den Rat der Stadt und bekleiden die städtischen Ämter. Weiterhin sind sie für die Steuereintreibung in ihrer jeweiligen Stadt zuständig. Sie haben persönliches Vermögen im Interesse der Stadt einzusetzen: Sie stiften Spiele, fördern öffentliche Bauten und Kulte. Auch müssen sie sich um die Versorgung der Stadt kümmern. Dies tun sie vielfach nicht so sehr als Träger öffentlicher Ämter, denn als Privatpersonen, die sich als ‚Euergeten' (‚Wohltäter') bzw. Patrone betätigen und dadurch ein hohes soziales Prestige gewinnen. Sie übernehmen im Wesentlichen die Funktionen, welche die städtischen Eliten vor der römischen Herrschaft innehatten und handeln damit im Rahmen der jeweiligen urbanen Traditionen. Viele Dekurionen, die aus provinzialen Familien stammen, erhalten das römische Bürgerrecht. Einige steigen sogar in den Senatorenstand auf. Gelingt ihnen dies, so haben sie sich die meiste Zeit des Jahres in Rom aufzuhalten und sich dort zu engagieren. Aus ihrer bisherigen Bürgerschaft treten sie dann aus und sind dem entsprechend auch von ihren früheren Verpflichtungen der Stadt gegenüber befreit.

Die darunter liegenden Bevölkerungsschichten lassen sich unterschiedlich gliedern: Die wichtigsten Differenzierungen sind die in Freie und Unfreie sowie in römische Bürger, also Personen, die das römische Bürgerrecht besitzen, und Provinzialen (die Römer bezeichnen diese als *peregrini* = Fremde). Die meisten Menschen leben auf dem Lande und sind in der Landwirtschaft tätig. Ihr Status und ihre Lebenslage sind sehr unterschiedlich. Auf den Gütern der Senatoren kommen vor allem Sklaven zum Einsatz. Daneben gibt es kaiserlichen Grundbesitz, der ebenfalls von Sklaven bearbeitet wird. Allerdings gehen mehr und mehr Großgrundbesitzer aus ökonomischen Gründen dazu über, ihr Land zu parzellieren

Quelle: Probleme eines Gutsherren

C. Plinius grüßt seinen Paulinus.
Es ist nicht Deine Art, diese herkömmlichen, sozusagen offiziellen Aufmerksamkeiten von Deinen vertrauten Freunden zu verlangen, wenn es ihnen selbst unbequem ist, und meine Freundschaft zu Dir ist zu beständig, als dass ich befürchten müsste, Du könntest es anders auffassen, als ich wünsche, wenn ich Dir als Konsul nicht gleich am ersten meine Aufwartung mache, zumal mich die Notwendigkeit, die Verpachtung meiner Güter für mehrere Jahre zu ordnen, festhält, wobei ich ganz neue Verfügungen treffen muss. (2) Denn in den vergangenen vier Jahren sind die Rückstände trotz starker Nachlässe angewachsen; infolgedessen bemühen sich manche schon gar nicht mehr, ihre Schulden abzuzahlen, weil sie daran verzweifeln, sie überhaupt jemals abtragen zu können; ja, sie treiben Raubbau und verzehren alles, was wächst, weil sie meinen, es komme doch nicht ihnen zugute, wenn sie sparen. (3) Es gilt also, den steigenden Übelständen zu begegnen und ihnen abzuhelfen. Die einzige Möglichkeit der Abhilfe wäre, wenn ich nicht gegen Zahlung einer Geldsumme, sondern gegen Ablieferung eines Teils des Ertrages verpachtete und dann aus meinem Personal ein paar Aufseher einsetzte und den Ertrag überwachen ließe. Und es gibt überhaupt kein ehrlicheres Einkommen, als was der Boden, das Wetter und die Jahreszeit liefert. (4) Freilich fordert das unbedingte Zuverlässigkeit, scharfe Augen und zahlreiche Hände. Immerhin müsste man es versuchen und wie bei einem chronischen Leiden jedes Mittel, das eine Veränderung verspricht, ausprobieren.
(Plinius d. J., Briefe 9,37,1–4)

Quelle: Zum Umgang eines Gutsherren mit Kolonen und Sklaven

Wenn dies alles so übernommen oder angelegt ist, hat, vom übrigen abgesehen, die Hauptsorge des Herrn ganz besonders den Leuten zu gelten. Diese sind entweder Pächter oder ungefesselte oder auch gefesselte Sklaven. Mit den Pächtern soll er freundlich umgehen, sich nachsichtig zeigen und mit größerem Nachdruck gute Arbeit fordern als Zahlungen, da das weniger verärgert und doch aufs Ganze gesehen einträglicher ist. Denn wo das Land mit allem Fleiß bebaut wird, bringt es meist Gewinn, niemals aber, wenn nicht stärkere Gewalt mit Unwetter oder Raub eingreift, Verlust, und deshalb kann der Pächter nicht wagen, um Pachtnachlass zu bitten. Der Herr soll indessen auch nicht in jeder Einzelheit, zu der er den Pächter verpflichtet hat, hartnäckig auf seinem Recht bestehen, z. B. bei Zahlungsterminen, oder beim Einfordern von Holz und sonstigen kleinen Zusatzleistungen, deren Erfüllung den Pächtern mehr Umstände als Kosten macht.
(Columella [1. Hälfte 1. Jh. n. Chr.], Über die Landwirtschaft 1,7,1 f.)

und an Kleinpächter, sog. Kolonen, zu vergeben, die es gegen Pacht bearbeiten. Im Unterschied zu den Sklaven sind diese persönlich frei. Im Zusammenhang mit der Verbreitung des Pachtsystems geht die Zahl der Sklaven, die in der Landwirtschaft arbeiten, deutlich zurück. Daneben gibt es weiterhin freie Bauern, die ihr eigenes Land bewirtschaften. Unter den Städtern ist eine Gruppe besonders herauszuheben: die *plebs urbana*, d.h. die Bewohner der Hauptstadt, die keiner der privilegierten Schichten angehören. Sie stehen in besonderem Kontakt zum Kaiser. Ihnen gegenüber hat der Kaiser seine Patronagefunktion in speziellem Maße zu erfüllen. Viele von ihnen sind auf kostenlose Getreidezuweisungen angewiesen. Sie erwarten auch, dass die Kaiser die Stadt ausgestalten, etwa Thermen bauen und Spiele veranstalten.

5.8 Die Kaiserdynastien in der Zeit des Prinzipats

Die Nachfolger des Augustus entstammen der gleichen Familie wie der erste Kaiser. Man spricht von der Julisch-Claudischen Dynastie, die bis ins Jahr 68 n.Chr. herrscht. Hierzu zählen neben Tiberius Gaius (Caligula), Claudius und Nero. Auf das Vierkaiserjahr 69 n.Chr. folgt die Flavische Dynastie, die bis ins Jahr 96 n.Chr. die Kaiser stellt. Zu ihr gehören Vespasian, Titus und Domitian. Markante Ereignisse aus der Regierungszeit der Flavier sind die Zerstörung Jerusalems unter Kaiser Titus und der Ausbruch des Vesuvs, der Pompeji und Herculaneum begräbt. Im Jahre 96 n.Chr. wird nach der Ermordung Domitians Nerva vom Senat zum Kaiser ernannt. Dieser begründet durch die Adoption Trajans das sog. Adoptivkaisertum, welches die Kaiser Trajan, Hadrian, Antoninus Pius und Mark Aurel umfasst und von 98 bis 180 n.Chr. andauert. Das dynastische Prinzip wird – so der Anspruch – zugunsten einer Wahl des Besten eingeschränkt. Faktisch gestaltet sich das zumeist so, dass der amtierende Kaiser den gewünschten Nachfolger adoptiert. Unter Trajan erlangt das Reich seine größte Ausdehnung. Auf die Adoptivkaiser folgt der Prinzipat des Commodus, der 192 n.Chr. ermordet wird. Die letzte Dynastie ist jene der Severer, die von 193–235 n.Chr. herrscht. Ihr gehören die Kaiser Septimius Severus, Caracalla, Elagabal und Severus Alexander an.

Regierungszeiten der einzelnen Kaiser der Prinzipatszeit

Augustus 27 v. Chr–14 n. Chr.	Julisch-Claudische Dynastie
Tiberius 14–37 n. Chr.	
Gaius 37–41 n. Chr.	
Claudius 41–54 n. Chr.	
Nero 54–68 n. Chr.	
Galba 69 n. Chr.	
Otho 69 n. Chr.	
Vitellius 69 n. Chr.	
Vespasian 69–79 n. Chr.	Flavische Dynastie
Titus 79–81 n. Chr.	
Domitian 81–96 n. Chr.	
Nerva 96–98 n. Chr.	Adoptivkaiser
Trajan 98–117 n. Chr.	
Hadrian 117–138 n. Chr.	
Antoninus Pius 138–161 n. Chr.	
Mark Aurel 161–180 n. Chr.	
Commodus 180–192 n. Chr.	
Septimius Severus 193–211 n. Chr.	Severische Dynastie
Caracalla 211–217 n. Chr.	
Elagabal 218–222 n. Chr.	
Severus Alexander 222–235 n. Chr.	

Abb. 41: **Nero**

Die verschiedenen Kaiser werden von der antiken Historiographie sehr unterschiedlich eingeschätzt. Während Augustus selbst meist günstig bewertet wird, fällt das Bild der weiteren Kaiser der Julisch-Claudischen Dynastie weniger gut aus. Ihnen wird seitens der Senatoren vorgehalten, zuviel Macht für sich zu reklamieren und die eigene Person und Position auch in der Repräsentation zu sehr herauszustreichen. Auf Wohlwollen stoßen hingegen die Adoptivkaiser. Tatsächlich forcieren diese die Herrschaftsorganisation im Reich und üben damit eine intensivere Herrschaft aus als die früheren *principes*. In der Selbstdarstellung orientieren sie sich jedoch stärker an den Erwartungen der Senatoren.

Die Expansion des Reiches wird nach der Regentschaft des Augustus weniger massiv betrieben als zuvor. Insgesamt konzentrieren sich die Kaiser stärker auf den Ausbau der Herrschaft im gesamten Reich als auf seine Vergrößerung. So werden nun fast alle von Römern dominierten Gebiete direkter Herrschaft unterworfen. In flavischer Zeit etwa werden aus den bisherigen Heeresbereichen in Germanien die beiden Provinzen Germania Inferior und Germania Superior geschaffen. Formen indirekter Herrschaft wie Klientelkönigtümer werden nun meist nur noch als ‚Zwischenlösung' praktiziert. Entsprechend wird auch die Grenzsicherung in fast allen Grenzregionen von römischen Truppen selbst geleistet. Weiterhin bemühen sich die Kaiser um eine stärkere Vereinheitlichung des Reiches. Immer mehr Provinzialen werden Römer. Durch die *Constitutio Antoniniana* unter Kaiser Caracalla (212/13 n. Chr.) erhalten nahezu alle freien Reichsbewohner das römische Bürgerrecht. Damit wird die Trennung von Römern und Provinzialen fast vollständig überwunden.

Kritische Situationen ergeben sich besonders dann, wenn Dynastien aussterben. Hier treten nicht selten mehrere Thronprätendenten auf, die das Kaisertum für sich reklamieren und von jeweils einem Heeresteil zum Kaiser ausgerufen werden. Wer legitimer *princeps* wird, muss dann meist militärisch entschieden werden. Zu blutigen Bürgerkriegen kommt es z. B. nach dem Ende der Julisch-Claudischen Dynastie und im Anschluss an die Ermordung des Commodus. Daneben hören wir von zahlreichen **Usurpationen** bzw. Usurpationsversuchen, die jederzeit auftreten können.

Abb. 42: **Trajan**

Usurpation Unter einer Usurpation versteht man das Auftreten eines ‚Gegenkaisers', der meist von seinen Truppen erhoben wird, und den legitimen Kaiser herausfordert. Da mit dem Prinzipat die Vorstellung verbunden ist, dass der Beste Kaiser sein soll und sich speziell in der Heerführung herausstellt, wer der Beste ist, sind solche Ereignisse durchaus als systemkonform anzusehen.

Im 3. Jh. verschlechtert sich die Lage des Reiches grundlegend. Das Imperium wird immer wieder von verschiedenen Seiten angegriffen. Die Römer müssen über weite Strecken Mehrfrontenkriege führen. Die gefährlichsten Kontrahenten sind die Germanen im Westen, die sich mittlerweile von kleineren Gruppen zu größeren Ethnien zusammengeschlossen haben. Sie bedrohen die Grenze an Rhein und Donau. Im Osten wird das Reich durch die Perser bedrängt. Die zahlreichen äußeren Kriege bringen massive Probleme im Inneren mit sich. Kaum ein Kaiser scheint in der Lage, mit der Situation fertig zu werden. Es kommt zu einem außerordentlich raschen Wechsel der Kaiser. Wir hören von 26 legitimen Kaisern und ca. vierzig Usurpatoren. Die Heere entscheiden faktisch allein über die Kaiser. Daher bezeichnet man die *principes* in dieser Zeit als ‚Soldatenkaiser'. Keiner von ihnen vermag es mehr, eine Dynastie zu begründen.

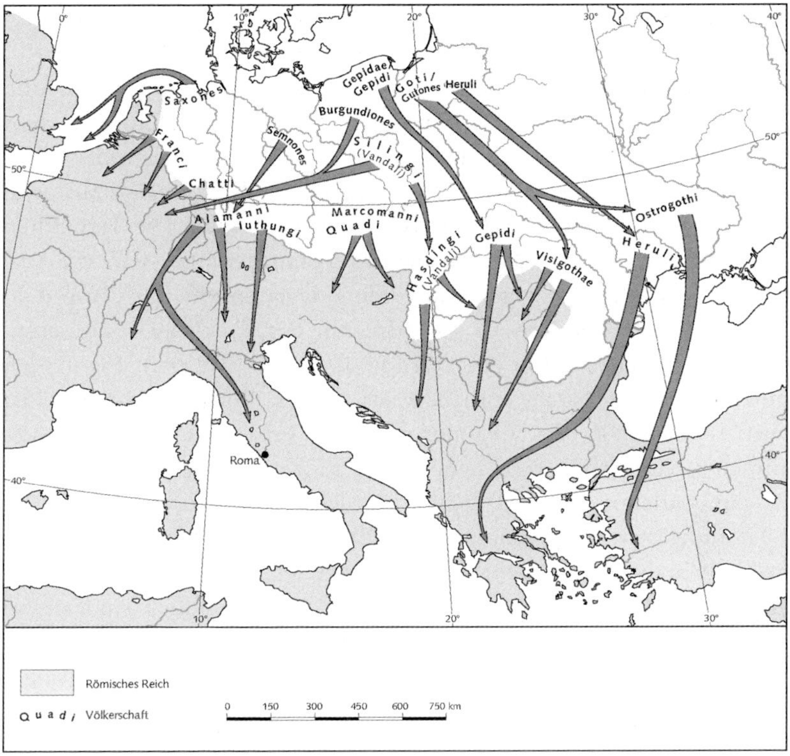

Karte 22: **Einfälle von Germanen ins römische Reich im 3. Jh.**

6 Die Spätantike

Gegen Ende des 3. Jhs. gelingt es, die Krise zu überwinden und das Reich zu konsolidieren. Dies geschieht mit Hilfe eines Systems von vier Kaisern, das von Diocletian 284 n. Chr. begründet wird, der sog. ‚Tetrarchie' – einem Herrschaftsmodell bestehend aus zwei Hauptkaisern (*augusti*) und zwei Mitkaisern (*caesares*). Die Tetrarchen nehmen eine Reihe einschneidender Veränderungen vor, die von ihren Nachfolgern fortgesetzt werden. Dabei ist es ihr Anspruch, im Sinne der Tradition zu handeln, um das Reich zu restituieren. Tatsächlich schaffen sie eine Ordnung, die neben alten Elementen auch wesentlich Neues enthält. Viele heutige Forscher vertreten die Auffassung, dass die Veränderungen so einschneidend sind, dass mit den Tetrarchen eine neue Phase in der römischen Geschichte zu konstatieren ist: die Spätantike. Die Herrschaftsordnung der Spätantike wird zuweilen auch als ‚Dominat' bezeichnet und damit vom ‚Prinzipat' abgegrenzt. Der Begriff rekurriert darauf, dass die Kaiser nun stärker aus der Gesellschaft herausgehoben sind als im Prinzipat: Der Kaiser ist nicht mehr nur *princeps inter pares*, d. h. erster unter den Senatoren, sondern begreift sich verstärkt als *dominus* (‚Herr').

6.1 Der Kaiser in der Spätantike

An der Praxis der Kaisererhebung ändert sich gegenüber der Prinzipatszeit nicht viel. Den Kaiser macht nach wie vor primär das Heer. Nach der Tetrarchie kommt es auch wieder zur Herausbildung von Dynastien. Dennoch sind diese Elemente für die kaiserliche Legitimation von geringerer Bedeutung als früher. Macht wird nicht mehr in herkömmlicher Manier innerweltlich begründet, sondern verstärkt religiös legitimiert. Das bedeutet nicht, dass die Kaiser selbst als Götter verstanden werden, was im Prinzipat gängige Praxis war. Augustus hat sich in der Hinsicht noch moderat gezeigt, spätere Kaiser haben sich ohne Bedenken bereits zu Lebzeiten als Götter verehren lassen. In der Spätantike hingegen werden die Kaiser kaum mehr als Götter begriffen. Stattdessen nimmt man an, dass sie von einer göttlichen Macht eingesetzt werden und in deren Auftrag

Abb. 43: **Diocletian**

Abb. 44: **Konstantin**

handeln. Bei den Tetrarchen sind das die traditionellen römischen Götter, ab Konstantin berufen sich alle Kaiser auf den Christengott – ausgenommen Julian (Apostata), der noch einmal versucht, die heidnischen Kulte zu beleben. Wir haben es also in der Spätantike mit einem Gottesgnadentum zu tun; einzelne Elemente des früheren Gottkaisertums bleiben gleichwohl erhalten.

Die Aufgaben des Kaisers ändern sich gegenüber dem Prinzipat nicht wesentlich. Für den Kaiser ist es nun jedoch weniger bedeutsam, sich in konkretem Handeln als der Beste zu bewähren. Er präsentiert sich zwar als Sieger; reale Siege, die er als Heerführer erringt, spielen aber kaum noch eine Rolle. Er konzentriert sich mehr und mehr darauf, Macht zu repräsentieren und seine außerordentliche Position zu demonstrieren. Dies unternimmt er besonders an seinem Hof, an den er sich zunehmend zurückzieht. Es wird ein Hofzeremoniell eingeführt, das Gemeinsamkeiten mit dem der Perserkönige und dem der hellenistischen Regenten aufweist. Ein wesentliches Element des Zeremoniells ist die Anbetung (*adoratio*) des Kaisers. Eng mit ihr verbunden ist die Proskynese (Kniefall), die ursprünglich dem persischen Zeremoniell entstammt. Mit der Reichsbevölkerung kommuniziert der Kaiser kaum noch. Die wenigen Begegnungen, die noch stattfinden, sind wesentlich stärker ritualisiert als vorher.

6.2 Die Verwaltung des Reiches: die Zentral- und die Regionalverwaltung

Der Hof als das Haus des Kaisers gewinnt gegenüber dem Prinzipat an Bedeutung. Er wird seiner neuen Rolle als Hauptort der kaiserlichen Repräsentation entsprechend weiter ausgebaut. Am Hof ist auch die Zentralverwaltung des Reiches angesiedelt, der ***comitatus*** (‚Gefolge'). Das Kernorgan der Zentralverwaltung ist der sog. ‚Heilige Rat' (*sacrum consistorium*), in dem die wichtigsten politischen Fragen mit dem Kaiser beraten werden. Ihm gehören neben dem Kaiser die leitenden Amtsträger der Zentralverwaltung an. Diese Ämter sind außerordentlich begehrt. Ihre gestiegene Bedeutung kommt nicht zuletzt darin zum Ausdruck, dass sich auch sehr viele Angehörige des Senatorenstandes um sie bemühen. Dies

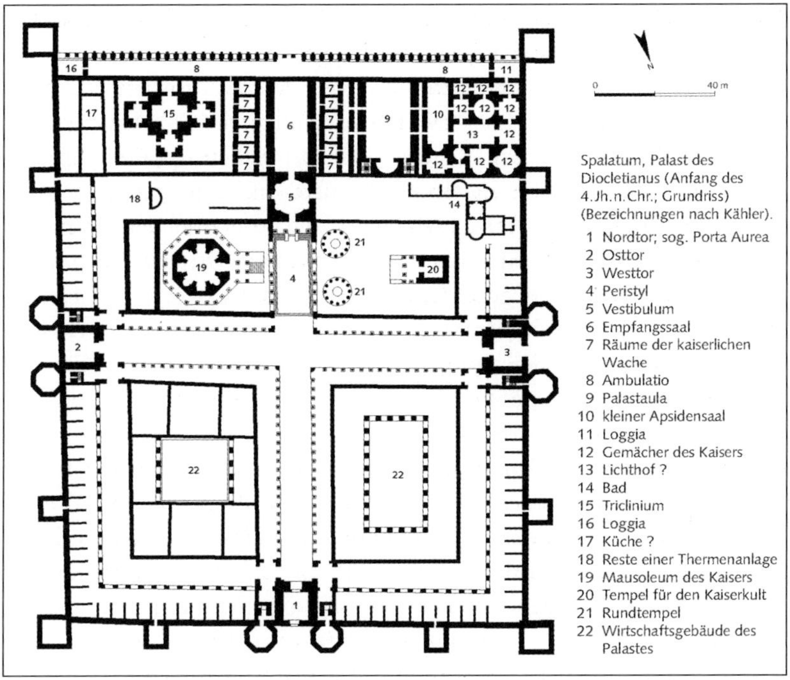

Abb. 45: **Der Palast Diocletians in Spalatum (Split)**

Mitglieder des *comitatus*

comes rerum privatarum (zuständig für kaiserliche Domänen und Schenkungen)
comes sacrarum largitionum (‚Finanzminister')
magister officiorum (leitet die kaiserlichen Büros, steht der Leibgarde vor und ist für die sog. *agentes in rebus* verantwortlich, die sich u. a. um die Staatspost kümmern und als Gesandte eingesetzt werden)
quaestor sacri palatii (beschäftigt mit der Gesetzgebung und den kaiserlichen Reskripten)
zwei *magistri militum* (oberste militärische Funktionsträger)

hat auch damit zu tun, dass die Senatoren sich stärker auf den Kaiser beziehen müssen, um sich politisch betätigen zu können.

Eine wesentliche Veränderung in der Verwaltung ist darin zu sehen, dass die Provinzialverwaltung strikter der Zentrale untergeordnet wird. Das geschieht durch die Einführung neuer Ebenen in der Verwaltung, die hierarchisch aufeinander bezogen werden: An der Spitze stehen vier Präfekturen, darunter die Diözesen und unter diesen die Provinzen. Die Präfekturen werden in jeweils drei bis fünf Diözesen gegliedert. Diese wiederum umfassen mehrere Provinzen. Deren Zahl variiert, da die Provinzen mehrfach geteilt werden. An der Spitze einer Präfektur steht der Prätorianerpräfekt, der Diözese steht der *vicarius* vor und der Provinz der Statthalter. Sie bilden der Idee nach einen Instanzenzug, welcher der modernen Verwaltungsorganisation nicht unähnlich ist. In der Praxis wird dieser jedoch nicht immer gewahrt. Die vier Prätorianerpräfekten bilden das Bindeglied zwischen der Provinzverwaltung und der kaiserlichen Zentrale. Sie sind dem Kaiser direkt unterstellt und wirken in ihrer Präfektur als Stellvertreter des Kaisers.

Die Zuständigkeiten der Regionalverwaltung sind die Erhebung der regelmäßigen Steuer, welche nun stärker vereinheitlicht wird als im Prinzipat, und die ordentliche Rechtsprechung. Die drei Ebenen der Verwaltung kooperieren dabei eng. Als weitere Aufgabe ist die Aushebung der Soldaten und die Versorgung des Heeres zu nennen. Hierfür sind die Prätorianerpräfekten zuständig. Im Unterschied zum Prinzipat werden zivile und militärische Funktionen strikter getrennt. Dies wird notwendig, weil die Aufgaben zahlenmäßig wie auch an Komplexität zunehmen. Durch die Trennung der Zuständigkeiten soll außerdem die Leistungsfähigkeit in beiden Bereichen erhöht und damit die staatliche Herrschaft insgesamt gestärkt werden.

Die kleinste Verwaltungseinheit sind wie im Prinzipat die Städte. Diese behalten ihre Selbstverwaltungsrechte weitgehend bei. Man kann sie daher nicht als unterste Stufe der Regionalverwaltung ansehen, die lediglich ausführt, was von den übergeordneten Ebenen vorgegeben wird. Die Städte können allerdings von den Provinzstatthaltern kontrolliert werden. Das gilt besonders für die Zuständigkeiten, die sie im Interesse des Reiches ausüben, d.h.

Karte 23: **Das römische Reich im 4. Jh. n. Chr.**

vor allem für die Steuereinziehung. Die städtischen Institutionen bleiben erhalten. Das städtische Leben ändert sich jedoch: Die Dekurionen scheinen weniger als in der Vergangenheit geneigt, Aufgaben im Interesse der Stadt zu übernehmen. Die finanziellen Mittel hierfür sind insgesamt geringer als früher. Es fehlt damit zunehmend an Ressourcen, um die Stadt als Lebensraum auszugestalten, d. h. Bauten zu errichten, Spiele zu veranstalten etc. Die Dekurionen empfinden ihre Aufgaben eher als eine massive Belastung, denn als Möglichkeit, sich zu präsentieren und ihr soziales Prestige zu erhöhen. Als besonderes Problem kommt hinzu, dass die Dekurionen, die nach wie vor in den Städten für die Steuereintreibung zu sorgen haben, bei Steuerausfällen – die nun verstärkt auftreten – persönlich haften müssen. Schließlich verliert ihre Tätigkeit deshalb an Attraktivität, weil ihnen im Unterschied zum Prinzipat der Aufstieg in den Senatorenstand per Gesetz verwehrt ist.

6.3 Die Sozialordnung

Die Sozialordnung wandelt sich gegenüber dem Prinzipat nicht grundsätzlich. Der *ordo senatorius* stellt die führende Schicht dar. Er strebt nach wie vor nach den traditionellen Ämtern, die aber kaum praktischen Einfluss gewähren. Sie sind aber noch immer zu absolvieren, um in den Senat eintreten zu können. Zudem gibt es innerhalb des *ordo senatorius* mehrere Rangstufen; wer vom Kaiser befördert werden möchte, muss Ämter bekleiden. Dabei geht es nicht mehr ausschließlich um die seit republikanischer Zeit bestehenden kurulischen Magistraturen, sondern zunehmend auch um Tätigkeiten, die im Auftrag des Kaisers wahrgenommen werden. Die Senatoren zögern nicht mehr, sich im kaiserlichen Dienst zu betätigen. Unter Konstantin wird mit Konstantinopel eine zweite Metropole im Osten des Reiches errichtet. Hier wird ebenfalls ein Senat geschaffen, dessen Mitglieder der Kaiser ernennt.

Daneben aber lässt sich im Senatorenstand eine Tendenz zur Regionalisierung beobachten. Viele Angehörige dieses Standes zeigen wenig Interesse, sich in Rom zu engagieren, sondern ziehen es vor, in ihrer Provinz zu bleiben. Das gilt nicht nur für solche, die

Quelle: Gesetze bezüglich der Dekurionen

Kein Richter soll ein Ratsmitglied von seinen bürgerlichen Pflichten freistellen oder nach seinem Ermessen von der Zugehörigkeit zum Stadtrat befreien. Denn wenn einer so sehr durch unglückliche Umstände finanziell beeinträchtigt ist, dass er unterstützt werden muss, so ziemt es sich, dies zu unserer Kenntnis zu bringen, so dass ihm für bestimmte Zeit eine Befreiung von seinen bürgerlichen Pflichten gewährt wird.
(Codex Theodosianus 12,1,1 [313 n. Chr.])

Wir ordnen an, dass die Söhne der Dekurionen, die das Alter von achtzehn Jahren erreicht haben, in der Provinz Karthago ihre bürgerlichen Pflichten in Angriff nehmen. Denn es darf nicht gewartet werden, bis sie sich von ihrer Familie und der geheiligten väterlichen Gewalt gelöst haben, da die Wünsche ihrer Väter nicht dem Nutzen für die Gemeinde voranstehen dürfen.
(Codex Theodosianus 12,1,7 [320 n. Chr.])

Quelle: Kritik an der Lebensführung einiger Senatoren

Andere wieder suchen höchste Zier in ungewöhnlich hohen Karossen und prunkvollem Kleideraufwand, schwitzen unter der Last ihrer Obergewänder, die sie sich über den Hals ziehen und unmittelbar an der Kehle zubinden und deren allzu feines Gewebe durchsichtig ist. Durch häufige Bewegungen, vor allem mit der linken Hand, wollen sie erreichen, dass die überlangen Fransen und die mit vielgestaltigen Tieren buntbestickten Tuniken deutlich hindurchschimmern. Andere machen voll Wichtigtuerei ungefragt viel Aufhebens von ihrem Vermögen und vergrößern die jährlichen Erträgnisse ihrer angeblich gut gepflegten Fruchtflächen, die sie in überreicher Menge von Sonnenaufgang bis zum Sonnenuntergang zu besitzen sich rühmen. Dabei wissen sie wahrhaftig nicht, dass ihre Vorfahren, dank deren Tüchtigkeit sich Roms Größe so weit erstreckt, sich nicht durch Reichtümer hervortaten, sondern in erbitterten Kriegen alle Widerstände heldenmütig überwanden, ohne dass sie Vermögen, Lebensweise oder einfache Tracht vom gewöhnlichen Soldaten unterschied.
(Ammianus Marcellinus [2. Hälfte 4. Jh. n. Chr.] 14,6,9 f.)

aus ehemals provinzialen Eliten stammen, sondern auch für diejenigen, deren Familien ursprünglich aus Italien kommen, die aber seit langem in einer Provinz ansässig sind.

In dem Maße, in dem die Senatoren in den Staatsdienst eintreten und die verschiedensten Funktionen in der kaiserlichen Zentrale oder der Provinzialverwaltung bekleiden, verlieren die Ritter in politischer Hinsicht an Bedeutung. Die Dekurionen behalten ihre bisherigen Funktionen, erfüllen sie allerdings mit geringerem Elan als früher.

Die städtischen Bürger werden durch die Steuern erheblich belastet. Überdies begreifen sie ihre Stadt immer weniger als zentralen Lebensmittelpunkt. Dieser Prozess nimmt schon im Prinzipat seinen Anfang, als die Städte ihre Autonomie und einen Teil ihrer politischen Rechte einbüßen; er setzt sich nun fort. An die Stelle der Stadt rücken in der Lebenswirklichkeit der Bürger kleinere Gemeinschaften, etwa verschiedenste Vereine (*collegia*) und ganz besonders religiöse Gemeinschaften, die ihnen Halt gewähren. Am wichtigsten sind hier zunächst die Mysterienkulte und seit dem 3. Jh. verstärkt das Christentum.

Die Situation vieler Bauern verschlechtert sich. Das gilt für die freien Bauern, die über eigenes Land verfügen, wie für Kolonen, die Pachtland bearbeiten. Zahlreiche freie Bauern können dem wachsenden Steuerdruck nicht mehr standhalten. Sie begeben sich in ein ‚Schutzverhältnis' (*patrocinium*) zu einem senatorischen Landbesitzer oder auch einer Kirche bzw. einem Kloster. Sie erfahren dann u.a. Schutz vor den staatlichen Steuereintreibern, müssen aber Abgaben an den Schutzherren leisten oder ihm gar ihr Land übertragen. Die Kolonen sind durch hohe Pachtbeträge stark im Mitleidenschaft gezogen und werden außerdem zunehmend an ihre Scholle gebunden: Sie bewahren zwar ihre persönliche Freiheit, verlieren aber ihre Mobilität, haben also nicht mehr die Möglichkeit, in eine Region abzuwandern, in der sie unter günstigeren Bedingungen Land pachten können, oder in die Stadt zu gehen, um dort ihren Lebensunterhalt zu verdienen.

Quelle: Kritik eines Bischofs an der Behandlung der Kolonen

Wenn man nämlich untersucht, wie sie (die Grundbesitzer) mit den armen und elenden Landleuten verfahren, kommt man zu der Überzeugung, dass sie unmenschlicher sind als Barbaren. Den Leuten, die ihr Leben lang hungern und sich quälen müssen, legen sie fortwährend unerschwingliche Abgaben auf, bürden auf ihre Schultern mühsame Dienstleistungen und gebrauchen sie wie Esel und Maultiere, ja wie Steine, gestatten ihnen auch nicht die mindeste Erholung, und gleichviel, ob die Erde Erträgnis abwirft oder nicht, man saugt sie aus und kennt keine Nachsicht ihnen gegenüber. Gibt es etwas Erbarmenswerteres als diese Leute, wenn sie sich den ganzen Winter über abgeplagt haben, von Kälte, Regenwetter und Nachtwachen aufgerieben sind und nun mit leeren Händen dastehen, ja obendrein noch in Schulden stecken, wenn sie dann, mehr als vor Hunger und Misserfolg, vor den Quälereien der Verwalter zittern und beben, vor den Vorladungen, dem Einsperren, der Rechenschaft, dem Eintreiben der Pacht, vor den unerbittlichen Forderungen? Wer ist imstande, alle die Geschäfte herzuzählen, die man mit ihnen macht, all den Vorteil, den man aus ihnen zieht? Von ihren Arbeiten, von ihrem Schweiße füllt man Speicher und Keller, ohne sie auch nur ein Weniges mit heim nehmen zu lassen; man heimst vielmehr die ganze Ernte in die eigenen Truhen und wirft jenen ein Spottgeld als Lohn dafür hin. Ja, man ersinnt sogar neue Arten von Zinsen, wie sie nicht einmal die heidnischen Gesetze kennen, und schreibt Schuldbriefe, die von Fluchwürdigkeit strotzen. Nicht bloß den hundertsten Teil, sondern die Hälfte fordern sie (nicht ein, sondern fünfzig Prozent), und zwar von Leuten, die Weib und Kind zu ernähren haben, die doch auch Menschen sind und die ihnen mit ihrer Hände Arbeit Speicher und Keller füllen. Aber an all das denken sie nicht.
(Johannes Chrysostomus [2. Hälfte 4. Jh. n. Chr.], Matthäus-Kommentar 61. Homilie, 3)

6.4 Das Militär

Wir haben in Abschnitt 6.2 gesehen, dass militärische und zivile Aufgaben in der Spätantike in höherem Grade als zuvor geschieden werden. Es werden zwei Heermeister (*magistri militum*) eingeführt: der *magister peditum*, der für die Infanterie zuständig ist, und der *magister equitum*, der die Kavallerie leitet. Sie sind dem Kaiser unmittelbar unterstellt.

Die Heermeister erlangen mit der Zeit eine außerordentlich große Bedeutung. Je mehr sich die Kaiser aus der konkreten Kriegführung zurückziehen, desto größer wird ihr Einfluss. Die Prätorianergarde wird aufgelöst. Die Prätorianerpräfekten erhalten – wie in 6.2 beschrieben – eine zentrale Funktion in der zivilen Verwaltung. Eine weitere Veränderung ist darin zu konstatieren, dass neben dem stehenden Heer eine sog. **mobile Feldarmee** geschaffen wird.

Zunehmend werden die vormaligen Provinzialen an der Verteidigung des Landes beteiligt. Dies wird um so wichtiger, als immer häufiger Feinde ins Reich eindringen. Die Römer beziehen teilweise sogar ehemalige Feinde, die noch gar nicht ins Imperium Romanum integriert sind, in ihr Heer ein. Dazu schließen sie mit einigen germanischen Gruppen, die auf der Suche nach Land sind, Verträge, durch die sie jenen gestatten, auf römischem Gebiet zu siedeln, wenn diese sich im Gegenzug in eigener Regie an der Sicherung der Grenze beteiligen.

6.5 Die Ausbreitung des Christentums

Entscheidende Impulse erhält das römische Reich in der Spätantike durch das Christentum. Im Prinzipat verfügt das Christentum noch nicht über den Status einer *religio licita*, d. h. es ist keine seitens des Staates offiziell erlaubte und geförderte Religion. Das bedeutet nicht, dass die Christen massiv durch den Staat verfolgt werden. Staatlich initiierte Christenverfolgungen wie unter Kaiser Nero stellen die Ausnahme dar. Das römische Reich ist zur Zeit des Prinzipats in religiöser Hinsicht tolerant. Es geht erst dann gegen religiöse Gemeinschaften vor, wenn diese die öffentliche Ordnung zu gefährden drohen.

Mobile Feldarmee (*comitatus*) Im Unterschied zu den herkömmlichen Truppenverbänden wird der *comitatus* nicht an einem bestimmten Grenzabschnitt fest stationiert, sondern ist beweglich und lässt sich nach Bedarf flexibel einsetzen. Er kann etwa Feinde verfolgen, die ins Reich eindringen, ohne dass dadurch die Bewachung der Grenze gefährdet wird.

Quelle: Eine kritische Stimme zur Reform der Verteidigung

Constantinus traf aber auch noch eine weitere Maßnahme, die es den Barbaren erlaubt, ungehindert in das den Römern untertänige Land einzudringen. Dank der Fürsorge Diokletians war nämlich das Römerreich an all seinen Fronten (...) mit Städten, Verteidigungsanlagen und Türmen versehen worden und hatte das gesamte Heer dortzulande seine Garnisonen. So war es den Barbaren eine Unmöglichkeit einzudringen, da ihnen überall eine Streitmacht entgegentreten konnte, stark genug, die Angreifer zurückzuschlagen. (2) Auch dieser Sicherung setzte Constantinus ein Ende, indem er den Großteil der Soldaten aus den Grenzgebieten abzog und in die Städte verlegte, die einer Hilfe nicht bedurften. Dadurch beraubte er die von den Barbaren bedrohte Bevölkerung der nötigen Unterstützung und lastete den friedlichen Städten all die Unordnung auf, wie sie eben vom Militär ausgeht. Die Folge ist, dass nunmehr zahllose Orte verödet daliegen. Bei den Soldaten hingegen, welche sich jetzt dem Besuch von Schaustücken und dem Wohlleben hingaben, sorgte er für Verweichlichung und schuf so, kurz gesagt, selbst den Anfang und streute den Samen für den Untergang des Staatswesens, worunter wir heute noch zu leiden haben.
(Zosimos [um 500 n. Chr.] 2,34)

Die Gesellschaft allerdings verhält sich im Prinzipat den Christen gegenüber skeptisch. Die Christen grenzen sich aus wesentlichen Bereichen des gesellschaftlichen Lebens aus und werden dadurch suspekt. Sie nehmen z.B. nicht an öffentlichen Festen teil, weil diese paganen Göttern zu Ehren gefeiert werden. Sie scheuen sich, staatliche Ämter zu bekleiden, weil diese vielfach mit Opferpflichten verbunden sind. In schwierigen Situationen wie Epidemien und Hungersnöten kommt es mehrfach zu Ausschreitungen gegen Christen, die nun als Sündenböcke herhalten müssen. Die Initiative dazu geht in aller Regel von der Gesellschaft aus, kaum vom Staat. Verbreitet sind Strafanzeigen gegen Christen, in denen diese einzig des Christseins bezichtigt werden und aufgrund dieses Tatbestandes zum Tode verurteilt werden können. Der Staat geht solchen nach, um keine öffentlichen Unruhen zu provozieren, tut sich damit aber schwer.

Massive Christenverfolgungen staatlicherseits geschehen hingegen unter den Tetrarchen. Sie haben damit zu tun, dass die Tetrarchen die politische Ordnung religiös legitimieren, indem sie sie von den paganen Göttern herleiten. Da die Christen sich von diesen Göttern distanzieren, erscheinen sie nun als Staatsfeinde. Der Staat versucht, die christlichen Gemeinden zu zerschlagen – allerdings mit vergleichsweise geringem Erfolg.

Im Jahre 311 n.Chr. wird den Verfolgungen durch das Toleranzedikt des Kaisers Galerius ein Ende gesetzt. Das Christentum erhält dadurch den Rang einer *religio licita* und wird in die Kulte des römischen Reiches integriert. Man akzeptiert, dass die Christen nicht den paganen Göttern opfern und sich weigern, sich auf diese Weise für das Reich zu engagieren. Man fordert jedoch von ihnen, dass sie zu ihrem eigenen Gott für Kaiser und Reich beten.

Kaiser Konstantin (306–337 n.Chr.) geht noch einen entscheidenden Schritt weiter: Er wird durch eine Vision bzw. einen Traum motiviert, seine Soldaten unter einem christlichen Zeichen kämpfen zu lassen und lässt das Christogramm (Chi Rho = XP) auf die Schilde malen. Nachdem er – so seine Überzeugung – mit Hilfe des Christengottes seine Kontrahenten um das Kaisertum militärisch überwunden hat und zum einzigen Kaiser im römischen Reich geworden ist, präsentiert er sich als vom Christengott beauftragter

Quelle: Vision oder Traum Konstantins in der Darstellung zeitgenössischer christlicher Autoren

Konstantin wurde im Schlaf ermahnt, das himmlische Zeichen Gottes auf den Schilden (seiner Soldaten) anzubringen und so die Schlacht zu beginnen. Er tat, wie ihm befohlen war, und indem er den Buchstaben X zur Seite drehte und die Spitze umbog, stellte er Christus auf den Schilden dar.
(Laktanz [ca. 250–ca. 325 n. Chr.], Über die Todesarten der Christenverfolger 44,5)

Gleich bei Tagesanbruch, nachdem der Kaiser aufgestanden war, erzählte er seinen Freunden von dem geheimnisvollen Vorfall. Anschließend beorderte er Künstler zu sich, die in der Bearbeitung von Gold und Edelsteinen erfahren waren, setzte sich mitten unter sie, beschrieb ihnen die Gestalt des Zeichens und gab ihnen den Auftrag, dieses in Gold und Edelsteinen genau nachzubilden. (...) Das Zeichen war auf folgende Weise gefertigt: Ein langer goldüberzogener Lanzenschaft trug eine Querstange und hatte damit die Gestalt eines Kreuzes. Am oberen Rande des Lanzenschaftes war ein Kranz befestigt, der aus Edelsteinen und Gold hergestellt war und in dem das Zeichen für den Namen des Erlösers angebracht war: zwei Buchstaben, die als Anfangsbuchstaben den Namen Christi bezeichnen, indem das Rho in der Mitte durch das Chi gekreuzt wurde. Diese Buchstaben pflegte der Kaiser in der Folgezeit auch auf seinem Helm zu tragen.
(Eusebius [vor 264/5–ca. 339/40 n. Chr.], Das Leben Konstantins 1,30 f.)

Abb. 46: **Silbermedaillon von Ticinum: Konstantin mit Christogramm am Helm**

Herrscher. Er fördert die christliche Kirche und kümmert sich auch um deren innere Angelegenheiten. Er unternimmt dies aus seiner traditionellen Sorge für die Kulte heraus, die ihm in seiner Funktion als *pontifex maximus* obliegt. Tatsächlich ergibt sich dadurch etwas Neues: Es kommt auf diese Weise zu einer Kooperation von Staat und christlicher Kirche, welche die europäische Geschichte bis in die Neuzeit prägt. Konstantin vermeidet es, entschieden gegen die traditionellen Kulte vorzugehen. Noch bilden die Christen nicht die Mehrheit im Reich. Insbesondere im Westen ist die Zahl der Heiden noch groß, speziell unter den Senatoren und im Heer, aber auch unter der Landbevölkerung. Konstantins Nachfolger wenden sich massiver gegen die paganen Kulte. Kaiser Julian (361–363) versucht noch einmal, die traditionellen Kulte wieder zu beleben, aber ohne nennenswerten Erfolg. Dennoch kommt es immer wieder zu Konflikten zwischen dem christlichen Kaiser und dem großenteils noch heidnischen westlichen Senatorenstand. Besonders seit Ende des 4. Jhs., als sich die äußere Lage des Reiches gerade im Westen verschlechtert, nehmen diese zu.

Im Jahre 382 n. Chr. entscheidet Kaiser Gratian, den Altar der Siegesgöttin Victoria aus dem Sitzungssaal des Senats in Rom entfernen zu lassen. Mehrere Senatsdelegationen versuchen den Kaiser zu bewegen, die Anordnung zu revidieren. Schließlich reicht der römische Stadtpräfekt Symmachus bei Kaiser Valentinian II. ein Schriftstück, die sog. ‚Dritte Relatio' ein, mit der er die pagane Religion verteidigt, indem er ihre Rolle in der römischen Geschichte und ihre Bedeutung für den Aufstieg des Reiches hervorhebt. Dagegen wendet sich der Mailänder Bischof Ambrosius. Nach seinem Verständnis ist die römische Geschichte längst mit der christlichen Heilsgeschichte verknüpft und das Reich christianisiert. Folglich kann nach seiner Auffassung nur die Pflege der christlichen Religion das Reich retten. Bischof Ambrosius setzt sich mit seiner Position beim Kaiser durch.

Kaiser Theodosius I. schließlich verbietet 391/2 n. Chr. sämtliche heidnischen Kulte. Er führt auch den Titel *pontifex maximus* nicht mehr.

Quelle: Aus der ‚Dritten Relatio' des Symmachus

Sobald man im hohen und Euch immer ergebenen Senat erkannte, dass gegenüber Verbrechen wieder die Gesetze gelten, und sobald man sah, dass gläubige Herrscher sich bemühen, den guten Ruf der allerjüngsten Zeit wiederherzustellen, ließ man dort, dem Ansehen unserer guten Zeit vertrauend, dem lange unterdrückten Schmerz freien Lauf, und ich erhielt erneut den Auftrag, Euch die Klagen der Senatoren vorzutragen. (...) (3) Wir bitten also, dass Ihr die Religion in der Form wieder einführt, wie sie dem Staat so lange nützlich war. Gewiss, man kann Herrscher nennen von dieser und von jener Glaubensrichtung, mit dieser und mit jener Meinung: Aber die früheren haben an den Bräuchen der Väter teilgenommen, die späteren haben sie nicht abgeschafft. Wenn Ihr Euch die Religion der älteren Herrscher nicht zum Vorbild nehmt, so haltet Euch wenigstens an die Duldsamkeit der letzten! Wer ist den Barbaren so gewogen, dass er den Altar der Victoria nicht vermisst? Wir denken mit Sorge an die Zukunft, deshalb versuchen wir, warnende Vorzeichen weiterer schlimmer Ereignisse zu vermeiden. Man soll wenigstens den Namen ehren, wenn man die Gottheit nicht ehren will! Schon vieles schuldet Eure Ewigkeit der Victoria, und noch mehr wird sie ihr in Zukunft schulden. Eine solche Macht sollen die verschmähen, die keinen Nutzen von ihr hatten, Ihr aber dürft den Schutz der Göttin nicht verlassen; denn sie verleiht Euch den Triumph über Euere Feinde. Allen ist ihre Macht erwünscht, und es gibt wohl keinen, der sich weigert, sie zu verehren; denn jeder gibt zu, dass er sie begehrt.
(Symmachus [ca. 340–402 n. Chr.], Dritte Relatio 1. 3)

6.6 Das Reich im 4. und 5. Jh. n. Chr.

Kaiser Konstantin lässt mit Konstantinopel an der Stelle des früheren Byzanz eine neue Metropole errichten. Das Reich hat damit zwei Hauptstädte und über weite Strecken in der Spätantike auch zwei Kaiser. Das bedeutet gleichwohl nicht, dass nun zwei Reiche, d. h. zwei souveräne Staaten, bestehen. Man könnte eher von zwei Reichsteilen sprechen. Die Teilung wird vor allem aus militärischen und verwaltungstechnischen Gründen vorgenommen. Zwei Kaiser mit eigenen Legionen und Verwaltungsstäben scheinen eher in der Lage, die Aufgaben des großen Reiches zu bewältigen, als ein einzelner. Die Vorstellung von der Einheit des Reiches bleibt dennoch stets erhalten und es gelingt auch in der Spätantike zeitweilig, die beiden Reichsteile unter einem Kaiser zu vereinen.

Die politische Geschichte der Zeit ist geprägt durch das zunehmende Eindringen germanischer Volksgruppen in römisches Gebiet. Auslöser für diese Entwicklung ist die sog. Völkerwanderung. Sie beginnt mit dem Vordringen der Hunnen nach Westen. Diese sind eine aus dem östlichen Zentralasien stammende Gruppe von Ethnien, die eine nomadische Lebensweise praktizieren. Um die Mitte des 4. Jhs. erreichen sie die Region des Kaspischen Meeres. Im Jahre 375 n. Chr. erobern sie das Reich der Ostgoten, das in dieser Zeit nördlich des Schwarzen Meeres liegt. Die Hunnen dringen immer weiter nach Osteuropa vor. Die Bevölkerungen der betroffenen Regionen versuchen meist zu fliehen und wandern damit ihrerseits in Richtung Westen.

Im Jahre 378 n. Chr. ziehen die Westgoten aus dem Schwarzmeergebiet nach Süden. Kurz zuvor haben einige von ihnen einen vergeblichen Usurpationsversuch gegen den römischen Kaiser unterstützt, woraufhin diese von den Römern gefangengenommen wurden. Nun wollen die Westgoten dafür an den Römern Rache nehmen. Bei Adrianopel in Thrakien, heute im europäischen Teil der Türkei gelegen, bringen sie den Römern eine katastrophale Niederlage bei. Der größte Teil des römischen Heeres wird vernichtet; Kaiser Valens fällt in der Schlacht.

Um die Donaugrenze zu sichern, schließt sein Nachfolger, Kaiser Thedosius I., im Jahre 382 n. Chr. mit einem gotischen Volksstamm, den Terwingen, ein Bündnis: Sie dürfen auf römischem Gebiet sie-

Quelle: Germanen verbreiten sich im Reich

Germanen gelangten, nachdem sie durch die Alpen, Rätien und ganz Italien gezogen waren, bis nach Ravenna. Die Gallien durchstreifenden Alamannen zogen sogar nach Italien hinüber. Griechenland, Makedonien, Pontos und Asien erfuhren Zerstörungen durch eine Überflutung von Goten. Das jenseits der Donau gelegene Dakien ging für immer verloren. Quaden und Sarmaten verwüsteten Pannonien. Die jenseits des Rheins wohnenden Germanen bemächtigten sich, nach völliger Ausplünderung, Spaniens. Die Parther nahmen Mesopotamien (mit Gewalt) weg und rafften Syrien an sich.
(Orosius [5. Jh. n. Chr.] 7,22,7)

Quelle: Schlacht bei Adrianopel

Von überall her schlugen nun Waffen und Geschosse aneinander, und die Kriegsgöttin Bellona, rasend wie nie zuvor, ließ schauerlich die Trompeten zur Vernichtung der Römer erklingen. Bei ihrem Rückzug leisteten die Unseren (die Römer) auf vielfältigen ermunternden Zuruf hin wohl noch Widerstand, doch die Schlacht weitete sich wie ein Flammenherd aus und setzte sie, als einige Leute von den wirbelnden Lanzen und Pfeilen getroffen wurden, in Schrecken. (...) (10) Und nun setzten die Barbaren wutsprühenden Auges den Unseren nach, denen in ihrer Betäubung das Blut in den Adern erstarrte. Einige fielen durch unbekannte Feindeshand, nicht wenige drückte allein das Gewicht der Nachdrängenden zu Boden, und wieder andere erlagen dem Hieb eigener Kameraden; denn selten nur wich man denen aus, die nach hinten drängten, oder schonte man Fliehende. (11) Zahllose Sterbende lagen außerdem auf dem Boden, litten infolge ihrer Verwundungen unerträgliche Qualen und versperrten nun die Wege. Daneben türmten sich ganze Berge von toten Pferden, die mit ihren Kadavern die Gefilde bedeckten. All diesen ewig unersetzlichen Verlusten, die den römischen Staat so teuer zu stehen gekommen waren, machte schließlich die Nacht ein Ende, und nicht einmal der Mond gab seinen Schein. (12) In der ersten Dunkelheit war der Kaiser inmitten einer Schar gewöhnlicher Soldaten, wie man annehmen konnte (denn niemand vermochte zu behaupten, dass er es mit eigenen Augen gesehen habe oder dabei gewesen sei), von einem Pfeil tödlich getroffen, zu Boden gesunken und hatte bald darauf seinen Geist aufgegeben; sein Leichnam aber war späterhin nirgendwo zu finden. (...) (19) In den Annalen ist außer der Schlacht von Cannae an keiner Stelle eine so vernichtende Niederlage erwähnt.
(Ammianus Marcellinus 31,13,1. 10–12. 19)

deln, müssen aber die Grenze verteidigen – zwar letztlich unter römischer Ägide, doch vor Ort unter eigenen Offizieren.

Im Sommer 395 n. Chr. fallen wiederum Hunnen in römisches Gebiet ein. Nach einer schweren Niederlage gegen hunnische Einheiten verlassen die Westgoten ihre Siedlungen im Donauraum und ziehen gen Westen; 401 n. Chr. erreichen sie Italien. Es kommt zu mehreren bewaffneten Auseinandersetzungen zwischen Römern und Goten, bei denen sich die Römer zunächst als erfolgreich erweisen. Im Jahre 410 n. Chr. aber wird Rom durch die Westgoten unter König Alarich belagert. Die Stadt fällt schließlich und wird geplündert. Für die Römer ist dies ein einschneidendes Ereignis: Erstmals seit dem Einfall der Kelten von 387 v. Chr. wird die Stadt von Feinden eingenommen. Dieses Erlebnis führt zu massiven Spannungen unter den Römern.

In dem Zusammenhang findet auch der letzte massive Disput zwischen Christentum und Heidentum im römischen Reich statt. Die Heiden intensivieren ihre Vorwürfe gegen die Christen: Sie halten ihnen vor, die Niederlage verursacht zu haben, indem sie den Vollzug der paganen Kulte unterbinden. In Reaktion darauf entsteht Augustins berühmtes Werk ‚*De civitate Dei*' (‚Über den Gottesstaat'), in dem er darlegt, dass das römische Reich keinesfalls durch Unterstützung seitens der heidnischen Götter zu seiner Größe gelangt sei. Auf die Weise sucht er die Ansicht der *pagani* zu falsifizieren, die Plünderung Roms sei durch den Abfall von den heidnischen Göttern hervorgerufen worden.

Im Jahre 455 n. Chr. wird Rom erneut eingenommen, diesmal von den Vandalen unter ihrem König Geiserich, die zuvor in Nordafrika ein Reich errichtet haben. Es kommt zu einer zwei Wochen andauernden Plünderung der Stadt durch die Vandalen – daher der Begriff ‚Vandalismus'.

Einige Monate vor diesen Ereignissen wird Kaiser Valentinian III. ermordet. Mit seinem Tod endet im Westen die theodosianische Dynastie, benannt nach dem Dynastiegründer Theodosius I., die über sechzig Jahre die Kaiser gestellt hat. Im Westteil des Reiches entsteht nun eine Krisensituation, die der Krise des 3. Jhs. nicht unähnlich ist: Es kommt immer wieder zu Usurpationsversuchen. Die Legitimation und Akzeptanz der Kaiser ist gering. Keiner vermag es jetzt mehr, eine Dynastie zu begründen. Die altein-

Quelle: Aus der Kritik des Augustinus am römischen Reich

So lasst uns denn zusehen, ob sie wirklich Grund haben, die weite Ausdehnung und lange Dauer des römischen Reiches ihren Göttern zuzuschreiben, die sie durch willfährige Aufführung schändlicher Spiele und Dienstleistungen schändlicher Menschen würdig verehrt zu haben behaupten. Doch möchte ich zuvor ein wenig untersuchen, ob es vernünftig und klug ist, sich der Weite und Größe des Reiches zu rühmen, da man doch nicht nachweisen kann, dass Menschen glücklich sind, die stets in Kriegsnöten dahinleben und in Bürger- oder Feindesblut, auf jeden Fall in Menschenblut waten, die in düsterer Furcht und blutgieriger Leidenschaft ihr Leben führen und sich Freuden verschaffen, die glänzend und brüchig sind wie Glas, um die man sich schrecklich ängstigen muss, sie könnten plötzlich zersplittern (...)
(4) Was anderes sind also Reiche, wenn ihnen Gerechtigkeit fehlt, als große Räuberbanden? Sind doch auch Räuberbanden nichts anderes als kleine Reiche. Auch da ist eine Schar von Menschen, die unter Befehl eines Anführers steht, sich durch Verabredung zu einer Gemeinschaft zusammenschließt und nach fester Übereinkunft die Beute teilt. Wenn dies üble Gebilde durch Zuzug verkommener Menschen so ins Große wächst, dass Ortschaften besetzt, Niederlassungen gegründet, Städte erobert, Völker unterworfen werden, nimmt es ohne weiteres den Namen Reich an, den ihm offenkundig nicht etwa hingeschwundene Habgier, sondern erlangte Straflosigkeit erwirbt. Treffend und wahrheitsgemäß war darum die Antwort, die einst ein aufgegriffener Seeräuber Alexander dem Großen gab. Denn als der König den Mann fragte, was ihm einfalle, dass er das Meer unsicher mache, erwiderte er mit freimütigem Trotz: Und was fällt dir ein, dass du das Erdreich unsicher machst? Freilich, weil ich's mit einem kleinen Fahrzeug tue, heiße ich Räuber. Du tust's mit einer großen Flotte und heißt Imperator.
(Augustinus [354–430 n. Chr.], Vom Gottesstaat 4,3 f.)

gesessenen Senatoren fühlen sich diesen Kaisern kaum mehr verbunden. Die Kaiser stammen mehrheitlich nicht mehr aus Italien und haben keine persönlichen Bindungen zu den in Rom aktiven Senatoren. Viele Senatoren wenden sich von der Hauptstadt ab und ziehen sich auf ihre Ländereien zurück. Problematischer noch als die schlechten Beziehungen der letzten Kaiser zu den Senatoren ist ihr ungutes Verhältnis zum Heer. Die Kaiser sind angesichts der schwierigen ökonomischen Lage, die infolge der außenpolitischen Probleme eingetreten ist, kaum noch imstande, den Soldaten Sold zu zahlen, geschweige denn ihnen Donative zukommen zu lassen. Auch dass die Kaiser sich nicht mehr persönlich an der Kriegführung beteiligen, erweist sich nun als nachteilig: Es existiert keine Bindung mehr zwischen den Kaisern und den Truppen. Im Westen entwickeln sich die Heermeister, die nun zumeist Germanen sind, zu den eigentlichen Herrschern. Vielen scheint nicht mehr einsichtig, wozu man überhaupt noch einen Kaiser benötigt.

Der letzte legitime Kaiser des Westreiches, Iulius Nepos, wird 475 n. Chr. von seinem Heermeister Orestes abgesetzt. Dieser erhebt anschließend seinen eigenen kleinen Sohn Romulus Augustus, den die Nachwelt als ‚Kaiserlein', Augustulus, in Erinnerung behält, zum Kaiser. Im Jahre 476 n. Chr. kommt es zu einer Rebellion germanischer Truppeneinheiten, darunter derjenigen des Skiren Odoaker. Sie fordern die Gleichstellung mit dem römischen Heer; konkret begehren sie die Zuteilung von Land in Italien. Der Heermeister Orestes lehnt dies ab. Die germanischen Soldaten ernennen daraufhin Odoaker zum König. Orestes wird getötet, Romulus Augustulus von Odoaker abgesetzt.

6.7 Das Ende der Spätantike

Mit den genannten Ereignissen ist das weströmische Kaisertum endgültig beendet. Für die Zeitgenossen ist 476 n. Chr. dennoch kein Epochenjahr. Es ist keineswegs klar, dass es im Westen fortan keinen Kaiser mehr geben wird. So ist Iulius Nepos, der sich nach Dalmatien zurückgezogen hat und in Ostrom weiterhin als rechtmäßiger Kaiser betrachtet wird, noch am Leben. Odoaker bemüht

Quelle: Die Absetzung des Romulus Augustulus durch Odoaker

Augustulus, der vor seinem Herrschaftsantritt von den Eltern den Namen Romulus erhalten hatte, wurde von seinem Vater, dem Patricius Orestes, zum Kaiser erhoben. Odoacar aber zog mit dem Volk der Skiren heran, tötete den Patricius Orestes bei Placentia (Piacenza) und dessen Bruder Paulus in Pineta (di Classe), das vor den Toren von Classis liegt. (38) Anschließend betrat er Ravenna und setzte den Augustulus ab; da ihn aber dessen Jugend erbarmte, schenkte Odoacar ihm das Leben, und weil Augustulus schön war, gewährte er ihm zudem Einkünfte in der Höhe von 6000 Solidi und schickte ihn nach Campanien, damit er mit seinen Angehörigen dort frei leben möge.
(Anonymus Valesianus [um 500 n. Chr.] 8,37 f.)

Abb. 47: **Justinian**

sich um die Anerkennung seiner Stellung durch den oströmischen Kaiser. In Konstantinopel zögert man. Stimmte man zu, gäbe man die Einheit des Reiches vollends auf. Offen ablehnen möchte man auch nicht, denn das zöge einen Krieg nach sich. Im Westen wird Odoaker akzeptiert, denn er erfüllt die Erwartungen der Senatoren und des Heeres besser als seine Vorgänger. Überwunden wird er schließlich 493 n. Chr. durch den Ostgoten Theoderich, der seinerseits eine Herrschaft in Italien errichtet. Nach Theoderichs Tod im Jahre 526 n. Chr. kommt es zu den Konflikten zwischen den Ostgoten und Konstantinopel, von denen die germanische Dietrichsage berichtet und die Stoff für historische Romane geboten haben. Der ‚Kampf um Rom' endet mit einer Niederlage der Goten.

Nach ihrem Ende gelingt es unter Kaiser Justinian (527–565 v. Chr.) zum letzten Mal, die Einheit des römischen Reiches wiederherzustellen. Es ist die letzte Blütezeit des Imperiums. Unter Justinian wird in Konstantinopel die Hagia Sophia erbaut. Außerdem lässt er den letzten großen Rechtskodex der Spätantike, den ***Codex Iustinianus***, verfassen, der später Teil des ‚*Corpus Iuris Civilis*' wird, das bis ins 19. Jh. hinein vielerorts als Zivilgesetzbuch Geltung hat. Die Blüte dauert jedoch nicht lange an. Viele Gebiete im Westen des römischen Reiches sind schon seit langem an germanische Stämme verloren gegangen oder von Rom aufgegeben worden, weil sie nicht mehr zu halten waren.

Der größte Teil Italiens fällt ab 568 n. Chr. nach dem Eindringen der Langobarden. Diese etablieren hier fortan eine Herrschaft, die nicht mehr in antiker Tradition steht, sondern wesentliche Elemente enthält, die sich als typisch für das Mittelalter erweisen sollen. Das Ende der Spätantike im Osten ist noch schwerer zu datieren als im Westen. Hier setzt man es für gewöhnlich in der ersten Hälfte des 7. Jhs. an, als Kaiser Herakleios im Heer, der Sozialordnung und im Aufbau der Verwaltung einschneidende Reformen vornimmt, die von der antiken Organisation abweichen. Seit dieser Zeit spricht man im Osten in der Regel auch nicht mehr vom oströmischen, sondern vom byzantinischen Reich. Dieses besteht bis zur Eroberung Konstantinopels durch die Osmanen im Jahre 1453.

Codex Iustinianus Der Codex enthält eine Sammlung aller Kaisererlasse (*constitutiones*), die noch Geltungskraft haben sollen. Ergänzt wird diese durch die ‚Institutiones', ein Lehrbuch für Anfänger in der Juristerei, und die ‚Digesten' (von lat. *digere* = ordnen) bzw. ‚Pandekten' (von griech. *pan déchesthai* = alles aufnehmen), die eine Sammlung des römischen Juristenrechts darstellen.

Quelle: Anfangskapitel des ersten Buches der Institutiones

Erstes Buch. Erster Titel: Über Gerechtigkeit und Recht
Gerechtigkeit ist der unwandelbare und dauerhafte Wille, jedem sein Recht zu gewähren. 1. Rechtswissenschaft ist die Kenntnis von den göttlichen und menschlichen Dingen, das Wissen vom Rechten und Unrechten. 2. Nach dieser allgemeinen Unterrichtung beginnen wir, das Recht des römischen Volkes darzulegen, das sich, wie uns scheint, am zweckmäßigsten vor allem in der Weise vermitteln lässt, dass die einzelnen Materien zuerst in leichter und einfacher Fassung vorgetragen werden und danach in sehr sorgfältiger und genauer. Andernfalls tritt, wenn wir den noch unkundigen und unsicheren Studenten gleich von Anfang an mit der Masse und Vielfalt des Stoffes belasten, eines von beiden ein: Entweder bewirken wir, dass er das Studium abbricht oder wir bringen ihn unter großen Anstrengungen seinerseits, oft auch unter Selbstzweifeln, die junge Menschen so häufig entmutigen, allzu spät dahin, wohin er auf einem bequemeren Weg ohne große Anstrengungen und ohne Selbstzweifel rascher hätte gebracht werden können. 3. Die Gebote des Rechts sind folgende: Ehrenhaft leben, niemanden verletzen, jedem das Seine gewähren. 4. Für das Studium des Rechts gibt es zwei Ansatzpunkte: das öffentliche Recht und das Privatrecht. Öffentliches Recht ist das, was sich auf die Ordnung des römischen Staatswesens bezieht, Privatrecht das, was das Interesse des Einzelnen betrifft. Zu handeln ist nunmehr vom Privatrecht, das aus drei Teilen besteht. Denn es setzt sich aus den Vorschriften des Naturrechts, des Völkergemeinrechts und des Zivilrechts zusammen.
(Codex Iustinianus, Institutiones 1,1)

Weiterführende Literatur

Differenzierte, problemorientierte Überblicke bieten beispielsweise die Studienbücher von Hans-Joachim Gehrke/Helmuth Schneider (Hg.), Geschichte der Antike. Ein Studienbuch, Stuttgart – Weimar 2000 und Eckhard Wirbelauer (Hg.), Antike, München 2004.

Eine Einführung in das Studium der Alten Geschichte geben u.a. Hartmut Leppin, Einführung in die Alte Geschichte, München 2005 und Rosmarie Günther, Einführung in das Studium der Alten Geschichte, Paderborn ^{3}2004.

Weiterführende Literatur zu einzelnen Themenbereichen geben etwa die ‚Studienbücher Geschichte und Kultur der Alten Welt' des Akademie Verlages (Berlin), die Bände der Reihe ‚Geschichte kompakt' der Wissenschaftlichen Buchgesellschaft (Darmstadt) sowie die Reihe ‚Beck Wissen' (München).

Quellenverzeichnis

AMMIANUS MARCELLINUS, Das römische Weltreich vor dem Untergang. Sämtliche erhaltene Bücher übersetzt von Otto Veh, eingeleitet und erläutert von Gerhard Wirth, Amsterdam 1997.

ANONYMUS VALESIANUS: Ingemar König, Aus der Zeit Theoderichs des Großen. Einleitung, Text, Übersetzung, Kommentar einer anonymen Quelle, Darmstadt 1997.

APPIAN VON ALEXANDRIA, Römische Geschichte. Erster Teil: Die römische Reichsbildung, übersetzt von Otto Veh, durchgesehen, eingeleitet und erläutert von Kai Brodersen, Stuttgart 1987.

APPIAN VON ALEXANDRIA, Römische Geschichte. Zweiter Teil: Die Bürgerkriege, übersetzt von Otto Veh, durchgesehen, eingeleitet und erläutert von Wolfgang Will, Stuttgart 1989.

ARISTOTELES, Politik und Staat der Athener, eingeleitet und neu übertragen von Olof Gigon, Zürich 1955.

ARRIAN, Der Alexanderzug. Indische Geschichte. Griechisch – deutsch, herausgegeben und übersetzt von Gerhard Wirth und Oskar von Hinüber, München – Zürich 1985.

AUGUSTINUS, Vom Gottesstaat. Bd. 1, eingeleitet und übertragen von Wilhelm Thimme, Zürich 1955.

AUGUSTUS, Tatenbericht. Lateinisch – griechisch – deutsch, übersetzt, kommentiert und herausgegeben von Marion Giebel, Stuttgart 1975.

AURELIUS VICTOR, Die römischen Kaiser. *Liber de caesaribus.* Lateinisch – deutsch, herausgegeben, übersetzt und erläutert von Kirsten Groß-Albenhausen und Manfred Fuhrmann, Darmstadt 1997.

CASSIUS DIO, Römische Geschichte, übersetzt von Otto Veh, München – Zürich 1985–1987.

CATO, Vom Landbau. Fragmente, herausgegeben und übersetzt von Otto Schönberger, Düsseldorf – Zürich ^{2}2000.

CICERO, Die politischen Reden. Bd. 1. Lateinisch – deutsch, herausgegeben, übersetzt und erläutert von Manfred Fuhrmann, München 1993.

COLUMELLA, Über Landwirtschaft. Aus dem Lateinischen übersetzt, eingeführt und erläutert von Karl Ahrens, Berlin ^{2}1976.

Corpus Iuris Civilis. Text und Übersetzung. Bd. I: Institutionen, gemeinschaftlich übersetzt von Okko Behrends, Rolf Knütel, Berthold Kupisch, Hans Hermann Seiler, Heidelberg [2]1997.

Frühgriechische Lyriker. Erster Teil: Die frühen Elegiker, deutsch von Zoltan Franyó und Peter Gan, griechischer Text bearbeitet von Bruno Snell, Erläuterungen besorgt von Herwig Maehler, Berlin [2]1981.

Frühgriechische Lyriker. Dritter Teil: Sappho, Alkaios, Anakreon, deutsch von Zoltan Franyó und Peter Gan, griechischer Text bearbeitet von Bruno Snell, Berlin [2]1981.

HERODOT, Historien. Griechisch – deutsch, herausgegeben von Josef Feix, München – Zürich [4]1988.

HESIOD, Theogonie. Werke und Tage. Griechisch – deutsch, herausgegeben und übersetzt von Albert von Schirnding. Mit einer Einführung und einem Register von Ernst Günther Schmidt, Darmstadt [2]1997.

Historische Griechische Inschriften in Übersetzung, herausgegeben von Kai Brodersen, Wolfgang Günther und Hatto H. Schmitt. Bd. 1: Die archaische und klassische Zeit, Darmstadt 1992.

HOMER, Ilias, übertragen von Hans Rupé, München – Zürich [9]1989.

HOMER, Odyssee. Griechisch – deutsch, übertragen von Anton Weiher, München – Zürich [9]1990.

JOHANNES CHRYSOSTOMUS, Kommentar zum Evanglium des Hl. Matthäus, München 1916.

LIVIUS, Römische Geschichte. Buch XXVII–XXX. Lateinisch – deutsch, herausgegeben und übersetzt von Hans Jürgen Hillen, Darmstadt ca. 1997.

LIVIUS, Römische Geschichte. Buch XLV. Antike Inhaltsangaben und Fragmente der Bücher XLVI–CXLII. Lateinisch – deutsch, herausgegeben und übersetzt von Hans Jürgen Hillen, Darmstadt 2000.

OROSIUS, Die antike Weltgeschichte in christlicher Sicht. Buch V–VII, übersetzt und erläutert von Adolf Lippold, Zürich – München 1986.

PLINIUS, Briefe. Lateinisch – deutsch, herausgegeben und übersetzt von Helmut Kasten, München [5]1984.

PLINIUS DER JÜNGERE, Panegyricus. Lobrede auf den Kaiser Trajan, herausgegeben, übersetzt und mit Erläuterungen versehen von Werner Kühn, Darmstadt 1985.

PLUTARCH, Moralia, herausgegeben und übersetzt von Wilhelm Ax, mit einer Einführung von Max Pohlenz, Leipzig 1950.

PLUTARCH, Große Griechen und Römer. Bd. 1, 2 und 6, eingeleitet und übersetzt von Konrat Ziegler, Zürich – Stuttgart 1954–1965.

POLYBIOS, Geschichte. Gesamtausgabe in zwei Bänden, eingeleitet und übertragen von Hans Drexler, Zürich – Stuttgart 1961/1963.

SALLUST, Werke. Lateinisch – deutsch, übersetzt von Werner Eisenhut und Josef Lindauer, Darmstadt 1994.

Stoa und Stoiker. Die Gründer, Panaitios, Poseidonios, eingeleitet und übertragen von Max Pohlenz, Zürich – Stuttgart ^{2}1964.

STRABO, Geographika. Bd. 1: Prolegomena. Buch I–IV: Text und Übersetzung, mit Übersetzung und Kommentar herausgegeben von Stefan Radt, Göttingen 2002.

SUETON, Caesarenleben, herausgegeben und erläutert von Max Heinemann. Mit einer Einleitung von Rudolf Till, Stuttgart 1957.

SYMMACHUS: Der Streit um den Victoriaaltar. Die dritte Relatio des Symmachus und die Briefe 17, 18 und 57 des Mailänder Bischofs Ambrosius, Einführung, Text, Übersetzung von Richard Klein, Darmstadt 1972.

TACITUS, Annalen. Lateinisch – deutsch, herausgegeben von Erich Heller, München – Zürich ^{2}1992.

THEOGNIS. Mimnermos. Phokylides, Frühe griechische Elegien. Griechisch – deutsch, eingeleitet, übersetzt und kommentiert von Dirk Uwe Hansen, Darmstadt 2005.

THUKYDIDES. Geschichte des Peloponnesischen Krieges. 1. Teil: Buch I–IV. Griechisch-deutsch, übersetzt und mit einer Einleitung versehen von Georg Peter Landmann, Darmstadt 1993.

XENOPHON, Die Verfassung der Spartaner, herausgegeben, übersetzt und erläutert von Stefan Rebenich, Darmstadt 1998.

ZOSIMOS, Neue Geschichte, übersetzt und eingeleitet von Otto Veh, durchgesehen und erläutert von Stefan Rebenich, Stuttgart 1990.

Zwölftafelgesetz. Texte, Übersetzungen und Erläuterungen von Rudolf Düll, Darmstadt 1995.

Abbildungsnachweis

Abbildungen

Abb. **1** (Nach: J. Chadwick, The Mycenaean World, Cambridge University Press, 1976), **2** (Nach: K. Kilian, Zur Funktion der mykenischen Residenzen auf dem griechischen Festland, in: R. Hägg/N. Marinatos, The Function of the Minoan Palaces, 4. Internationales Symposium at the Swedish Institute in Stockholm, 1984, Stockholm 1987), **3** (Aus: Der neue Pauly. Enzyklopädie der Antike. Band 7: Lef-Men. Hrsg. von Hubert Cancik und Helmuth Schneider, J. B. Metzlersche Verlagsbuchhandlung und Carl Ernst Poeschel Verlag GmbH in Stuttgart, 1999, Sp. 1f.), **4** (Staatliche Antikensammlung und Glyptothek, München), **5** (British Museum, London), **6** (Hesperia 8, 1939, Greek Inscriptions), **7, 22** (DAI Athen, Photosammlung Snodgrass), **8** (Aus: John Boardman, Griechische Kunst, Verlag Gerd Hatje, Stuttgart 1964), **9** (Nach: A. Snodgrass, Archaic Greece, London et al. 1980), **10** (bpk/Antikensammlung/Gerhard Murza), **11** (Aus: L. Schneider/C. Höcker, Die Akropolis von Athen, Wissenschaftliche Buchgesellschaft, Darmstadt 2001, Abb. 98), **12** (Zeichnung nach: V. Ehrenberg, From Solon to Socrates, London 1973), **17, 18** (Ditta Ahmadi, Berlin), **19** (Aus: Jochen Bleicken, Die athenische Demokratie, 4. Auflage, Verlag Ferdinand Schöningh, Paderborn 1995, UTB 1330), **20** (Harvard University Press, Cambridge, Mass.), **21** (Peter Palm, Berlin), **23, 43** (Ny Carlsberg Glyptotek, Kopenhagen), **25** (Museo Capitolino, Rom), **26** (Museo Nazionale, Neapel), **27** (Lotos Film, Kaufbeuren), **28, 38, 40, 42, 44, 47** (DAI Rom), **29** (Nicole Stein, Mannheim), **30** (Sammlungen Schloss Erbach, Odenwald), **31** (Bibliothèque Nationale, Paris), **37** (Fratelli Alinari, Florenz), **39** (Saalburgmuseum), **41** (German Hafner, Mainz), **45** (Aus: Der neue Pauly. Enzyklopädie der Antike. Band 9: Or-Poi. Hrsg. von Hubert Cancik und Helmuth Schneider, J. B. Metzlersche Verlagsbuchhandlung und Carl Ernst Poeschel Verlag GmbH in Stuttgart, 2000, Sp. 183f.), **46** (Aus: K. Piepenbrink, Konstantin der Große und seine Zeit, Wissenschaftliche Buchgesellschaft, Darmstadt 2005, S. 39).

Karten

Karte 1 (Aus: Der neue Pauly. Enzyklopädie der Antike. Band 4: Epo-Gro. Hrsg. von Hubert Cancik und Helmuth Schneider, J. B. Metzlersche Verlagsbuchhandlung und Carl Ernst Poeschel Verlag GmbH in Stuttgart, 1998,

Sp. 1233f.), **2** (Aus: Oliver Dickinson, The Aegean Bronze Age, Cambridge University Press 1994, Abb. 4.24), **3** (Nach: A.M. Snodgrass, Archaic Greece. The Age of Experiment, London 1980, Abb. 9), **4** (Aus: Werner Dalheim, Die griechisch-römische Antike, Band 1 Griechenland, Verlag Schöningh, Paderborn, 3. Auflage 1997, UTB 1646), **5, 7** (Aus: Der neue Pauly. Enzyklopädie der Antike. Band 9: Or-Poi. Hrsg. von Hubert Cancik und Helmuth Schneider, J.B. Metzlersche Verlagsbuchhandlung und Carl Ernst Poeschel Verlag GmbH in Stuttgart, 2000, Sp. 607f., 503f.), **6** (Aus: John K. Davies, Das klassische Griechenland und die Demokratie, dtv Geschichte der Antike, 1983, S. 85), **8, 15** (Aus: Der neue Pauly. Enzyklopädie der Antike. Band 2: Ark-Ci. Hrsg. von Hubert Cancik und Helmut Schneider, J.B. Metzlersche Verlagsbuchhandlung und Carl Ernst Poeschel Verlag GmbH in Stuttgart, 1997. Sp. 255f., Sp. 847f.), **9** (Aus: Der neue Pauly. Enzyklopädie der Antike. Band 11: Sam-Tal. Hrsg. von Hubert Cancik und Helmuth Schneider, J.B. Metzlersche Verlagsbuchhandlung und Carl Ernst Poeschel Verlag GmbH in Stuttgart, 2001, Sp. 785f.), **10** (Susanne Handtmann, Erlangen), **11** (Aus: Jakob Seibert, Vorderer Orient. Das Alexanderreich 336–323 v. Chr., Dr. Ludwig Reichert Verlag, Tübingen 1985), **12** (Aus: Frank W. Walbank, Die hellenistische Welt, dtv Geschichte der Antike, 1983. Zeichnung Karl-Friedrich Schäfer), **13** (Aus: Der neue Pauly. Enzyklopädie der Antike, Band 5: Gru-lug. Hrsg. von Hubert Cancik und Helmuth Schneider, J.B. Metzlersche Verlagsbuchhandlung und Carl Ernst Poeschel Verlag GmbH in Stuttgart, 1998, Sp. 1171f.), **14** (Aus: Robert M. Ogilvie, Das frühe Rom und die Etrusker, dtv Geschichte der Antike, 1985, S. 109, Zeichnung Karl-Friedrich Schäfer), **16** (Aus: Klaus Bringmann, Römische Geschichte, Beck Wissen, Band 2012, Beck Verlag, München; Peter Scholz, Frankfurt/Main), **17, 18, 21** (Aus: Der neue Pauly. Enzyklopädie der Antike. Band 10: Pol-Sal. Hrsg. von Hubert Cancik und Helmuth Schneider, J.B. Metzlersche Verlagsbuchhandlung und Carl Ernst Poeschel Verlag GmbH in Stuttgart, 2001, Sp. 591, Sp. 1063f.), **19** (Aus: Klaus Bringmann, Krise und Ende der römischen Republik, Akademie Verlag Berlin, S. 18), **20** (Aus: Martin Jehne, Die römische Republik, Beck Wissen. Band 2362, Verlag C.H. Beck, München, Gertrud Seidensticker, Berlin), **22** (Aus: Der neue Pauly. Enzyklopädie der Antike. Band 12/2: Ven-Z, Nachträge. Hrsg. von Hubert Cancik und Helmuth Schneider, J.B. Metzlersche Verlagsbuchhandlung und Carl Ernst Poeschel Verlag GmbH in Stuttgart, 2003, Sp. 283f.), **23** (Aus: J. Bleicken, Verfassungs- und Sozialgeschichte der römischen Kaiserreiche, UTB 1994, S. 8).

Trotz mehrfacher Bemühungen ist es uns leider nicht bei allen Abbildungen gelungen, die Rechtsinhaber herauszufinden. Für entsprechende Hinweise sind wir natürlich dankbar.